新时代文化和旅游融合发展研究丛书
应用型本科院校文化旅游专业丛书
总主编：李钢　副总主编：黄渊基 杨再喜 蔡保忠

融合的艺术：

文旅创意与策划

吴翠燕　黄渊基◎编著

北京·旅游教育出版社

图书在版编目（CIP）数据

融合的艺术 ： 文旅创意与策划 / 吴翠燕，黄渊基编著. -- 北京 ： 旅游教育出版社，2024. 11. -- (新时代文化和旅游融合发展研究丛书). -- ISBN 978-7-5637-4812-9

Ⅰ. G114；F590.1

中国国家版本馆CIP数据核字第2024L81U39号

新时代文化和旅游融合发展研究丛书

应用型本科院校文化旅游专业丛书

融合的艺术：文旅创意与策划

吴翠燕　黄渊基　编著

责任编辑	郭珍宏
出版单位	旅游教育出版社
地　　址	北京市朝阳区定福庄南里 1 号
邮　　编	100024
发行电话	（010）65778403　65728372　65767462（传真）
本社网址	www.tepcb.com
E - mail	tepfx@163.com
排版单位	北京旅教文化传播有限公司
印刷单位	唐山玺诚印务有限公司
经销单位	新华书店
开　　本	787毫米 × 1092毫米　1/16
印　　张	16
字　　数	247 千字
版　　次	2024 年 11 月第 1 版
印　　次	2024 年 11 月第 1 次印刷
定　　价	68.00 元

（图书如有装订差错请与发行部联系）

代序
FOREWORD

建设什么样的旅游理论体系，培养什么样的旅游人才

戴　斌*

坚持以文塑旅、以旅彰文，推进文化和旅游深度融合发展，是党的二十大作出的战略部署，也是学术共同体必须回答而且必须要回答好的时代之问。习近平总书记对旅游工作作出重要指示强调：新时代新征程，旅游发展面临新机遇新挑战。要以习近平新时代中国特色社会主义思想为指导，完整准确全面贯彻新发展理念，坚持守正创新、提质增效、融合发展，统筹政府与市场、供给与需求、保护与开发、国内与国际、发展与安全，着力完善现代旅游业体系，加快建设旅游强国，让旅游业更好服务美好生活、促进经济发展、构筑精神家园、展示中国形象、增进文明互鉴。新时代新征程，我们应建设什么样的旅游理论体系？培养什么样的旅游人才？

新时代新征程，应着力构建以人民为中心的当代旅游发展理论体系

一、大众旅游全面发展，新时代需要重构学术研究的价值取向和理论意义

20世纪80年代发展旅游是为了创汇，90年代中后期聚焦于拉动消费、投资和就业，现在更加强调为了人民群众“诗与远方”的美好生活，强调文化和旅游深度融合，推进旅游业高质量发展。随着全面小康社会的建成，大众旅游进入全面发展新阶段，“吃不

* 戴斌，中国旅游研究院（文化和旅游部数据中心）院长，博士、教授、博士生导师。

愁、穿不愁，还有余钱去旅游”成为城乡居民对美好生活的共同向往和刚性需求，也是每年“两会”热词和社会各界共同关注的焦点。当代旅游是人口规模巨大的发展中国家的旅游，也是地区之间、城市之间、不同年龄段之间发展不平衡不充分的旅游，更是中国式现代化进程中精神享受和文化休闲需求持续增长的旅游。我们既要看到有人拥有丰富的旅游经验，随时都可以来一场说走就走的旅行，每到节假日就飞到世界各地度假，也要看到有人还没有去过一次旅游景区，也没有享受过一次真正意义的观光旅游。高线城市的95后开始追求个性化和多样性的旅游体验，60后则在开启康养旅居新生活，而低线城市的“小镇青年”才刚刚成为旅游初体验者，更有数以亿计的农村居民、低收入群体和行动障碍者的休闲方式仍然是几千年不变的走亲访友、晒太阳和打纸牌。直面现实可能是沉重的，更可能是灼热的，无论如何，作为一名理论工作者都不能对国家战略和人民期盼视而不见，而是应在与实践同行的过程中，系统回答“新时代旅游发展为什么”这一根本问题。

科学技术的进步，特别是数字化和人工智能，ChatGPT、Sora等大数据模型，正在深刻改变旅行方式、文化空间、旅游场景和体验内容。多年以来，我们习惯于将山山水水的自然环境和丰富多彩的历史文化当作旅游资源的全部，习惯于将旅游业视为传统的劳动密集型、经验驱动型的传统服务业，习惯于认为政府具有信息、数据、人才的垄断优势和行政动员能力，将开大会、发文件、做规划、定标准、创牌子视为政府主导型旅游发展战略的全部。受基金项目、论著发表和考核体系的影响，理论界在范式精致化和定量研究方面配置了太多的学术资源，应用研究则更多聚焦于旅游资源开发、目的地营销和行业管理。随着社会主义市场经济体制的完善和“大众创业、万众创新”的进展，金融资本、产业资本和社会资本广泛进入旅游消费的各个环节，不同所有制、不同规模的旅游景区和度假区、旅游住宿商、旅游零售商、餐饮和休闲项目运营商、旅行服务商共同构成了生生不息的产业生态，一个投资机构和市场主体推动旅游业高质量发展的时代已经到来。大数据、人工智能和高端装备领域的科技进步让知识和技能很容易在更广泛的人群中横向传播，而不完全是自上而下的纵向传播，旅游领域正在孕育新一轮的现象级创业创新热潮。不得不承认，在投资、研发、创业、创新，包括文化、艺术、体育、科技、时尚与旅游融合发展方面，市场主体已经走在了理论工作者和专家学者的前面，行政与市场、系统与行业、官员与企业家之间的关系也在消解与重构。我们需要深刻认识并且系统回答“新时代旅游发展依靠谁”这一现实问题，并努力让更多人认识到这一点：没有充分竞争的市场，没有与新质生产力相匹配的投资机构和市场主体，就没有旅游业的高质量发展。

文化和旅游深度融合的国家战略和创新实践，是新时代建设国家旅游发展理论的现实背景。2018 年国家机构改革以来，文旅融合成为理论界和学术研究重点关注的现实课题，也是业界和媒体讨论的热点话题。受全国哲学社会科学规划办公室、文化和旅游部的委托，中国旅游研究院和全国旅游学术共同体承担了一批重大和重点课题，发表成千上万的专著和论文，提报若干资政建言成果，初步回答了为什么融、融什么、谁来融等理论问题。现在的问题是，绝大多数的学术成果还没有转化为社会影响力和产业推动力，相当多的理论问题和现实课题还缺乏基金支持，也少有理论和科研工作者“揭榜挂帅”的勇气。直面文旅融合重大需求和现实问题，用深厚的学理和社会科学研究方法推动旅游业高质量发展的高水平成果还相对不足。如果任由学术界只在期刊发表的小圈子里，为了高影响因子而加速内卷，终将面临与行政主体、市场主体和消费主体渐行渐远的危险，就算发表再多的论文，拥有再多的“帽子”和“牌子”，也摆脱不了道统不存的无力感和意义悬置的虚无感。是重回“风声雨声读书声，声声入耳；家事国事天下事，事事关心”知识分子传统的时候了，是重做“我是江南第一燕，为衔春色上云梢”知行合一启蒙者的时候了。旅游学术共同体要系统把握并务实推进“新时代旅游发展做什么”的战略选择，从理论、学术和教育诸方面推进文化和旅游在更深程度、更广范围和更高层次的融合发展。

二、国家旅游发展理论需要价值引领的勇气、学科建构的能力和持续创新的体系

坚持以人民为中心的发展理念，重构大众旅游价值取向。改革开放以来，旅游业的经济属性日益彰显，市场化和专业性程度越来越高。作为管理学科门类工商管理一级学科下的旅游管理，很容易将创汇、消费、投资、就业、资源开发、政策设计等内容作为学科建设的方向和学术研究的重点。需要反思的是，发展旅游的目标固然有赚取外汇、扩大消费、带动就业等经济功能，也有稳定预期、提振信心、国泰民安的情绪价值，还有促进人的全面发展、城市更新和乡村振兴、对外对港澳台文化交流和文明互鉴的社会功能。学习习近平文化思想，研究中国式现代化对旅游业提出了哪些新要求，旅游发展在中华民族伟大复兴中扮演什么新角色，在全球文明倡议中发挥什么新作用，以及为何和如何提升人民群众包括旅游在内的精神享受和文化消费水平，是新时代旅游理论建设和学术研究的首要任务。如果只是从消费拉动和经济增长的视角研究旅游，完全以效率为导向，就会得出旅游资源和生产要素配置给高收入者并努力提升其旅游频次的结论。马克思主义经济学会告诉我们这样做的结果只能是总需求不足和总供给过剩，中国特色

社会主义理论更是证明这条路行不通。只有让最大多数的城乡居民参与旅游，让“读万卷书，行万里路”的梦想照进小康社会的现实，让“书生意气的研学、家国天下的旅游”伴随中小学生的成长，让每一位小镇青年都能有“说走就走的旅行”，才会有温暖向前的旅游中国。

培育新质生产力，推动旅游业高质量发展。新质生产力代表先进生产力的演进方向，是由技术革命性突破、生产要素创新性配置、产业深度转型升级而催生的先进生产力质态。新质生产力以劳动者、劳动资料、劳动对象及其优化组合的跃升为基本内涵，具有强大发展动能，能够引领创造新的社会生产时代。新质生产力是新时代对包括旅游在内所有产业发展方式的重构，用新质生产力对劳动者、劳动资料和劳动对象的优化组合提升旅游产业的全要素生产率。导入和培育新质生产力，推动旅游业从传统服务业转向现代服务业，非得从劳动者、劳动工具和劳动对象三个方面入手不可。在新时代旅游消费需求变迁的情境下，需要新型旅游投资机构、市场主体和新型旅游从业者来推动产业高质量发展。我们不能继续将星级饭店、旅行社和旅游景区当成旅游业的全部，也不能只是把导游、领队、讲解员、酒店和餐饮服务员、景区管理者和专家学者当成旅游从业人员的全部。随着市场边界的变化，越来越多的跨界者成为旅游业的新生力量。没有新质生产者就不会有新质生产力，我们需要具有现代思维、国际视野和专业能力的新质旅游人，特别是具有原始创新能力的企业家、职业经理人和高技能劳动者。如果不能提高 2825 万直接从业人员的综合素质和专业能力，再先进的科学技术也不能实现旅游产业的转型升级。我们需要导入和培育人工智能等新质生产要素，加持和赋能旅行社、酒店、民宿、旅游景区、度假区、旅游零售等传统业态。没有人工智能、高端装备和现代商业模式的赋能，我们就走不出大众旅游初级阶段陷阱。我们需要秉持“近悦远来，主客共享”的新理念，以全新的开放视野，创造出更多“旅游 +”“+ 旅游”的新业态。新质生产力与科学技术和高端装备制造密切相关，同时也要看到，没有文化的引领，没有艺术和时尚生活的加持，我们就无法将当代生活和现代文明转化成为新质旅游资源，而只会在山山水水和文化遗产等传统资源里打转转。

坚持绿色发展理念，推动绿色旅游理论创新与经验总结。我们要看到旅游业对经济社会发展和文明演化的积极影响和促进作用，也要看到诸如旅游“飞地”、过度旅游、文化冲突、道德弱化、环境破坏等需要正视的负面问题。就是从经济影响的角度看，旅游业对不同国家和地区的影响也不尽相同，欠发达国家和地区在全球旅游经济体系获得的份额相对较低。只有让世界各国各地区都能够从旅游发展中获得经济增长、就业岗位增加、削减贫困、推进社区振兴、保护传统和文化遗产等方面的收益，这个世界才能变得更好，旅游业才可能持续发展下去。党的十八大以来，以习近平同志为核心的党中央从中华民族永续发展的高度出发，深刻把握生态文明建设在新时代中国特色社会主义事业中的重要地位和战略意义，形成了习近平生态文明思想，奠定了绿色旅游和可持续发展的理论基础和实践方向。“绿水青山就是金山银山”“冰天雪地也是金山银山”，指引了青海打造国际生态旅游目的地、桂林建设世界级旅游城市、阿尔山实现“旅游业一定会火起来”，以及全国范围内的避暑旅游、冰雪旅游、森林旅游、温泉康养旅游创新发展的新方向。研究绿色旅游和可持续发展，不能只有基础理论和政策设计，也要密切关注旅游投资机构和市场主体，特别是中旅旅行、广之旅、飞猪、携程、去哪儿、马蜂窝等旅行商推出的绿色线路和生态产品。通过主流媒体、行业媒体和抖音、小红书、B 站等新媒体提示游客在行程中爱护生态环境、尊重当地文化遗产和风俗民情，培育起广大游客的绿色消费观念。在理论建构的过程中，重点关注旅游活动与自然环境、游客权利与居民权益、经济增长与社会发展之间的协同促进。为此，旅游学者和科研机构在绿色旅游、生态旅游、可持续旅游、负责任旅游的研发创新和宣传推广过程中，稳步建立可独立发挥作用、也可以连线成片的监测点、案例库和数据库。

践行全球文明倡议和大国外交思想，发展文明旅游，讲好新时代的中国旅游故事。2018 年以来，中国旅游业进入了一个文化和旅游深度融合的新时代。旅游能够为文化培育市场，也需要当代文化和现代文明引领旅游业发展新方向。没有文化的产业是走不远的，没有思想建构和价值引领的产业也是走不远的。旅游学者要打破学科层级和学术范式的固有藩篱，以更加开放的心态，重构知识生产和传播的学科体系、学术体系和话语体系。团结旅游学术共同体、旅游投资机构和市场主体，为加快建设世界旅游共同体而贡献自己的才情与智慧。除了图书馆、工作室和学术论坛，旅游学者也应在生活场域中寻求文化建设和文明对话的可能性。我去天津参加海棠花节和五大道旅游论坛，晚上去安里甘艺术中心欣赏了以“春天和花”为主题的室内交响乐。120 多年历史的教堂、青春感拉满的乐园，还有蓝色多瑙河上飘浮的茉莉花香，彼时的我，分不清什么是诗，什么是远方，也不会去想什么是文化、什么是旅游，只是觉得一切都那么古老又那么年轻的样子，真的很好。

三、国家旅游发展理论需要有信仰的建设者遵循科研实践的规律，将理论与实践相结合的道路进行到底

理论的力量首先来自建设者发自内心的信仰，没有真正的信仰，就不会产生有效的传播、接受和行动。在理论建设、传播和接受的过程中，经由调查研究、数据分析和理

论抽象而来的概念、观点和命题，包括语言、文字、平台和渠道在内的传播体系固然重要，但是知识分子和专家学者发自内心的认同更为关键。《共产党宣言》《资本论》《国家与革命》等马克思主义经典著作，无论语言文字，还是概念及其展开的逻辑，在一百年前的中国，即使留过洋的教授也有很大的阅读障碍，传播和接受更有坐牢杀头的危险，为什么还有那么多人去翻译、去传播、去实践？因为这些文字闪耀着理性的光辉和实践的热情，指明了救国救民的方向，给先知者以信仰，予先行者以力量。才有了瞿秋白的首次将《国际歌》翻译成中文，才有了李大钊、李汉俊、郭沫若、陈启修、潘冬舟、侯外庐、王思华、郭大力、王亚南等知识分子接力传播、翻译《资本论》，倾尽毕生的才华和心血，有人甚至献出了宝贵的生命。作为一名知识分子和专家学者，如果徒有个人名利而无国家视野，只有个人恩怨而无铁肩道义，则道统何在？价值何在？我们今天的努力和成就，能经得起后人的审视吗？今天的中国，经历了20世纪80年代入境旅游的“黄金十年”和21世纪前二十年市场化取向的大众旅游初级阶段，迫切需要回答旅游发展“为了谁”“依靠谁”“做什么”等时代之问。唯有从人民立场出发，努力让人人都能在这块美丽的国土上、在这颗蓝色的星球上尽享属于自己的“诗与远方”，方能建设既有时代价值，也有历史意义的国家旅游发展理论。

旅游演化进程中有理论问题，也有实践课题，还有人文主题，旅游学者和理论工作者既要研究问题，也要关心主义。20世纪80年代，旅游、酒店、接待等学科建设与实践水乳交融，你中有我，我中有你。学院派的期刊是政府官员、业界经理人的案头书，政府的机关报和协会的内刊也是大学图书馆借阅率很高的参考文献，学者可以到基层和一线对话，官员和经理人可以到院校讲课。那时的旅游教育和学术研究可能没有成熟的理论体系，可是一切都是生机盎然和无限可能的样子啊！当时只道是寻常罢了。90年代中后期开始，基金立项、学术期刊、同行评议、专业评奖机构在学科体系拥有越来越多的话语权，在现有的学科分层和专业分类的框架中，旅游理论成为旅游理论家的事情，旅游学术成为旅游学者的专属。我们应当，也可以吸纳一切可以吸纳的自然科学、工程科学、社会科学乃至医学、军事学研究方法和工具，但是这并不意味着旅游领域的一切问题都可以纳入科学范式，更不可以用“自然科学原理”去分析所有的旅游活动，并试图重构一个“旅游理想国”。必须直面的事实是，这一观念普遍影响了旅游学科的主流平台、权威机构和一线学者，并波及研究生培养和本科生教育。几乎所有从事旅游研究的学者，包括具有人文学科背景和接受过社会科学训练的学者，也在基本治学方法上严守逻辑实证论的门庭，认为凡是在经验上不能验证、实验上不能重复、期刊中不能发表的问题，都是没有意义的，也是无法讨论的。按照这一思路，与文化和旅游融合发展密切相关的若干思想性话题就无法深入讨论，打通行政、市场和学术各界的共识就无法得到真正的构建，学术共同体的理论成果也无法转换为推动旅游业高质量发展的精神力量。须知，没有实践的思想，就没有思想的实践；没有理论指导的实践是盲目的实践，而没有经过实践检验的理论则是空洞的、悬置的理论。在建设国家旅游发展理论的过程中，我们需要再别康桥，寻一支思想的长篙，向知行合一的历史最深处漫溯，满载一船知识的星辉，在星辉斑斓的旅游产业里放歌。

高校应当，也可以成为国家旅游发展理论建设、创新和传播的主阵地，着力引导学生对旅游产业的认同感和责任心。实践性很强的旅游管理学科，应循国际惯例而构建新型产教合作关系，为现代旅游业培养用得上、留得下的产业后备军，也为旅游发展理论构建理论与实践的互动界面。如果任由学术研究、人才培养与产业需求渐行渐远，理论建设就会成为小圈子里的自说自话，就算有些影响，也不过是“茶杯里的风暴”而已。一千余所旅游院校，每年培养的旅游管理、酒店管理、会展管理的毕业生数以十万计，为什么很少在旅游领域就业？甚至每次有关旅游管理招生就业的讨论，除了吐槽，还是吐槽？高质量专业教育的缺失是主要原因。从幼儿园卷到高三，对社会基本无感的十八岁娃娃，刚进了大学校园，就加上“未来产业领袖”的光环，好吗？学完教学计划规定的课程，文献阅读、概念推演和论文写作的确得到了很好的训练，但是对产业的实感几乎为零。再一番放羊式的实习下来，就是被现实摁在地上摩擦的感觉，除了考公、考编、考研，心甘情愿地进入旅游业而倾尽才情与努力者，能有几人？无论是专业思政，还是课程思政，都应该告诉学生一个真实的旅游业，培养学生快乐工作和幸福生活的阳光心态。正是从这个意义上讲，先培养今天的快乐学生，再谈明天的产业领袖。

新时代新征程，应努力培养国家需要、行业认可的旅游人才

一、新时代的旅游人才必须是国家需要、时代呼唤的，也应当为行业所认可

旅游人才必须是国家需要的和时代呼唤的。从历史上看，任何一个时代的进步，都离不开善于思考并勇于作为的国士，比如提出“仓廪实而知礼节，衣食足而知荣辱”的管仲、变法强国的商鞅和王安石、“鞠躬尽瘁，死而后已”的诸葛亮，以及1840年以来科学救国、实业救国、教育救国的仁人志士。任何一个产业的成长和进步，都需要变革创新的企业家，比如张瑞敏、任正非、曹德旺等。任何一个学科的繁荣和进步，都需要一批富有创新精神、历史意识和专业能力的思想者和理论家，如孙冶方、陈准等经济学

家和“两弹一星”功勋。他们都是国家的栋梁之材，也是时代发展的推动者。

旅游人才固然有其专业性，但是不能因此而过于强调学科背景和工作岗位的特殊性。所有愿意为了人民的旅游权利、为了旅游业的高质量发展而奋斗者，都是时代呼唤、国家需要的旅游人才。《中国旅游人才发展报告（1949—2021）》有个“两个多数”的研究结论：近年来高校培养的旅游管理和酒店管理毕业生大多数都去了旅游以外的领域就业，旅游企业的高级管理人员特别是创业创新人才则大多数来自其他专业，比如携程、去哪儿、马蜂窝、七天、途家的创始人多有计算机学科或者商科的背景。仔细想想，也没有什么值得惊异的。在市场经济条件下，人才流动是由价格决定的，价格的背后是供求关系。从国际酒店集团前 100 名的高管团队的专业背景来看，也是商科居多，其中酒店管理名校毕业生占了三成，与国内相比，已经很高了。从旅游行政部门的管理者或者公务员的专业背景来看，所谓科班出身者就更少了。随着就业观念的变化，自由职业和灵活就业越来越成为包括旅游管理在内的高校毕业生的新选择，包括网络主播、自媒体人员、文案写手、快递员、外卖员、群众演员，灵活就业者已经达到 2 亿人。

旅游人才必须是服务行业，也为行业所认可的。旅游人才的内涵是不断丰富的，外延是动态演化的。能够戴个帽子当然好，那是体制或者同行的认可，假如戴不了帽子，但是行业认可了，也一样是人才，将来历史会记住的。盛世王朝需要开拓雄图大业的君王，需要开疆拓土的将帅和保境安民的官员，也需要伟大的科学家、思想家和文学家。[①] 无论是理念，还是实践，都不能简单地把旅游人才与学历和职称挂钩，更不能只将博士、教授当作人才，那些从市场中拼杀出来的企业家，为旅游业创造价值的管理人员、服务人员和技术人员就不是人才？没有这个道理嘛！旅游强国、中国服务业和旅游业高质量发展，都离不开企业家、经理人、专业技术人员和基层一线的大国工匠。现在的问题是，教育、科技、文化和旅游部门搭建了很多平台，培养了大批学术名家，可是除了圈子里的热闹，又回应了多少旅游产业实践重点、难点和热点问题，并获得了行业的真正认可呢？如果高端人才一直在“基金申请和论文发表”中打转转，出了再多影响因子高的论文又如何？也许是时候对奉若神明的“影响因子”认真审视了：我们每年发表的论文和文章可谓是汗牛充栋，可是到底影响了谁？这是一个问题。

旅游人才还应当是自我驱动的，坐言起行并切实引领产业创新发展的。创造性人才的成长看上去具有相当大的偶然性，但无不是理想牵引和价值驱动的天选之才。正如爱因斯坦所观察到的那样：几乎所有与人的本性有关的基础工作都是由非专业的物理学家

① 电影《妖猫传》有句台词，是杨贵妃看完“云想衣裳花想容”应制诗后说的，“李白，大唐有你，才真的了不起”。

做的，他们仅仅把物理学看成自己的一大爱好而不是生活的全部，比如多才多艺的苏格兰人布莱克、德国医生迈耶、美国冒险家伦福德，还有英国酿酒师焦耳，他在工作之余做了有关能量守恒的几个最重要的实验。①但是放在一个更大的时空看，似乎又是必然，全社会对科学的尊重、对异己的包容，天才学者的自我驱动，都是不可或缺的要素。戴帽子的大师、名师或许可以培养，但是那些开山立派的宗师又哪里是培养出来的啊！多数人是因为看见而相信，但是对于战略领军人才和历史托命之人而言，他们是因为相信而看见。他们如同盗火的普罗米修斯，如同填海的精卫，如同逐日的夸父，倒下也是一片泽被后人的森林。

二、新时代的旅游人才需要专业培养，更需要实践锻炼，以及竞争与淘汰

高等教育和职业教育是旅游人才培育的主渠道，需要规模化的制式教育，也需要年轻人的自我修养。古代中国并没有近代意义上的科学，特别是基于实验室的科学体系，为什么也能出那么多的数学家、天文学家和工程师，创造璀璨的科技文明？虽然有这么多人才，工业革命为什么却没有发源于中国？在众多的“李约瑟之谜 ”的解答中，我认同林毅夫教授的观点：在以经验为基础的技术发明过程中，人口规模是技术发明率的主要决定因素。中国在现代时期落后于西方世界，是因为中国没有及时从以经验为基础的发明方式，转换到基于科学和实验的创新上来。同时期的欧洲，至少经由 18 世纪的科学革命已经成功地实现了这种转变。②现代科学的进步，进而生产力的进步和市场主体的商业创新，越来越依赖科学家严谨的科学方法、理论验证和生产实践。严谨科学方法的显著特征就是把有关自然的假说和积累的经验“数学化”，并与严谨的实验检验相结合。③旅游人才的培养更离不开以高等教育、职业教育为代表的国民教育体系和相应的科技支撑平台，包括初等、中等和高等职业教育，也包括学士、硕士和博士学位教育，以及实体化的理论和科学研究机构、博士后科研流动站和工作站、国家重点实验室等支撑平台。

如果将人才看作是人口基数的函数，那么拥有 2850 万直接就业人员的旅游业，不用高等教育、科学研究和系统性的职业发展计划，也会有百分之一的人成为各方面的领军人物和行业骨干，哪怕是千分之一，也是很可观的数字。这么想对不对呢？当然是不对的。我们可以举出无数的例证说“刘项原来不读书”，或者历史上的不少状元终其一生也是寂寂无闻，也可以列举更多的栋梁之材饱读圣贤之书，或者接受了系统的专业训

① 爱因斯坦，英费尔德．物理学的进化［M］．张卜天，译．北京：商务印书馆，2019：41.

② 林毅夫．制度、技术与中国农业发展［M］．上海：上海三联书店、上海人民出版社，1994：257.

③ Needham，1969，转引自林毅夫．制度、技术与中国农业发展［M］．上海：上海三联书店、上海人民出版社，1994.

练。同志们多是从事教育、科研和管理工作，或者将来要从事教育、科研和管理工作的，在看到问题并努力改进的同时，更要有教育自信和科学自信。那些以小概率案例得出“博士有啥了不起，不读书也照样成才”的结论，要么是柠檬精附体，要么是无知无畏，或者说是一种轻佻的姿态。

在我的心目中，理想的人才培养空间是一座空气中氤氲着咖啡香的图书馆、一个绿茵茵的大操场，加一群白发先生和白衣少年。不论是本科生还是博士生，都要尽可能多地在图书馆停留些时光。不能只读教科书和期刊论文，要多读些经济学、管理学、文学、历史学、哲学、自然科学方面的经典著作。不能只在手机上刷短视频，要多看《人民日报》《光明日报》《经济日报》《经济研究》，才能了解天下事。基础厚实了，眼界开阔了，知道自己将来要成为什么样的人，要为谁服务，浑身就有使不完的力气，用不尽的才华。唯有响应国家需要、时代呼唤和行业需求，才能够经得起旅游者的评价和从业者的审视，并为历史所记忆。

只有经过产业实践和市场竞争而胜出的旅游人才，方能不负时代不负旅游，名至而实归。人才培养的主阵地在综合性大学和职业院校，但景区、度假区、国家公园、酒店、民宿、旅行社和在线旅游平台更是值得关注的社会大学和实践课堂。为落实“三定”规定的高层次新型人才培养任务，中国旅游研究院（文化和旅游部数据中心）持续推进产学研结合的学术共同体建设，通过博士后工作站、重点实验室、专题研修班、会议论坛、行业咨询和专题授课，培养出将教员作为自己终身职业的人才。我们将结合亚太经济合作组织（APEC）的专题资助项目，在峨眉山风景名胜区设立“数字化旅游人才培养基地”，通过实践教学培养行业所需的专门人才。对于真正的人才来说，不能总幻想着戴着学位帽子走出校园，等别人把舞台搭好，观众组织好，自己再范儿十足地出场。没那么回事！绝大多数人，绝大多数时间，在绝大多数地方，都是配角或者群众演员，而不是角儿。要想成角儿，就要在实践中摔打，就要与同龄人竞争，与自己较劲。这么多年来，每当自己被问及“为什么几十年如一日地熬夜，身体还这么好？”，都不知道怎么回答是好，因为真实的答案有些残酷吧——身体不好的人早就被淘汰了。就像热带雨林，地球上最适合植物生长的地方，也是空间竞争最激烈的地方，“高耸入云的巨树高达40米，粗大的树枝四处伸展着抢夺阳光”[①]。自然界的生物和社会中的人一样，

① 爱登堡.我们星球的生命［M］.林华，译.北京：中信出版集团，2021：78.之所以阅读这本看上去与旅游研究很远的非学术著作，是因为自己对科普著作和传记作品的偏好，也是因为文化自信不能走向自我封闭，而是要以更加开放的心胸欣赏和接纳人类文明的一切先进成果。本书第6页的一段话也让我印象深刻：“只有当无数有机个体最充分地利用每一种资源、每个机会的时候，只有当千百万物种的生命相互关联、彼此维持的时候，我们的星球才能有效运行。”

不经过脱胎换骨的蜕变，就不可能有枝繁叶茂的华盖。

旅游业真正需要的人才得有理想，更得有化理想为现实的行动力。人才培养的方式应当是多种多样的，学校教育、家庭教育、社会教育和实践培养，总之需要全身心投入的学习，而不仅仅是大脑的训练。为什么说穷人的孩子早当家？从小就得开始学着煮饭、烧菜、洗衣、照看弟弟妹妹，抓紧一切可能的时光看书学习，没有那么多的工夫去想那么多为什么。反观我们培养出的旅游人才，多是立志读万卷书，做大学问，奔着立功、立言、立德去的。事实上，真正能够成名成家者又有几人，绝大多数还不是活成了柴米油盐和家长里短？这没什么，只要我们尽力了，以所学所思所行助力旅游业品质提升和现代化转型，都是当代中国所需要的旅游人才。人尽其才，则天下皆才。

旅游领军人才需要宽松的环境和包容的心态。中国科学院院士、北京大学副校长张平文说，“北大数学科学学院的天才不是培养出来的，而是保护出来的”。清华大学强调“要为杰出人才营造一个好的环境，让他们在这个环境中自主学习和研究”。① 如果把杂草、杂树和杂质都去除了，只剩下横平竖直的人工林，哪怕我们再努力，收获的也可能只是平庸。一种想把什么都安排得妥妥帖帖的父系思维，只能导致什么都要等待安排的婴儿思维。在一个演化的自然科学体系中，提出一个问题往往要比解决一个问题更重要。解决问题也许只是数学演算或者反复实验的事情。而提出新的问题，新的可能性，从新的角度看旧的问题，却需要创造性的想象力，标志着科学的真进步。② 从这个意义上说，自然科学、工程技术领域的开创者，社会科学和人文学科的“历史托命之人”，经济学和工商管理等领域的“颠覆性创新”或者“破坏性创造”，都需要自由思想和思想自由的包容，才可能让每个人在任何可能的方向自由地探索，进而提升整个社会人才与人力资源的比率。

说到包容与宽容，我想起在挪威国立美术馆看名画《呐喊》的感受来。伟大的作品是由伟大的艺术家创作的，问题是峡湾城市奥斯陆可以容纳一个抑郁症患者或者精神病人蒙克，就像荷兰和法国可以包容凡·高和高更那样。从这个意义上讲，艺术创作的高度取决于观众的数量和质量，或者更直接地说是市场的厚度。现实呢？我们可能很难容下那些各方面都比自己优秀的人。忌妒是人的天性，也许大家中间的最优秀者可以没有忌妒心，但是平凡如我辈者倒是常有的。问题是如何把忌妒心化作前行和超越的动力，

---

① 赵婀娜，吴月．强基础研究育拔尖人才［N］．人民日报，2022-03-18（11）．

② 爱因斯坦，英费尔德．物理学的进化［M］．张卜天，译．北京：商务印书馆，2019：72．在广泛的阅读和求学经历中，自然科学、工程技术和社会科学之间的互通互鉴是常有的事，多数情况下，其有效性仅限于哲学或者原理层面。一旦走向仿生学意义的操作，则需要经过科学和伦理的双重考验，比如达尔文的进化论已经成为人类知识图谱的重要组成，但是社会达尔文主义则很难通过“人是目的而不是手段”的拷问。

而不是拉高踩低、远交近攻的破坏力。这需要每个人加强自我修养，也需要大环境的制度保障和小环境的机制保护。

三、新时代的旅游人才要到地方基层，到产业一线，到祖国最需要的地方去

旅游管理是实践性很强的学科，旅游人才应当是行动研究的倡导者和践行者。生活丰富多彩，经济有那么多产业，社会有那么多事业，旅游只是其中小小的组成部分。不是为了发论文和评职称，而是为了让这个世界一天天变得更美好，这才是人才该有的样子。19 岁就参与“曼哈顿工程”的核物理学家，和丈夫阳早一起将自己的一生献给中国奶牛养殖事业的农业科学家寒春，写下这样的句子：世界上的事，只要下定决心并用心去做，一定会变得有意思，并成为你的专业，我觉得我不属于任何一个专业，我做的任何事情都是我的专业。我的老家蚌埠位于淮河岸边，是一座中等发达城市，而不是典型的旅游城市。在研究蚌埠“十四五”旅游业高质量发展规划时，我反复强调要着眼于 300 多万城乡居民的文化需求和休闲消费，建设公共文化项目和休闲基础设施，培育当地的旅游市场主体和创业创新者。当地的禾泉山庄和卫食园两个项目之所以给人留下了深刻印象，是因为其带头人和入选“旅游思想者”① 的企业家一样，都是知行合一的专业人才。

到旅游产业第一线去，广阔天地，大有作为。历史已经证明并将继续证明，只有经过基层的历练和实践的磨炼，才会有专业的尊严和学者的独立性。每年数以万计的旅游管理毕业生，不能总沿着“本科—硕士—博士—发表—基金—教授—博导—大师”这条路子无休止地走下去，也不能总想着从官员那里分些权力，从老板那里打些秋风，以便在同行面前做出高人一等的模样来。不能再内卷了，走出书斋和实验室，外面的天地很是广阔，除了写论文、评职称、做课题，我们还有很多工作可以做。2022 年，浙江在全省范围内开展艺术家驻村制度，对于乡村振兴和人才成长都是十分有益的。这么多高校和科研机构，能不能推出专业志愿者制度？我看是必要的，也是可行的。

到旅游教育第一线去，言高为师，身正为范。1985—1995 十年间，一大批优秀的初中毕业生报考了中等师范学校，学成后充实到县乡中小学的教学第一线。现在看来，他们中的大多数并不比升入高中再上大学的同龄人生活得更好，但他们是一个时代的师

---

① “旅游思想者”由中国旅游研究院创设于2015年4月，在中国旅游科学年会或旅游管理博士后论坛定期发布。该奖项旨在致敬旅游领域知行合一的创业创新者，感谢他们以前瞻思想、卓越才情和不懈努力，持续提升游客、员工和居民的获得感，提升中国在世界旅游业的影响力。首位“旅游思想者”颁于梁建章博士和携程旅行网联合创始团队。

资典范，是今天各行各业骨干人才的托举者。[①] 现在越来越多的旅游院校之所以有名，是因为教员有名而不是毕业生有名，而教员之所以有名，是因为论文发得多而不是教书教得好。这不正常啊！

我们发布过旅游业急需人才的调研报告，其中就有“双师型人才”。不仅旅游教育，旅游科研和产业实践领域都需要类似的复合型人才。复合型人才不是要艺术家、科学家变成企业家或者反之，而是不同领域、不同层级的人才，在旅游需求的牵引下聚集到同一个时空，面向旅游市场，面向基层一线，形成人才复合体。中国旅游研究院出站的一名博士后，“双一流”高校的旅游管理博士，放弃去几所院校和旅游集团的机会，而决定要去南方的某职业院校任教，让我感到由衷的高兴：你们知道了什么是自己真正想要的，你们走向旅游教学第一线的身影，传道授业解惑的样子，真的很美啊！

到旅游科研的第一线去，建设以人民为中心的当代旅游发展理论。在学位论文开题或者基金申请时，青年学者经常被要求回答理论价值或者说科学问题是什么。结论往往是从文献特别是本领域的知名期刊和知名学者的论著中获得的。我从不反对研究生和青年学者在文献综述上下功夫，相反，这是科班训练的基本功，也是理论著述而非观点表达的分水岭。问题是我们现在只停留在理论对话这个层面，进一步地，只与知名学者发表在期刊上的论文对话。事实上，好的理论是看它对世界的解释力，更好的理论是看对实践的指导性，知行合一的行动研究才能出大成果。现在有些社会科学的文献从现行的评价指标上看很厉害的样子，其实不过是茶杯里的风暴，贡献其实很有限。希望当代旅游学者，也是未来中国旅游发展理论和生产实践、管理实践的领军人才，既要与理论对话，也要与实践对话，通过与本土的实践对话更能够产出原创理论和伟大思想。不要把“学”与“术”分得那么开，尤其不能有“君子不器”的自我精英化。马克思主义理论及其中国化的代表，都是如此，既与现有的理论（广义，不只是学术意义上的理论）对话，更与丰富多彩的生产和生活实践对话。

很多高校将公开发表C刊论文作为博士论文答辩或者是博士后出站的前置条件，虽然我对此一直就不认同，这相当于把学位授予权变相让渡给了期刊审稿人或者责任编辑，但是也不得不承认这是现阶段必须接受的规则。既然是发表导向，青年学者就必须

① 我还想致敬乡村教师之外的另一个群体——赤脚医生，他们是活跃于20世纪六七十年代农村的半农半医的基层卫生人员。1965年，毛泽东同志在同身边医务人员谈话时提出：“把医疗卫生工作的重点放到农村去。”作为一种制度安排，以王桂珍为代表的成千上万的赤脚医生真正使我国的卫生防疫体系深入到农村，用最经济、最实用的方式解决了农村缺医少药的燃眉之急，使科学的医疗方法开始进入数亿农民和千万自然村落。世界银行和联合国称“赤脚医生的出现是中国第一次卫生革命”。这样的群体还有很多很多，比如乌兰牧骑、大庆油田、铁道兵部队的工程技术人员等，都是旅游人才应当致敬和看齐的。

也只能按学校要求的八股文来写，但是心里要清楚：思想高于理论，理论高于学术。要谨防年纪轻轻的，正是理论创造力最为活跃的时候，即锁进了《肖申克的救赎》揭示的“体制化”：这些围墙很奇怪，刚来的时候，你会恨它，慢慢你就会习惯它，日子久了，你会发现你离不开它，那就是被体制化了。哪怕多年以后自由了，却因为无法适应高墙外的自由而郁郁离世，因为没有人告诉他不可以做什么，也不会有人指引他应该做什么。尽管这是我一刷再刷的经典，每次看到这一段时我还是不由自主地落泪而忧郁起来：这么年轻的面孔，连真正的自由都没有尝试过，就老去了。更令人不安的是，这么多的院长校长和导师，不管看到了还是没有看到这一点，都不得不像电影《狗十三》里的父亲那样，一边流着痛苦的泪水，一边将女儿强行纳入到自己也不认同的规范之中。

到国际交流的第一线去，讲好新时代的中国故事，分享当代中国的旅游经验。告诉世界一个小康社会的旅游梦想照进现实、人民旅游权利日渐彰显的中国，“旧时王谢堂前燕，飞入寻常百姓家”的中国。告诉世界一个旅游企业数字化转型、旅游产业高质量发展的中国，“无边落木萧萧下，不尽长江滚滚来”的中国。告诉世界一个政府统筹疫情防控和企业纾困扶持的中国，“周公吐哺，天下归心”的中国。告诉世界一个习近平生态文明思想指导旅游业和旅游可持续发展的中国，“绿水青山就是金山银山，冰天雪地也是金山银山”的中国。还要告诉世界一个旅游教育繁荣、旅游学术创新和旅游思想进步的中国，“有些鸟儿是注定不会被关在牢笼里的，它们的每一片羽毛都闪耀着自由的光辉”的中国。

前言

PREFACE

党的二十大报告指出："坚持以文塑旅、以旅彰文，推进文化和旅游深度融合发展。"文化和旅游融合，既有历史根源，也是现实所需，更是未来趋向。文化和旅游融合，既是一个理论问题，也是一个实践课题。位于国家历史文化名城湖南省永州市的湖南科技学院，植根地方悠久厚重的历史文化土壤，观照地方蓬勃发展的文旅产业实践，深入开展文旅融合理论研究，不断创新文旅融合人才培养机制，努力服务文旅融合产业发展，着力打造旅游管理、文化产业管理、航空服务艺术与管理等文化和旅游类专业群，取得了显著成效。

习近平总书记在全国教育大会上强调，要提升教育服务经济社会发展能力，着重培养创新型、复合型、应用型人才。作为地方应用型本科院校，如何通过学科、课程、教材建设，完善人才培养体系、创新人才培养模式、提高人才培养质量，如何贯彻落实立德树人根本任务，紧密结合党和国家大政方针，培养一代又一代德智体美劳全面发展的社会主义建设者和接班人，培养一代又一代在社会主义现代化建设中可堪大用、能担重任的栋梁之材，如何通过人才培养、学科建设、专业发展、科学研究、社会服务、文化传承创新积极服务党和国家战略，加快构建中国特色哲学社会科学体系，努力推动经济社会高质量发展，这些仍是需要努力破解的重要理论和现实问题。

在文旅融合的大背景下，文化和旅游类学科成为典型的交叉学科。文化和旅游的理论创新和实践发展为学科专业注入了新的动力。为进一步推进新形势下文旅融合理论创新和实践发展，加强新文科背景下文化和旅游类专业建设和学科建设，助力培养堪当重任的社会主义时代新人，我们组织编写了"新时代文化和旅游融合发展研究丛书·应用型本科院校文化旅游专业丛书"，涉及文旅融合、旅游文化、乡村振兴、乡村旅游、美丽乡村、农旅融合、文化创意、资源普查、研学旅游、会展旅游、航空服务、学科前沿、专业英语、地方文化以及学科竞赛、调研论文和实践报告等方面。丛书除支撑国家和省级一流本科专业建设、一流本科课程建设，助力相关专业教学、教研教改、实训操练、专业认证、新文科建设和人才培养外，还支撑相关应用特色学科和科研平台建设。丛书既突出理论性、学术性和战略性，又紧扣时代主题、实践前沿和产业动态。在贯彻党的路线、方针、政策和国家有关法律、法规的基础上，丛书融入课程思政元素，符合学科发展理论前沿和时代特征。丛书内容新颖生动、案例多样、可读性强，具备较强的理论性、学术性、时代性、实用性、可读性和可操作性。

本丛书得到湖南省普通高等学校“十三五”专业综合改革试点项目“旅游管理”、湖南省一流本科专业建设点“旅游管理”、湖南省“十四五”双一流建设应用特色学科“马克思主义理论”和“中国语言文学”、湖南省一流本科课程“永州旅游文化”和“茶艺与茶道”、国家级一流本科专业建设点“英语”和“日语”、湖南省中国特色社会主义理论体系研究中心湖南科技学院基地、湖南省当代中国马克思主义研究中心湖南科技学院基地、湖南省普通高等学校哲学社会科学重点研究基地“乡村振兴与区域经济发展研究中心”“南岭走廊与潇湘文化研究基地”“永州地域文化与文化自信研究基地”“湘粤优势特色产业协同发展研究基地”“思想教育与道德文化研究基地”、湖南省社科研究基地“湖湘文化对外交流传播研究基地”“湖南省舜文化研究基地”“湖南省濂溪学研究基地”“湖南省李达与马克思主义‘三化’研究基地”、湘粤社科智库联盟等平台和项目资助。

编者

2024 年 6 月

目录
CONTENTS

基础理论篇

创意策划篇

案例研究篇

实训设计篇

基础理论篇

第一章　文旅创意与策划概述

第一节　文旅融合理论与现状

一、文旅融合的提出背景

（一）文旅融合的产业背景

1. 两产业发展已颇具基础

改革开放以来，文化产业与旅游产业均得到长足发展，2004—2017 年十余年时间两产业进入快速发展期，年增长率基本在 10% 以上，在 GDP 中所占比重逐年攀升，产业规模不断壮大，已成为国民经济重要支柱产业。截至 2017 年，全国文化及相关产业增加值已由 2004 年的 0.34 万亿元增加到 3.47 万亿元；占 GDP 比重由 2.15% 增长至 4.2%；全国旅游产业总收入由 2004 年的 0.47 万亿元增长到 5.4 万亿元（由于旅游产业增加值从2014年方开始计算，故采用学者宋子千的观点[①]，用旅游总收入来与GDP进行比较），占 GDP 比重由 2.9% 提升至 4.53%。

2. 两产业发展经优化调整期，正迈向新的创新变局

进入 21 世纪以来，文化产业和旅游产业已由市场样态聚集、产业要素聚集阶段向区域特色优势资源聚集和平台生态、数字生态阶段过渡[②]，不断实现由高速发展向高质量发展的转变。文化产业着力向特色化发展，如非遗的产业化开发，衍生出许多新的文化业态，同时加速了文化产业与旅游、金融、互联网、教育、科技等产业互动融合。旅游产业供给也不断提升优化，业态更加丰富，传统观光旅游模式加速消退，休闲度假旅游、主题品质旅游、专项定制旅游等市场快速发展。

---

① 宋子千 . 旅游业究竟对国民经济有多大贡献？［J］. 旅游导刊，2017，1（02）：32-43+122.

② 西木，朱博文 . 我国文化产业发展的基本框架及前沿热点［EB/OL］. 搜狐网，2023-06-28.

文化产业与旅游产业的内部结构得到极大优化。国家统计局数据显示，文化及相关产业的十个门类里，明显高于平均增速的是数字信息传输服务、文化休闲娱乐服务、文化艺术服务、广电服务和文化创意设计服务。公共文化事业基础服务设施保障、文化产品及服务供给规模与结构都有了极大改善，人们对多元化、个性化、均等化文化服务的消费需求得到了有力保障。《2016 中国旅游投资报告》指出，2016 年旅游企业间资源、业务整合型投资增加，国企改革加速推进，国旅集团整体与港中旅集团合并打造出中国最大旅游央企。锦江集团收购维也纳酒店及百岁村餐饮，加强对中档酒店的渗透；华侨城战略重组云南世博集团，加快开发地方旅游市场。报告显示，越来越多的资金开始集中流向文化旅游、生态旅游、乡村旅游以及温泉滑雪、低空飞行、工业旅游等新型业态。

党的十九大报告中指出“要推动中华优秀传统文化创造性转化、创新性发展”，因此，我国文化产业和旅游产业发展实践要进入资源活化和融合创新阶段。

（二）文旅融合的政策背景

文旅融合的思想与实践早有雏形，从改革开放初期邓小平同志的“黄山谈话”强调要挖掘地方文化吸引外国游客开始即已体现文旅融合思想，到各地文物古迹和非物质文化遗产的开发利用，以及乡村旅游扶贫与红色旅游开发，无不显示着文化与旅游融合的实践轨迹。2018 年前，在国家诸多政策中均可以找寻到促进文旅融合发展的相应线索（如表 1-1 所示）。

表 1-1　2018 年前文旅融合相关政策文件（部分）

政策类别	时间	政策文件	政策要点
文化旅游扶贫	2017	《“十三五”时期文化扶贫工作实施方案》	充分挖掘革命老区红色文化内涵，利用革命历史文物资源优势，发挥其在红色旅游中的重要作用，推动当地经济社会文化持续健康发展，带动贫困地区稳步脱贫
特色旅游功能区	2017	《国家“十三五”时期文化发展改革规划纲要》	支持边境地区建设具有富民效应和示范效应的文化产业园区基地，鼓励发展传统工艺和文化旅游，支持搭建外向型展会平台，开展原创动漫边疆推广工作
特色旅游功能区	2017	《文化部“十三五”时期文化产业发展规划》	到 2020 年，文化与旅游双向深度融合，促进休闲娱乐消费的作用更加明显，培育 5~10 个品牌效应突出的特色文化旅游功能区，支持建设一批有历史、地域、民族特色和文化内涵的旅游休闲街区、特色小（城）镇、旅游度假区，培育一批文化旅游精品和品牌
特色旅游功能区	2016	《“十三五”旅游业发展规划》	首次由国务院印发的五年旅游业发展规划。有大量关于文化旅游发展和旅游文化建设的内容

续表

政策类别	时间	政策文件	政策要点
旅游文创品	2017	《中国传统工艺振兴计划》	提到“推动传统工艺与旅游市场的结合”“将传统工艺展示、传习基础设施建设纳入‘十三五’时期文化旅游提升工程”等
	2016	《关于推动文化文物单位文化创意产品开发的若干意见》	提出“支持文化资源与创意设计、旅游等相关产业跨界融合，提升文化旅游产品和服务的设计水平”
	2014	《关于推进文化创意和设计服务与相关产业融合发展的若干意见》	提出“提升旅游发展文化内涵”，“用文化创意和设计提升乡村旅游和休闲农业发展水平”。实施中国旅游商品品牌建设工程，重视旅游纪念品创意设计，提升文化内涵和附加值，加强知识产权保护，培育体现地方特色的旅游商品品牌
乡村旅游	2015	《国务院办公厅关于进一步促进旅游投资和消费的若干意见》	坚持乡村旅游个性化、特色化发展方向。立足当地资源特色和生态环境优势，突出乡村生活生产生态特点，深入挖掘乡村文化内涵，开发建设形式多样、特色鲜明、个性突出的乡村旅游产品，举办具有地方特色的节庆活动。注重保护民族村落、古村古镇，建设一批具有历史、地域、民族特点的特色景观旅游村镇，让游客看得见山水、记得住乡愁、留得住乡情 开展百万乡村旅游创客行动。通过加强政策引导和专业培训，三年内引导和支持百万名返乡农民工、大学毕业生、专业技术人员等通过开展乡村旅游实现自主创业。鼓励文化界、艺术界、科技界专业人员发挥专业优势和行业影响力，在有条件的乡村进行创作创业。到 2017 年，全国建设一批乡村旅游创客示范基地，形成一批高水准文化艺术旅游创业就业乡村
	2014	《国务院关于促进旅游业改革发展的若干意见》	大力发展乡村旅游。依托当地区位条件、资源特色和市场需求，挖掘文化内涵，发挥生态优势，突出乡村特点，开发一批形式多样、特色鲜明的乡村旅游产品
业态创新	2015	《国务院办公厅关于进一步扩大旅游文化体育健康养老教育培训等领域消费的意见》	在标题中把旅游和文化放在了一起，内容中提出“支持实体书店融入文化旅游”等举措
	2012	《关于进一步做好旅游等开发建设活动中文物保护工作的意见》	虽然事关旅游开发建设，但落脚点是在文物保护
	2011	《中共中央关于深化文化体制改革推动社会主义文化大发展大繁荣若干重大问题的决定》	提出“推动文化产业与旅游、体育等产业融合发展”“积极发展文化旅游，促进非物质文化遗产保护传承与旅游相结合”等
	2009	《关于加快发展旅游业的意见》	提到利用文化资源开发旅游产品，发展旅游业。大力推进旅游与文化等相关产业和行业融合，培育新的旅游增长点

续表

政策类别	时间	政策文件	政策要点
文化提升旅游品牌、演艺旅游与文博旅游	2009	《关于促进文化与旅游结合发展的指导意见》	深度开发文化旅游工艺品（纪念品）。文化行政部门鼓励创意制作符合地方文化特点的文化旅游工艺品（纪念品），挖掘旅游品牌的形象价值，拓展旅游品牌的产业链条；打造高品质旅游演艺产品。鼓励运用现代高新科学技术，创新演出形式提升节目创意，突出地域特点和文化特色，打造优秀旅游演出节目

（三）文旅融合的机构背景

随着 2018 年文化和旅游部的成立，文旅融合发展成为我国文化产业和旅游业发展的新方向，文旅融合是我国在新时代背景下践行中国特色社会主义思想、推动文化和旅游转型升级、满足人民美好生活需要的新目标和新任务。在此背景下，一些学者开始重新思考文化与旅游的关系。

二、文旅融合的多维定义

（一）一些学者对文旅融合的定义

关于我国文旅融合的理论研究起步较晚，大约在 20 世纪末。1999 年至 2008 年是中国文化与旅游产业融合研究的思想启蒙时期，在此期间，一些学者已经认识到文化与旅游产业有一定的关联，使用的术语包括“整合”“结合”“互动”“一体化”等，但没有明确提到“融合”一词。文化和旅游部的成立，标志着文化和旅游产业融合的整体发展进入了一个新的阶段，相关的出版物和新的关键词大幅增加，基础理论的发展也越来越多。

文旅融合，通常被认为是“文化产业与旅游产业融合”的简称。二者从表面上来看存在明确的技术边界，但实际上从其诞生之初便相互关联、相互渗透。对文旅融合的早期研究尚未直接使用“融合”二字，而是对“文化旅游”的概念进行探索，与一般旅游区分开来。1977 年，美国学者 Robert Mcintosh 最先对“文化旅游”作出定义，认为“文化旅游包括旅游的各个方面，旅游者从中可以学到他人的历史和遗产，以及他们的当代生活与思想”①。

2009 年国家颁布《国务院关于加快旅游业发展的意见》和《关于促进文化与旅游结合发展的指导意见》，相继提出“文化是旅游的灵魂，旅游是文化的重要载体”“大力推进文化产业与旅游产业融合发展”“把文化内涵贯穿到旅游各环节全过程”等论断，标志着国家从政策层面开始高度重视两产业的融合发展。此后，学界逐渐采用了“文化产业与旅游产业融合”的统一说法，文旅产业融合也逐渐成为一些学者的研究热点，研

① 李梦子，隋鑫 . 文化产业与旅游产业融合发展研究综述［J］. 旅游纵览（下半月），2019（22）：46-47.

究成果显著增多。

马波等（2020）认为旅游本身就是文化的一部分，文化与旅游的融合是一种自然规律。文化与旅游的融合应该是广义上的“文化”和广义上的“旅游”的深度融合。① 傅才武（2020）这样理解文化与旅游融合的内在逻辑：文化与旅游的融合是基于“身份认同”，是文化产业与旅游产业的交集。在旅游过程中，文化形式变化成为旅游体裁的价值符号，形成旅游者个体与旅游体裁之间的价值连接，这是文化与旅游融合的外在形式。② 多位学者提出了文旅融合的定义，汇总如表 1–2 所示。

表 1–2　文旅融合定义汇总

序号	提出者	定 义
1	黄震方	文旅融合是指文化、旅游产业及相关要素之间相互渗透、交叉汇合或整合重组，逐步突破原有的产业边界或要素领域，彼此交融而形成新的共生体的现象与过程
2	马波	把“人类完美”视为文旅融合的终极目标，提出以“实体文化—有机文化”轴系和“旅游产业—旅游事业”轴系建构文旅融合四象限模型，来系统呈现文旅融合的总体样貌、阶段性特征和转化进程
3	傅才武	文旅融合的内在逻辑是旅游者个体参与创造文化旅游体裁的过程，是文化旅游主体与作为象征意义（符号）系统的文化旅游装置（客体）通过个体文旅消费行为进行创造、转换和连接的过程，是客体与主体之间“唤醒”与“沉浸”的统一、“索引”与“凝视”的统一，体现为“吸收符号及被符号吸收”的互动过程
4	北京大学国家现代公共文化研究中心	文旅融合主要以市场作为核心驱动力，本着合作共赢、互利共生的原则，促使两大产业通过融合不断活跃，为新业态“增量”开放有效口径，不断提升融合价值，更好地满足民众的精神文化需求

（二）本书的文旅融合概念

狭义的文旅融合是指以价值增值为标志、以产业边界跨越为特征的文化产业与旅游产业相互融合，最终形成新产品或新业态的过程。广义的文旅融合是指以“人类完美”为终极目标，以“国家文化认同”为时代目标的文化事业与旅游事业融合的过程。

本书在产业层面使用狭义定义，在人文社会层面使用广义定义。

三、文旅融合理论基础

在借鉴吸收国内外相关理论研究成果的基础上③，本书认为产业融合理论、业态融合理论、创新理论、马斯洛需求层次理论、产业价值链理论、文化创意理论、旅游区位理论及旅游地生命周期理论是文旅融合发展的理论基础，这些经典理论为文旅融合深入推进提供了重要的理论支撑。

---

① 马波，张越．文旅融合四象限模型及其应用［J］．旅游学刊，2020，35（05）：15–21.

② 傅才武．论文化和旅游融合的内在逻辑［J］．武汉大学学报（哲学社会科学版），2020，73（02）：89–100.

③ 庄猛．从“产业融合”看文化产业与旅游产业的互动发展［J］．躬耕，2011（01）：58–59.

（一）产业融合理论

在中国，周振华（2002）是较早研究产业融合的学者之一，提出产业融合是以数字融合为基础，为适应产业增长而发生产业边界收缩或消失。[①] 由此可见，产业融合是在技术进步及放松管制等内外因共同作用下，导致产业边界收缩、模糊甚至消失，从而改变产品特征，出现新的市场需求、新的经济增长点或新兴产业，进而引起企业间竞合关系的变化。

产业融合是文化产业与旅游产业融合发展的基础理论。随着经济全球化的发展，产业融合作为当今世界发展的大趋势，发生在各行各业，旅游产业融合是指旅游产业与其他产业或者是产业内部不同行业之间发生相互渗透、相互融合，最后形成新的产业，实现产品创新。旅游产业与文化产业具有天然耦合性，是相互交叉、相互交融的两大产业。因此以产业融合理论为指导，可以实现有效融合，得以促进两大产业的发展。

（二）业态融合理论

产业融合理论是随着企业的发展，技术水平的不断提升，企业向跨地、行业发展，产业之间的界限逐渐淡化，在交叉融合处形成新型产业的理论。产业融合促进了许多新产品与新服务的出现；开辟了新市场，使更多的新参与者进入；增强了竞争性和新市场结构的塑造；促进了资源的整合；带来了就业增加和人力资本发展；并派生出信息产业发展的巨大增值机会。因此发展产业及增长经济一定以产业融合理论为指导，趋向产业融合发展。

实际上，文化旅游业态即文化产业业态与旅游产业业态二者融合产生的，而这已经在文化产业、旅游产业融合的过程中悄无声息地进行着，现在已有学者逐渐开始研究文化旅游新业态。而随着“互联网 +”、物联网、大数据等高新科技的发展，无论是对文化产业还是对旅游产业都产生了巨大影响，不仅改变了产业的形态、发展方式，带来了新业态，同时也改变了产业发展的商业模式等。因此，在复杂的环境中，业态融合是旅游产业与文化产业融合发展的重要理论组成部分。

（三）创新理论

何谓创新理论，美国哈佛大学教授熊彼特在其 1912 年出版的专著中提出：“创新是指把一种新的生产要素和生产条件的‘新结合’引入生产体系。”创新是生产过程中内生的，这是熊彼特创新理论的基本观点中最基础的一点。产业融合最早是由技术创新引起的。旅游产业与文化产业在发展过程中，相互吸收对其产业发展有利的因素，产业边

---

① 周振华 . 信息化进程中的产业融合研究［J］. 经济学动态，2002（06）：58-62.

界逐渐模糊，改变了原有产业的一些特点与属性，如产品、服务特点等，从而创造出新的市场需求。在此基础上，技术创新不断出现与演进，同时伴随着业态创新，使得旅游产业、文化产业以及二者融合产生的新型业态所形成的新兴产业——文化旅游产业都朝着更加优化的方向演进，其附加值也随之提升，产业创新能力不断增强，发展成更具创新、更加高级化的产业。

旅游产业与文化产业的融合发展，创新是本质与基础，是旅游产业与文化产业融合发展的内在动力。旅游目的地不仅为旅游产业与文化产业提供空间与平台依托，同时还为旅游产业与文化产业的融合发展提供创意元素，如民族文化、地方语言、特色美食等。旅游产业与文化产业融合发展将这些特色元素融入其中，进行创意创新，用新的产品、新的业务来适应社会需求，以满足不断变化的消费需求。创新不仅出现在一开始的时候，而是贯穿于文化产业与旅游产业融合的每一个阶段及每一个细节。创新是文化产业与旅游产业融合的基础以及必要因素，它直接促进了技术的有效融合，而在产品融合、业务融合、市场融合中，更加离不开创新，其促进了二者融合发展，形成文化旅游这一新型业态和新兴产业，并逐渐实现市场规模扩张，出现市场规模一体化，这无疑将提高文化旅游产业的规模效益与产业竞争力，实现文化旅游产业的永续发展。

（四）马斯洛需求层次理论

美国著名的社会心理学家马斯洛提出人类的五种基本需求层级，从层次结构的底部向上，需求分别为：生理（食物和衣服），安全（工作保障），社交需要（友谊），尊重和自我实现。尽管我们通常认为，旅游是一种精神消费，但如果连基本的生理需求和安全需求都无法满足的时候，是没有能力做出任何旅游行为的。但针对文旅品牌传播，我们仍然可以对应人的需求层级，找到该区域旅游的核心竞争力，形成核心诉求，达成与游客的有效沟通。

根据马斯洛的需求层次理论，人在低级别的需求得以满足之后，总是会向归属、尊重、自我实现的更高层次发展。而旅游产业作为第三产业的一个重要组成部分，是能满足较高层级的一种产业形式，应给予大力支持。随着市场经济体制的不断完善，国民经济收入不断提高，人们的基本生活水平也有大幅提升，在这种情况下，追求更高的生活质量成为经济发展的必然趋势，从而使得各种形式的创意旅游产品成为一个关注的焦点，这也使得马斯洛需求层次理论成为文化创意旅游产业发展的一个必要理论支撑。

（五）产业价值链理论

产业价值链理论包括了两重内涵，即产业链与价值链，其中产业链是一个包含价值链、企业链、供需链和空间链四个维度的概念。产业链中大量存在着上下游关系和相互价值的交换，上游环节向下游环节输送产品或服务，下游环节向上游环节反馈信息。

价值链的概念是由哈佛商学院教授迈克尔·波特（Michael Porter）1985 年在《竞争优势》（*Competitive Advantage*）一书中提出的。他认为："企业是开展设计、生产、销售、流通和售后等生产活动的综合体，将活动按照发生顺序排列就可以串联成企业价值链。"价值链是将价值活动按照发生顺序有序串联，是原材料经过系列生产活动转化为成品并持续进行价值增值。

（六）文化创意理论

文化创意理论是创意产业这创新理念的发现和发明，是在社会消费全球化的背景下出现的不断创新、提高创造力、强调经济的文化艺术性的新型的思想和经济实践的理论。旅游产业与文化产业的融合发展是借助文化创意，丰富旅游产品，然后把优化的旅游产品推向旅游市场而发展旅游业。文化创意是旅游与文化两大产业融合发展的灵魂。文化创意理论是通过技术创新、产品创新、管理创新、思维创新等方式创新文化元素，提升文化内涵的理论。

（七）旅游区位理论

区位理论起源于资本主义时期，1767 年英国的斯秋阿特在《政治经济因素》一书中就提出了区位理论问题。在冯·杜能的农业区位论、克里斯泰勒的中心地学说、廖什的市场区位论的前后诞生，促进了区位理论系统化发展。旅游区位是某一旅游地的地理位置和空间关系，与其他旅游地相较而言是否具有区位条件优势及空间布局合理。旅游区位不相同于工农业区位，旅游业更是不同于工农业，因此运用区位理论研究旅游区位时，应充分考虑旅游业的特殊性。

旅游产业与文化产业是在区域空间上的活动，毫无疑问地涉及空间优化组合问题，需要通过区位理论来指导。区位理论是人类活动空间选择及区位经济活动的优化组合的理论。本书中探讨的旅游产业与文化产业融合发展的路径是需要合理调整资源空间布局及优化旅游相关的空间组织关系，例如：分析区位因子，改善交通与游览路线、确定资源规模、调整空间组织结构等。确保旅游产业与文化产业在空间布局上的科学合理，是实现产业融合发展的关键，这是旅游产业与文化产业科学合理发展的必经之路。因此区位理论是旅游与文化产业融合研究的重要理论之一。

（八）旅游地生命周期理论

通过旅游地生命周期理论可以分析旅游地的发展历程、可以预测旅游地发展趋势、可以了解旅游产品的市场营销。旅游地生命周期理论是 1980 年加拿大地理学家巴特勒（R. W. Butler）在《旅游景区演变周期的概念：对资源管理的含义》一文中提出的。巴特勒把旅游地发展过程分为探索、参与、发展、巩固、停滞、复苏等六个阶段，认为是循环演变的过程。旅游地生命周期理论的观点说明旅游地的吸引物是有生命周期的，因为有限的资源不容易更新，因此吸引游客不是永久性的，只能人为地延长旅游地的生命周期。

尤其是文化旅游地的历史文化资源是以保护与传承为主，展示利用为辅，更不能脱胎换骨地改变。在这样的情况下，深度挖掘文化资源，打造特色文化，创新旅游产品，提升旅游服务功能，提高吸引力来延长旅游地生命周期就是上策。旅游地生命周期的长短直接影响到旅游经营者的利益，乃至整个旅游地的经济效益，要运用生命周期理论来预测发展趋势。

四、文旅融合发展现状

（一）文旅融合现状特征

1. 多主体参与活跃文旅市场

文旅市场日益繁荣的表现之一就是来自不同领域的投资者蜂拥“进场”。从市场现状来看，投资主体依然呈现出民营资本为主、政府投资和国有企业为辅的多元化格局。目前文旅投资主体主要有以下五类：地方国企系、全国性房企系、地方民企系、传统文旅企业系和跨界大型企业系。

2. 科技赋能催生文旅新业态

随着文化和旅游业数字化进程的加快，数字经济加速了产品和市场从形式到内容的结构性变化，数字产业与文旅产业的深度融合，催生出众多创新的文旅产业业态以及新的模式结构。数字化的各种资讯和内容产品加速了相关产业的联动。利用技术的提升来增加体验感是许多景点增加沉浸式体验首选的方式之一。通过利用 VR，AR 等新兴技术让游客沉浸式体验。感观营造，角色塑造，实景演绎，虚景再现等体验形式，增加消费者黏性。目前富士山，迪士尼，故宫，华清宫等景点已设有沉浸式体验项目。

3. 文旅融合形式不断创新

在新时代全球化和城镇化背景下，文旅产业正呈现全球化、区域化和产业化的新趋势，新场景、新技术、新产品、新模式带来“文旅 + 产业”的异彩纷呈。旅游业有极其丰富的应用场景、极强的跨界能力以及庞大的产业规模，催生出许多新业态、新产品，实现了文旅产品消费带动上下游产业的发展新格局。

4. 内容建设成为决胜王牌

当前文旅市场正在进入一个需求多元、新旧交替、个性多样的发展新阶段。只有紧跟年轻消费群体需求，打造“新主题、新场景、新玩法”的文旅项目才是文娱旅游高质量发展的利器。当前的文旅项目建设也不再单纯强调重资产投入，而是讲求投资的高产出、高回报，将钱投在“轻资产”上，在提升游客的体验上下功夫，例如文化深层次的挖掘和活化、IP 的打造、互动演出的创新研发、场景塑造、业态激活和服务质量水平的提升等。

（二）文旅融合尚存不足

1. 文化内涵挖掘不深，创新迭代能力不强

文化和旅游具有天然的融合性，在旅游发展中，文化以民俗、故事、文创等不同形式融入旅游产品中。目前的文化旅游产品存在许多问题，且没有形成完整的产品体系，主要表现在以下两个方面：一是文化内涵挖掘不够深入，产品类型较为单一；二是创新性不足，与市场需求结合度较低。

2. 文旅开发市场主体不强，运营策划人才缺乏

各地均缺少省级层面的文化旅游投资运营集团，难以吸引战略投资商和知名品牌入驻，高成长性文化旅游企业偏少，本土企业“走出去”动力不足。文化创意人才匮乏，缺乏创新创意的空间环境和政策环境，难以孵化文化旅游创新业态和新模式，不能充分有效接入国际国内文化旅游创新链。

第二节　文旅创意与策划相关概念

一、文化与文化产业

（一）文化

中国人将文化理解为人类社会和社会发展所创造的物质和精神财富的综合体。西方人对文化的理解往往与哲学密切相关，康德曾经给文化下过定义，认为文化是创造一种自由选择其目的存在的能力。[①] 在文化的创造和发展中，人是其主体，自然是其客体，实际上文化是人与自然、主体与客体的对立统一。文化是一种社会和历史表达的现象，是人类所创造的一切的丰富性。文化的概念有广义和狭义之分，从广义上讲，它是人类社会发展过程中创造的精神文化、物质文化、社会实践和习俗的总和。从狭义上讲，文化是指其中注重精神创造的部分，而排除了物质创造及其衍生品。

① 马克思恩格斯全集［M］. 第 23 卷，北京：人民出版社，1972.

（二）文化产业

文化产业有时被称为“文化工业”（cultural industry）、“大众文化”等，在中国，2001 年第九届人大四次会议通过的全国“十五”规划纲要中首次提出“文化产业”的概念。同年，陆有斌（2001）提出文化产业是以满足人民群众不断增长的精神文化需求为目的，以发挥文化引导社会、教育人民、推动发展的功能为主要内容，以精神产品的生产、交换、消费为特征，从事文化产品与服务的生产与再生产、交换与传播、流通与经营活动或为此提供服务的行业。①

《文化及相关产业分类》（2004）中指出，文化产业是向公众提供文化和娱乐产品及服务的一系列活动，以及与这些活动相关的活动集合。② 其后，党的十七届五中全会提出将文化产业作为国民经济支撑加以扶持。文化产业迅速发展，新业态持续涌现。2012 年，国家统计局根据发展实际，进一步修订了文化产业分类文件，将其定义为：“为社会公众提供文化产品和文化相关产品的生产活动的集合。”在内涵和外延的范围表述上也做了进一步的解释。

二、创意与创意产业

（一）创意

创意的意思是指有创造性的想法、构思，创意就是元素新的排列组合方式，创意是基于认知的基础上，改变事物原来的属性或规律的想法，创意是创造意识或创新意识的简称，它是指对现实存在事物的理解以及认知，所衍生出的一种新的抽象思维和行为潜能。著名作家阿瑟•库斯勒在其有关创造力的著作《创造的行动》（1964）一书中，将创意定义为：“在两种毫不相干的思维矩阵中，形成一种双向联系。”③

（二）创意产业

创意产业，又叫创造性产业，是指那些从个人的创造力、技能和天分中获取发展动力的企业，以及那些通过对知识产权的开发可创造潜在财富和就业机会的活动。1998 年，英国创业产业专门负责小组首次明确提出创意产业概念，其将创意产业定义为：所谓创意产业，就是指那些能从个人的创新力、技能和天分中获得发展动力的企业，以及通过对知识产权的开发能够创造出潜在财富和就业机会的一系列活动。

联合国教科文组织对创意产业的定义：根据创意的产业化，提供本质为无形的文化

---

① 陆有斌 . 毕节试验区民族文化旅游产业开发研究［J］. 乌蒙论坛，2011（02）：53-58.

② 国统字〔2004〕24 号，文化及相关产业分类［S］. 国家统计局，2004.

③ Koestler，A. The act of creation. MacMillan Company，New York，1964.

内涵（如产品的文化附加值）的产品，且产品内容基本上受著作权保障，产品供给形式可以是物质的商品或非物质的服务的产业。创意产业可以定义为具有自主知识产权的创意性内容密集型产业。

三、创意与策划的关系

（一）创意与策划的概念

创意的含义比较宽泛，创意可以有活动创意、文字创意（如广告语、宣传文案等）、平面创意（平面设计中的创意元素）、广告创意（新颖的视频、故事等），甚至可以是经营模式的创意等，创意可以说无处不在，更直白地说创意是一个点，被触发并且能够触动别人的一个点。就创意本身而言，创意实际上是人的思维的产物，智慧的再现，是人为了解决某一问题而想出的好方法及其创造性行为的体现，由于创意来源于人们的大脑，常常表现为对事物具有超前性、前瞻性、新颖性、创造性等方面的认识。

策划主要是依据人们的智慧与才能，通过科学谋划达成某一目标，使之形成规模效益的全过程，百度百科对“策划”的定义：积极主动地想办法，订计划。它是一种策略、筹划、谋划或者计划、打算，是个人、企业、组织结构为了达到一定的目的，充分调查市场环境及相关联的环境因素，遵循一定的方法或者规则，对未来即将发生的事情进行系统、周密、科学的预测并制订科学的可行性的方案。

策划一般是针对某一个项目，从立项、筹备、策略、执行、评估等一系列内容的整体工作，它立足于现实，以创意取胜的科学程序，并通过这种程序预测事物的发展趋势，捕捉机遇，整合各种资源，制订可实施的最优化方案，以有效地达到所设定的目标；是对市场信息进行管理、运作、技巧处理或操纵的过程。

（二）策划和创意既有区别，又有联系

从创意与策划的概念看来，二者有所不同，但却联系紧密。策划中的产品构思需要创意，但创意却并不等于策划，创意只是策划系统中的一个重要环节。策划可以没有创意（如在常规活动的执行策划中，注重的是执行效率，执行安排以及执行方式，对创意没有要求），也可以包含创意。在一般情况下，创意是策划的组成部分，这主要表现在以下两个方面：创意是策划的基本内核；创意贯穿策划的始终。创意与策划的形成具有共同的基础，创意和策划都需要依靠个人的创造力、技能和天赋从中获取发展动力而形成的结果。

（三）创意是策划的灵魂，策划是把创意变成成果的桥梁和纽带

创意赋予策划以生命，是策划的灵魂。创意的作用，主要表现在本身构成策划的一

部分、为策划升华。策划是一种把创意变成项目和效益的方法和手段。策划以创意为先导，创意通过策划形成的项目体现。创意在策划中起到了诠释、丰富、补充以及推动的作用。而策划则是将创意付诸实现所需计划、方式和手段的制订，是对这一创造性活动全面展开的准备和筹划。

四、文化创意、旅游创意与文旅创意

（一）文化创意

文化创意集文化与创意于一身，以创作、创造、创新为根本手段，以文化内容和创意成果为核心价值，为公众提供独特文化体验。文化创意产业起源于西方国家在工业革命后的产业升级。英国率先提出了文化创意产业这一概念："源自个人创意、技巧及才华，通过知识产权的开发和运用，具有创造财富和就业潜力的行业。"随后很快演变成普及全球的一种全新的发展理念。

文化创意产业囊括了艺术、设计、视听媒体、文化遗产、旅游产业等多个行业。创造力就是文化创意的核心。人们对差异化和个性化生活的渴望促使了各个行业不断地更新、变化产品，想象力和创造力成为制胜的法宝。文创产品在这一大背景下应运而生。[①]

（二）旅游创意

创意是核心，旅游创意是运用创造性思维，对旅游产品或某一旅游要素进行联想、假想，从而创造出一种丰富而独特的旅游体验，是指用创意产业的思维方式和发展模式整合旅游资源、创新旅游产品、锻造旅游产业链。创造性是旅游创意区别于一般旅游发展构想的根本特征，是旅游创意的灵魂和生命，也是判定旅游创意水平的首要指标。旅游创意是元素重组或异态混搭，必须与多种要素相互关联，同时，因为旅游产业的准无边界特征和旅游需求的多元化趋势，与其他类型创意相比，旅游创意具有更为突出的综合性。

（三）文旅创意

文旅创意是文化创意与旅游的结合，文化创意在旅游业转型升级中发挥着加速器、创新源、驱动力的作用，它能塑造旅游品牌，提升旅游价值，推动旅游市场创新，加速文化与旅游的产业融合。文旅创意有利于诠释旅游产品特色，丰富旅游产品载体的层次，通过产业链的延伸，实现文化产业和旅游业的融合发展，主流模式包括主题公园、动漫基地、艺术园区、节庆演出基地和新兴街区，它们以经营旅游的方式展示文化，创造了特色鲜明的旅游文化。

---

① 陈昱．浅析文创产品的设计与创新［J］．科技视界，2018（35）：14-15.

五、文旅策划

文旅策划，是指旅游策划者为实现旅游组织的目标，以旅游资源为基础，通过对旅游市场和旅游环境的调查、分析和论证，创造性地整合旅游资源，别出心裁地设计和策划旅游方案，谋划对策，然后付诸实施，以使旅游资源与市场密切结合，从而获得最佳经济效益、社会效益和生态效益的运筹过程。包括：景区定位、发展定位、营销定位、宣传定位、客源定位等。文旅策划无疑是旅游景区开发、建设、运营中非常重要的一环，其策划结果对景区影响非常大，若策划不到位或不准确，带来的后遗症将影响景区的永续、健康发展。

第三节　文旅创意与策划的现阶段实践

一、文旅创意与策划的发展过程

伴随着中国文旅产业向纵深化方向发展，文旅策划产业发展经历了三个发展阶段，即起步阶段、成长阶段、成熟阶段，而如今文旅策划正在迈入第四个阶段——跨界融合阶段。

（一）表层结合：文旅创意策划起步阶段（20 世纪 70 年代末—1996 年）

我国旅游业于 20 世纪 70 年代后期开始得到发展，此时文化一直被视作旅游资源的一部分，文旅两个产业是相对独立发展的。文化产业中的创意成分缓慢萌芽，改革开放后受到国外创意产业的冲击和影响。文旅创意策划处于起步摸索期，出现了如 1979 年苏州推出寒山寺撞钟活动、1985 年哈尔滨举办第一届冰雪节、1989 年深圳“锦绣中华”、1994 年深圳“世界之窗”等文旅创意活动和产品。但总体上缺乏系统概念、体系、框架、流程作为指导[①]，创意的成分较低，主要立足于旅游资源的独特性，20 年间近半数的旅游年主题为观光旅游性质。从研究成果来看，自 1993 年发表第一篇以旅游策划为主题的相关文献后，对于文旅策划的研究并不多。

（二）融合尝试：文旅创意策划成长阶段（1997—2008 年）

1997 年，中央政府把旅游产业列为新的经济增长点，各地纷纷把旅游业作为本地的龙头产业、支柱产业。随着人们休假时间的增多和收入的不断增加，旅游需求潜力不

① 郑伯铭，明庆忠，刘宏芳．中国旅游策划研究：回顾与展望（1993—2019）[J]．四川旅游学院学报，2020（02）：70-76.

断得到释放，产生了“井喷现象”，也坚定了各地政府发展旅游产业的决心。2003年以后，旅游地之间的竞争日益激烈，旅游消费日趋理性，需求层次不断提高。加之旅游开发进程加快，以民族文化、历史遗迹为代表的隐性旅游资源和一批特色不鲜明、吸引力不强的弱势旅游资源开发被提上议事日程，这些旅游资源转化为旅游产品必须经过精心策划。为增强游客体验感，培育深受市场认可的文旅产品，部分地区开始认识到文旅创意策划的作用，有意识地开展创意策划，新的文旅融合形式出现，创意策划水平和专业性快速提升，出现了一批深受欢迎的品牌产品，如千古情系列、印象系列旅游演艺。

（三）提出融合：文旅创意策划飞跃阶段（2009—2017年）

早在2009年，文化部和国家旅游局联合发布了《关于促进文化与旅游结合发展的指导意见》，提出要在新形势下促进文化与旅游深度结合，打造文化旅游系列活动品牌、打造高品质旅游演艺产品、利用非物质文化产业资源优势，开发文化旅游产品等诸多具体措施。随后，中国紧随国际文化创意发展趋势，加快发展文化创意产业步伐，开发中国传统文化资源，推进文化创意产品研发与文化创意产业园区建设。我国旅游业从观光游向文化深度游、主题休闲度假游转变，多个行业与旅游行业进行实质性的跨界融合，“旅游+”“全域旅游”等模式应运而生。

（四）深度融合：文旅创意策划成熟阶段（2018年至今）

2018年4月，国家旅游局与文化部合并，组建文化和旅游部，文旅融合逐渐进入全面深入阶段，文旅创意策划迎来黄金发展期。文旅和各个产业也在全面融合，打破空间边界、刷新游客认知的沉浸式体验成为产业创新的关键要素，文旅产业逐渐迎来了4.0体验经济时代，直播、视频、剧本体验、实景剧场等沉浸式文旅产品成为行业新风口。

二、文旅创意与策划的表现形态

在政府文件中，虽然早前很多文件都体现了加强文化和旅游融合的相关表述，但直接提出加强文化和旅游融合的文件是原文化部和原国家旅游局联合发布的《关于促进文化与旅游结合发展的指导意见》，该文件明确指出要加强“文化和旅游相互融合”，并将文旅融合的实施路径总结为“文化旅游活动（节庆）品牌”“旅游演艺产品”“非遗产品化”“文化旅游工艺品”等形式，其实质是传统文化面向旅游者的再生产与再创造。

从具体产业融合看，兰苑（2014）提出文旅融合发展则涵盖了影视传媒与旅游、工艺美术与旅游、休闲娱乐与旅游、演艺与旅游的融合路径[①]，文旅创意策划的表现形态，

① 兰苑，陈艳珍．文化产业与旅游产业融合的机制与路径——以山西省文化旅游业发展为例［J］．经济问题，2014（09）：126-129.

便可从这几种类型中体现。

（一）文化创意产品

文创产品，即“文化创意产品”，指依靠创意人的智慧、技能和天赋，借助于现代科技手段对文化资源、文化用品进行创造与提升，通过知识产权的开发和运用，形成高附加值产品。

2019年8月，国务院办公厅印发了《关于进一步激发文化和旅游消费潜力的意见》，通过政策促进旅游创意设计、工艺美术等行业的创新发展，鼓励文创产品的开发与经营，并在此基础上丰富产品的供给，拓宽文创产品的展示和销售渠道，倡导在旅游景区合理配套文创产品展示售卖区，以提高消费便捷程度。国家政策的出台，为旅游景区文创产品的开发设计提供了难得的历史机遇。

（二）旅游演艺

旅游演艺，即文化演艺与旅游融合。作为文旅融合的重要载体，旅游演艺已成为城市文化旅游发展的有力抓手与核心吸引物。无论是美国的好莱坞，还是中国打造的“印象系列”“千古情系列”旅游文化演艺节目，都创新了旅游开发方式及文化展示形式，为旅游目的地的发展注入了生机与活力。从文化创意旅游产业在国内的实践发展来看，旅游演艺模式作为既传统又新颖的表演艺术正在成为我国文化旅游产业扩大发展的重要途径，它的发展不仅改变和丰富了传统的旅游产品内涵，提升了景区旅游文化的质量，而且对于延伸旅游产业链条、提升城市综合竞争力乃至于对中国演艺业在新时期的发展和创新方面都具有重要的意义。

（三）影视旅游

文化创意与旅游融合的另一典型形式是影视旅游的发展。影视业与旅游业均具有“文化产业”的属性特征，成为二者融合发展的基础，而根本动力则是文化需求引致的市场融合。关于影视旅游，国内外学者有诸多不同定义：比如“影视旅游包括由于目的地登上了电视或电影银幕，游客游览相关目的地或景点”，或者“影视旅游是以影视拍摄、制作的全过程及与影视相关的事物为吸引物的旅游活动”。“影视＋旅游”将影视外景拍摄地或影视内景基地作为旅游目的地，融入影视文化，辅以现代技术，整合影视旅游要素，为影视观众提供影视旅游产品和服务的活动。它的出现，不仅促进了地方经济的发展，而且丰富了人们的物质文化生活，扩宽了旅游业发展的新思路。

（四）游戏

游戏在旅游体验中的设计应用，旨在通过适合的游戏设计提高游客旅游体验的沉浸感和趣味性，从而进一步推动旅游行业的良性发展。新型个性化的旅游服务模式，将游戏化设计与旅游体验相结合。这种富含游戏机制的服务设计呈现出反馈性、娱乐性、趣味性、互动参与性等特点，能够更好地满足游客参与旅游活动个性化的需求，并带来一种全新的体验感受。作为体验时代的两个具有代表性的产业，游戏和旅游在市场特征、社会功能等方面具有极好的契合性，游戏所蕴含的“角色体验＋娱乐＋文化”内涵，十分契合现代旅游者的社会心理，这为游戏情景旅游产品的开发奠定了深厚的社会文化基础。

（五）活动创意

目前活动创意与旅游的结合，一般以节庆活动为主，节庆活动能产生较强的轰动效应，在旅游目的地提高知名度、促进消费增长、带动旅游业及相关产业发展等方面都具有重要作用。戴艳平（2007）认为旅游节庆被认为是节日的一种类型。它是基于一种或多种旅游资源的一系列活动，其基本原则是通过各种有意义的、开放的、参与性强的活动吸引广大受众，最终目的是促进旅游消费，吸引投资，进而促进当地经济的增长。①

三、文旅创意与策划的实现路径

（一）以产品创意为节点

1. 创意产品

创意产品主要体现在两方面。一是文旅创意产品研发。文旅创意策划的核心竞争力即在于旅游产品的研发，以创意为驱动，找准定位，在文化创意项目中推动旅游功能的挖掘，使文化创意产业的旅游功能得到提升，使旅游产业内部的创意因子得到激发，促进新型文化创意旅游综合体的构建。二是文旅产品品牌打造。探索文旅融合 IP 工程，用原创 IP 打造具有丰富文化内涵的文旅融合品牌。

2. 创意场景

创意场景主要存在改变体验不佳、参与性不足、满意度不高等问题，不仅要为旅游者搭建体验舞台，故事情节的设置也尤为重要，要使静态展示和动态表演融合起来，使旅游产品丰满起来，从而强化体验的感受。通过现场演艺、场景再现、游戏互动、创意营造、情境体验、创意商品等形式重组激活各种文化资源，通过文化创意与科技手段让真实场景与模拟情节相结合，不仅保留原有风貌还会给旅游者带来更强大的视觉体验。

3. 创意服务

创意服务体现在两个方面：一是特色服务，找准旅游产品定位，坚持文化与旅游相融合，充分挖掘旅游目的地具有文化特色的旅游资源，让游客体验到不同于其他旅游目

① 戴艳平．对旅游节庆活动策划的几点思考——以百色市布洛陀民族文化旅游节为例［J］．市场论坛，2007（02）：53-55.

的地的别样风情，提升游客的旅游体验感。二是提高服务质量，引进高新技术，打造智慧景区，不仅可以提高景区管理效率，还能吸引年轻游客。

（二）文旅创意策划业态

1. 培育文旅创意新业态

“文旅 +”拓展了文旅融合的新空间，也为新业态的培育提供了源源不断的创意动力。推进文化和旅游业融合、产品融合、市场融合，为培育文旅新业态提供了思考方向与解决路径。例如“文旅 + 数字化”，顺应文旅消费数字化新潮流，抢抓数字化文旅发展新机遇，突出科技创新、融合创新和模式创新，加快装置艺术、数字影像、体感互动、灯光设备等新技术应用，提升泛文娱产品“五感”体验度。

2. 推动文旅业态提质升级

文旅业态的提质升级可以从提升文旅业态文化内涵入手，让更多的文化资源、文化元素、文化故事等融入文旅产品。结合地方文化内容挖掘文旅融合新业态，在旅游设施、旅游服务及旅游业的各环节中增加文化元素和内涵，体现人文关怀。

（三）文旅创意策划体系

构建文旅创意策划体系，一要全、二要优。①完善产业结构体系。食、住、行、游、购、娱是旅游业的六大基本要素，完善的文旅策划产业结构需要从要素入手，优化要素比例，提高旅游者的体验感。②形成丰富的优质文化创意策划产品供给体系。随着生活水平的提高，旅游者对旅游产品多样化、品质化的要求越来越高。文旅策划业要通过对自然、人文资源的开发和精品化打造，构建类型多样、特色鲜明、品质优良、适销对路的优质创意策划旅游产品供给体系，特别是要根据市场人群变化的需求，开发并逐步完善旅游产品的供给。

四、文旅创意与策划的意义与前景

（一）文旅创意与策划的意义

1. 提高旅游景区的吸引力，有助于促进产业结构优化发展

文旅创意策划通过塑造差异化旅游产品，吸引游客，在拓宽产品市场的同时帮助树立良好的旅游目的地形象。文旅创意与策划催生了诸多新颖景点、文化和服务，为消费者提供了更多层次的选择，有效弥补了传统旅游产业的不足，进一步拓展产业市场需求，形成了更多新的产业价值链。通过更新生产、服务方式，优化产品与服务结构，逐渐形成共同的市场基础，以此来推动两者的协调和创新发展。

2. 精准市场定位，有助于提升旅游产业的综合竞争实力

人们对于文旅的需求呈现出越来越明显的个性化、差异化。文旅创意策划能通过市场定位，对旅游目的地内容、IP 和场景的开发，以及用多样的产品品类满足规模化人群的需求，能够充分满足人们不断提升的文化创意旅游需求，刷新人们的文旅体验。从而不仅可以为旅游业提供更大的文化创意附加值、利润空间，旅游者也能够获得丰富多样的文化潮流、时尚新品，使得产业功能得到进一步优化，同时能带动旅游产业竞争力提升。

（二）促进传统文化保护

进行文旅创意策划，可以提升传统文化景观的旅游价值，丰富目的地的文化景观，特别是对民族地区文化的传承和延续具有重要意义。对旅游资源可持续发展有着促进作用，同时对旅游产业具有创新功能、整合功能和结构优化功能，能够增强产业竞争力，具体表现为催生新产品、新市场，促进产业链价值增值，推动组织创新和管理创新，延长产业生命周期，在拉动当地经济社会发展的同时，也有利于优秀文化的传承和生态环境的保护。

（三）文旅创意与策划的前景

1. 文旅产业深化发展，文旅策划重要性凸显

在文旅融合背景下，文旅产业全面蓬勃发展，文旅融合战略对旅游地的创新和发展提出了新的要求和挑战。随着中国旅游业的快速发展及其地位的提高，文旅产业的发展越来越体现出策划的重要性，旅游策划意识在不断提高。现在，不仅是一些旅游企业成立了专门的营销策划机构，一些政府机关和景区、景点的管理机构也成立了相应的策划机构。

2. 文旅消费扩容提质，未来市场前景广阔

基于经济快速发展，旅游消费需求日益加剧，我国旅游业发展实现了全新的突破。据全国旅游投资项目库数据显示，2021 年文化和旅游部、国家开发银行等 7 家单位联合遴选出 320 个全国文化和旅游投融资项目，总投资 6194.1 亿元，拟融资 2325.4 亿元①，全国旅游投资保持逆势上扬的态势，为文旅创意策划产业带来了众多发展机遇。

拓展链接

① 产业发展司. 文化和旅游部等 7 家单位公布全国文化和旅游投融资项目遴选结果［EB/OL］https：//www.mct.gov.cn/preview/whzx/bnsj/whcys/202104/t20210406_923555.html

创意策划篇

第二章　文旅市场研判

第一节　文旅市场特征与趋势

一、文旅消费升级

近年来，中国国民人均收入在不断提高，当人们的基本物质需求得到满足后，伴随而来对精神文化方面的追求也日益迫切了。消费者已经从价格敏感型转向注重体验服务和品质，这就意味着人民已经从基本的物质及生理需求迈向了文化及旅游的精神需求。在互联网的依托下，大众获取信息的方式越来越多样化，对文旅消费产品的创意化、个性化的需求也在不断升级，文旅消费升级成为社会热议的新一轮浪潮。总的来说，消费升级是一个复杂的社会过程，目前国内外学者对消费升级这一概念的界定较为模糊，尚未形成统一的定义。李方正（2015）认为消费升级是涵盖消费整个过程的，消费升级即指“消费者选择消费品到消费品转化为效用过程中，消费与投资实现交互式增长，消费需求在需求结构中地位上升和消费品品质、消费方式以及消费理念升级的综合过程。”[①]消费升级指的就是消费者愿意花费更多的金钱换取产品的更多附加值（体验、氛围、品牌、便利性）。除了关注产品本身的功能和品质，消费升级更关注使用体验所带来的精神上和审美上的满足。

（一）场景升级

在当下的移动互联网时代，技术升级和消费升级并行，消费者触达商品的方式越来越丰富，购物场景也在不断升级演化，技术推动旅游消费场景的不断升级，例如除携程、马蜂窝、同程艺龙等这种线上旅游平台之外，旅游电商直播、团购，短视频等各种新场景也纷纷崛起。随着文化水平和层次普遍提高，文旅消费需求正在发生新的变化，

---

① 李方正．消费升级视野的需求结构再平衡［J］．重庆社会科学，2015（09）：47-57.

更具个性、参与性和互动性的消费项目受到人们的广泛青睐，追求场景、体验式的文旅消费应运而生。尤其是当前沉浸式场景文化体验业态正在崛起，包括沉浸式夜游、沉浸式灯光秀以及沉浸式展演、沉浸式体验馆、沉浸式电影、沉浸式戏剧等。

例如，广受好评的沉浸式戏剧《不眠之夜》，演出空间包括 90 个房间，有 3000 多个内藏道具抽屉可供观众探索，不同的入场时间与行动路线会带来截然不同的观剧体验，每一次“观看”都是一次深度的个性化定制。又如，全国首个沉浸式电影文旅小镇——华谊兄弟电影小镇，从沉浸式电影场景出发，以电影主题演艺为核心，打造集电影互动游乐、电影文化体验、电影主题客栈、民俗和非遗体验等于一体的沉浸式电影潮玩地，并成功入选“2020 年文化和旅游融合发展十大创新项目”。

（二）业态升级

旅游业态有狭义和广义之分：狭义的旅游业态专指旅游企业或企业集团的经营形态，它侧重表现在旅游企业层面上的众多的商业模式；广义的旅游业态除此之外，还包括旅游业的产业结构类型和行业组织形态，它侧重表现在旅游产业层面上各行业所包括众多业种和诸多业状。[①] 当今，旅游业态种类繁多、错综复杂，业态升级成为必然。旅游产业的融合、分化和衍生则是旅游产业发展和旅游业态升级的三种模式。

产业融合是一种普遍的经济现象，更是旅游新业态诞生的主要途径。旅游业虽是新兴的朝阳产业，却也是产业融合度最深的产业之一，随着旅游产业内涵的不断丰富，旅游业与其他产业融合的进程加快，旅游业赋予了更多产业旅游的功能，并带动相关产业发展，产生新型业态。如旅游与食住行游购娱六要素相融合而产生的购物旅游、美食旅游、房车旅行等，又如旅游业与会展、文化、影视、体育、教育等行业相融合而产生的会展旅游、文化旅游、影视旅游、体育旅游、研学旅游，等等。

（三）品质升级

随着人们生活水平和受教育程度的提高，旅游者的旅行方式和消费观念在不断发生改变，游客的需求日益成熟，呈现出个性化、差异化的发展趋势，游客开始注重个性化的体验和高质量的旅游品质。品质升级成为旅游行业关注的焦点，2016 年 4 月，国家旅游局发布《全国旅游标准化发展规划（2016—2020）》，提出到 2020 年，实现以下目标：旅游标准体系更加健全，标准质量水平显著提升；旅游标准化实施效益明显增强；旅游标准化发展基础更加坚实，等等。2017 年 8 月，国家旅游局发布《旅游经营者处理投诉规范》《文化主题旅游饭店基本要求与评价》《旅游民宿基本要求与评价》《精品

---

① 张文建 . 当代旅游业态理论及创新问题探析［J］. 商业经济与管理，2010（04）：91-96.

旅游饭店》等行业标准，从环境、安全、卫生等方面对旅游行业品质进行管理。

二、在地休闲

随着社会经济的快速发展，大众生活水平的稳步提升，居民精神层面的需求增长，人们的消费观念正在发生转变，我国居民的休闲消费需求更加旺盛、更加多元，休闲逐渐成为人们生活中的必需品，成为人们常态化的生活方式。“休闲产业主要是指以旅游、观光、休闲、度假以及相关餐饮、住宿、交通、通信、文化娱乐等为代表的综合性产业。”[①] 伴随着休闲消费需求的快速增长，我国休闲产业得到发展，各地纷纷加强公共社区休闲场所的建设、优化城市旅游休闲环境。2020 年新冠疫情的爆发制约了人们常态化的休闲消费行为，新冠疫情的持续极大地限制了人们的休闲空间，各地的休闲、旅游等活动基本采取了近距离消费政策，国际旅游基本停滞，省内游、市内游、周边游成为居民常态化的休闲形式。各地的文化和旅游休闲街区、文化休闲广场、文化旅游景区、公园等文旅场所成为居民重要的日常休闲场所。慢跑、垂钓、野营、徒步等成为人们受欢迎的休闲形式，帐篷、野外炊具、便携桌椅、垂钓工具等休闲装备也由此成为热销产品。后疫情时代，旅游方式与生活方式的结合成为必然，“见人见物见生活”的在地休闲游成为重点。室内图书馆、博物馆、文化馆等文化休闲场所，通过预约限流等多种形式，成为市民疫情期间的重要室内休闲场所。同时，疫情期间对陌生人的警戒心理，也让家人、朋友等小团体集聚性休闲行为更为普遍，与陌生人相处的群体性休闲活动相对减少。

三、云消费

信息技术是新时代发展的强大支撑，21 世纪以来，以移动互联、大数据、云计算、人工智能、5G 等为代表的信息科技不断迭代，随着数字经济的蓬勃发展，信息技术的大量普及，智能移动电子终端的广泛应用，“云消费”时代已然来临。“云消费”是指基于现代信息互联技术，以无限扩展的云为基础，以消费者为核心的现代消费方式，“云消费”在技术层面具有三大核心特征：“云内容”“云终端”“云支付”。在“云消费”时代下，社会主流消费群对于消费的便捷性和选择的多样性有了更高的要求，消费模式表现出四大基本属性：消费的体验化、智能化、专属化和社群化。借助线上平台、电子支付、视频直播、线上带货、云游云购的新消费模式、场景和业态成为常态，线上线下商

① 吕宁，江胜男，胡蝶．北京市休闲旅游产业发展研究［A］．见：邹统钎，吴丽云．北京休闲发展报告（2020）［M］．北京：社会科学文献出版社，2020.

业加速融合，年轻消费群体的消费倾向于服务化、体验化，其非商品性、非接触性特征非常明显。相较于以往传统意义的旅游，旅游消费市场的“非接触式”需求暴涨，各种“云旅游”以需求倒逼供给的方式促进各区域、各城市和各景区增加“云旅游”的供给。

四、代际消费差异

代际理论最初是由德国社会学家 Mannheim 于 1952 年提出的，他认为一代人是指出生在同一时代的一群人，他们在社会历史进程中处于同一位置，经历了相同的重大外部事件，从而形成了自己独特的价值观、思维方式和行为特征。也就是，一个代际是指一群人，他们出生于相同的历史时期，经历相似的社会文化背景和相同的重大历史事件。

代际消费指的就是消费者代际更迭过程中表现出来的不同的消费行为。消费者代际更替过程中，消费行为特征发生变化，消费者的消费呈现代际差异，不同代际消费差异不同。中国传统区分消费者代际用 50 后、60 后、70 后、80 后、90 后、00 后来区分，不同年代的消费者印刻着不同时代的烙印，呈现出不同的核心价值观。在美国，则用 X 世代、Y 世代、Z 世代来区分。代际消费差异主要是受到不同时代的消费者的文化背景、教育情况等多方面影响。自从 1949 年中华人民共和国成立以来，中国的经济、社会、文化等都得到飞速发展，同时也导致了代际消费的差异。

第二节　文旅市场机会分析技术

一、文旅市场调研技术

随着旅游市场竞争的加剧以及多样化、个性化、体验化、数字化的消费升级，旅游企业如何在激烈的竞争中及时有效地收集、处理和分析有用的信息，为营销决策服务赢得主动权，变得越来越重要。市场调研作为旅游企业了解市场、掌握游客需求的重要手段，贯穿于旅游企业营销活动的始终，是做好旅游营销工作的前提和基础。只有了解到市场的数据才能针对市场群体、市场规模、消费者的喜好等做出相应战略策略，才能更好地开拓市场。美国市场营销协会将市场调研定义为一种借助于信息把消费者、顾客以及公共部门和市场联系起来的特定活动，这些信息用以识别和界定市场营销的机会和问题，产生、改进和评价营销活动，监控营销绩效，增进对营销过程的理解。由于经济与社会的不断发展，人们对数据信息的要求在不断提高，市场调研的范围也在不断拓宽。例如政府部门以及机构团体所组织的生活状况调研、民意调研以及社会活动调研，均可纳入市场调研的范畴。通俗来讲，市场调研就是针对一定的调研目的，对市场信息进行搜集、记录、整理和分析，以了解市场发展变化的现状和趋势，最终产生结论与建议，从而指导市场决策的一个信息管理过程。

（一）市场调研过程

市场调研是一份十分复杂的工作，要想顺利完成市场调研，必须依据科学的调研程序，有计划、有组织并按照科学的步骤展开调研，一般来说市场调研的基本程序可分为确定调研目标、确定调研方式、编制调研计划、组织实施调研、整理分析资料、撰写报告六个部分。

1. 确定调研目标

调研目标决定着企业需要收集的具体信息资料，进而也决定了企业应当通过何种调研方式和手段来获得所需要的资料和信息，因此调研目标的确定是市场调研的第一步，是确定调研方式的前提和基础。

2. 确定调研方式

根据调研目的的不同，所选择的调研方式也会有所不同，各类调研方式都有各自的优势和局限性以及其适用范围，企业应当根据自身的调研目标、决定的紧急程度以及获取数据的成本等因素，比较各类调研方式的优缺点选择最合适的调研方式，从而获得更有效的信息资料。

3. 编制调研计划

调研计划是市场调研者实施执行的依据和纲领，只有设计编写出科学合理的调研计划和方案，才能让调研者真正地展开调研工作。因此，科学、有效、具有可操作性的调研计划直接决定着市场调研工作的成败。

4. 组织实施调研

组织市场调研是整个市场调研工作中非常重要的环节之一，是保证市场调研工作顺利进行的必要前提，包括组建专业的调研团队、培训调研人员、开展调研工作等内容。调研团队是开展市场调研工作的主体，调研团队的质量直接关乎市场调研的结果。因此，企业或市场调研机构应根据调研任务的难易程度以及工作量的大小，组建科学、合理、具有高素质的调研团队实施市场调研工作。

5. 整理分析资料

数据整理是数据分析过程中的重要环节，是根据调研目标，对通过各种调研方法所搜集到的信息进行归类、检验以及整理，并以图表等方式直观呈现所获得的数据信息，以便人们后续进行数据分析。数据分析可以帮助调研团队对所调研的问题形成调研结论，通常来说，调研人员会通过对整理后的调研数据进行统计分析，进一步得出具有指导意义的结论，揭示调研资料的现象和规律，从而帮助企业找到解决问题的思路和方法。

6. 撰写报告

市场调研的最后一步即撰写调研报告，这也是市场调研过程中一个非常重要的环节，是最终反映调研工作成果的书面载体，市场调研者通过对整个调研过程以及所调研的内容进行回顾和总结，以一定的文字材料和图表信息来展示所调研的成果，并明确指出调研结论和行动建议，同时分析调研中存在的一些失误或局限性。

（二）市场调研方法

1. 二手资料调研

二手资料调研又称为文案调研、文献调研、桌面调研、室内调研等，是区别于原始数据，即第一手数据而言的，是一种利用企业等机构内部和外部现有的各种信息、情报资料，查询并研究与调研项目有关资料的调研方法。二手资料调研是收集已经被使用、加工过的文案，而不是对原始资料的搜集。这些资料是已经存在的，与当前调研问题有一定相关性的信息，如年鉴、报告、文件、期刊、报纸、网络、数据库等。

2. 定性调研

定性调研指的是调研结果不经过量化或数量分析，是以小样本为基础的、无结构式的、探索性的市场调研方法。国外学术界一般认为定性调研是指："在自然环境中，使用实地体验、开放型访谈、参与性与非参与性观察、文献分析、个案调查等方法对社会现象进行深入细致和长期的研究。"简单地说，定性调研是一种探索人们的动机、态度和对事物性质看法的调研方法。定性调研主要用于制定假设，或是确定调研中应包括哪些变量，目的是对问题的定位或项目的启动提供比较深层次的理解和认识，寻找处理问题的途径。

定性调研的特点在于方便、快捷、省时、省力、贴近研究对象、深入所研究的问题；定性研究者可以采用历史回顾、文献分析等方法，通过直接访问、观察和参与等形式，依靠经验来获取市场中的资料，并运用非量化工具对这些资料进行分析，进而得出结论。定性研究通常是针对一个规模较小、经过调研者认真挑选的样本个体来研究，这种研究并不要求得出具有统计意义的结论，而主要是依靠研究者的经验、感知及相关技术，对市场现象进行分析和洞察。

3. 问卷调研

问卷调研又称“书面调研法”，或称“填表法”。用书面形式间接搜集研究材料的一种调研手段。通过向调研者发出简明扼要的征询单（表），请其填写对有关问题的意见和建议来间接获得材料和信息的一种方法。

问卷调研根据问卷填答者的不同，可分为自填式问卷调研和代填式问卷调研。问卷调研是实地调查的有效工具，通过统一设计的有一定结构的问卷进行调查。调研人员通过问卷调研可以收集到大量资料，并用统计方法处理，使其数量化，进行定性、定量分析并推断出整体趋势。

4. 网络文本调研

在信息化时代，迅速从海量文本中抽取出有价值的信息成为一项重要的分析方法，网络文本分析技术受到多领域的广泛关注。对于专业技术人员而言，运用语言编程进行网络文本挖掘分析；对于非技术人员而言，也可以借助简单、易操作的文本分析软件进行文本挖掘与处理，捕获关键要素。例如，NLPIR“自然语言处理与信息检索共享平台”是一个中文语义分析工具，针对大数据内容采编挖搜的综合需求，融合了网络精准采集、自然语言理解、文本挖掘和网络搜索技术等最新研究成果。WORDij可自动、轻松处理自然语言，包括来自社交媒体、新闻、演讲、焦点小组、采访、电子邮件、网站等来源的非结构化文本，可以帮助分析词共现和网络分析。Datamate Text Parser for Mac可进行文本数据分析，支持从电脑文件、实时网页中提取数据信息，可以批量处理多个文件或网页，并将输入源数据粘贴至文本中使用，功能强大，易于使用。

（三）市场调研数据分析技术

数据是对客观现象进行调研的结果，调研数据经过整理后，可利用科学的分析方法，对整理后的数据进行统计分析，从而达到去伪存真、由表及里的加工，进一步得出有指导意义的结论，揭示调研资料的现象和规律。在消费者调研数据分析中，选择用定性分析还是定量分析，取决于问卷问题的内容和性质。数据的表现形式有数值型数据和文字型数据，对于数值型数据可以采取定量分析，而对于文字型数据则可以采取定性分析。

定量数据分析是指从事物的数量特征方面入手，运用一定的数据处理技术进行数量分析，从而挖掘出数量中所包含的事物本身的特性及规律性的分析方法。定量数据分析一般有描述性分析和解析性分析两种。描述性分析是解析性分析的基础，解析性分析是描述性分析的升华。在具体研究中，采用何种分析方法，应视具体的研究目的而定。如果研究的目的是要描述数据的特征，则要用描述性分析；若还要对多组数据进行比较或要以样本信息来推断整体的情况，则要用解析性分析。

定性分析又被称为逻辑分析，即对不能量化的现象进行系统化的理性认识和分析。依据哲学观点、逻辑判断和推理方法等认识事物的本质、趋势以及其规律，是对研究对象进行“质”的方面的分析。常用的定性分析方法有归纳分析法、演绎分析法、比较分析法。归纳分析法就是依据调查、观察、实验中获得的分组资料，对个别事实、直接经验加以概括，推演出有关事物的一般属性和本质的思维方法，是人们日常中应用的最广泛的一种方法。比较分析法是把两个或两类事物的调查资料相对比，从而确定它们之间的相同点和不同点的一种逻辑分析方法。

二、文旅市场机会挖掘方法

伴随着全球经济的不断发展，人们收入和闲暇时间的增多，交通和通信技术的不断进步，旅游业逐渐成为世界上规模最大和发展势头最强劲的产业之一。疫情后全国旅游景区客流迎来大爆发，我国旅游需求出现新态势。如今，旅游全面复苏在即，全国各地的旅游目的地将迎来巨大的市场机遇，要想抓住旅游市场复苏的机遇，需要旅游目的地根据旅游市场的变化快速做出调整，需要旅游目的地政府和文旅主管部门带头转变，用新思维、新方法、新模式来抓旅游。中国旅游协会休闲度假分会秘书长、北京联合大学旅游学院教授曾博伟曾在一次采访中说道：“今天的中国文旅产业发展进入到了一个转折期，一方面，消费者对于文旅产业提供的内容有更高的诉求；另一方面，政策和技术的支撑给文旅模式带来了新的变化，这两方面都在推动文旅产业进入到一个新阶段。”

（一）聚焦政策变化

王骚通过研究提出，政策是指“以政府为代表的公共权力机构针对社会公共问题的解决，通过民主政治程序制定和执行的行动方针和行为准则”。我国旅游业的发展与政策的颁布是密不可分的，尤其和文化与旅游政策的颁布是相适应的。文化与旅游政策是指政府和文化与旅游主管部门为规划文化与旅游事业发展而制定和执行的措施、方针、办法等。文化旅游政策与法规的出台促进了旅游业的发展，旅游业的发展需要随着国家政策法规的日益完善而不断进步，根据政策探究文化与旅游业的未来发展趋势与发展方向，从而壮大旅游企业的规模，对旅游业发展过程中存在的问题进行纠正，解决问题并提升旅游服务的质量。政府颁布的相关政策可以从产业、市场、管理等多个领域统筹兼顾，保证文旅产业能够合理、有序、健康地发展。

（二）关注技术革新

旅游行业发展的一个重要推动力就是技术革新和发展，尤其是移动互联网技术、可穿戴设备和智能技术。技术创新是文化与旅游深度融合发展的重要路径，数字赋能成为文旅消费的升级方向。

随着大数据、云计算、移动通信等现代信息技术的飞速发展，以及这些相关技术在旅游行业的加速应用，催生出一批文旅消费的新业态、新模式，也带动文旅消费方式和供给服务模式发生改变。除此之外，国家也颁布了相关政策以支持文旅与科技的融合发展。2020 年年底，文化和旅游部、国家发展改革委等 10 部门联合印发《关于深化“互联网 + 旅游”推动旅游业高质量发展的意见》，提出优化“互联网 +”营商环境，以数字赋能推进旅游业高质量发展。在政策与科技的双重加持下，数字文旅已成为文旅行业发展的大趋势和升级方向。

比如，运用 5G 技术以数字化服务新模式赋能全域旅游。广州北京路历史文化街区通过 5G 技术运用，整合街区文旅资源，布局网红店铺 5G 直播带货、5G 人工智能垃圾桶、无人售货小车、裸眼 3D 曲面屏……升级为全国第一条 5G 步行街，使旧街区焕发新生机。延庆区作为首批国家全域旅游示范区创建单位，集成打造全市首家全域旅游电商平台——“长城内外”，提供集食、住、行、游、购、娱为一体的网络服务体系。

又如元宇宙应用正在不断改变着文旅消费体验方式，为年轻消费群体提供了消费新选择。

“元宇宙 + 文旅”已经成为许多文旅项目升级的重要选择。2019 年，故宫博物院和腾讯签署合作协议，通过利用“数字化 + 云化 +AI 化”完成文物的采集、存储、展示等活动，助力建设“数字故宫”。西安元宇宙 VR 密室、广州元宇宙游戏包厢、重庆元宇宙沉浸剧场等。

（三）分析成本结构

成本结构即企业在运营过程中产生的各种成本费用，如劳动力成本、原材料、机器设备折旧费、广告宣传、资金占用利息、水电费等，这些成本费用所占总成本的比重，就是产品成本结构。而旅游产品的生产成本则包括三部分内容：“一是提供旅游服务所凭借的旅游接待设施设备、交通运输工具、建筑物及各种原材料、燃料、能源等成本，是物化劳动的消耗部分。二是旅游企业从业人员的工资，它们是旅游从业人员提供的劳务价值补偿，是活劳动的消耗部分。三是旅游企业的经营管理费用，是企业在生产经营活动中必须支付的一定费用。”[①] 分析成本结构可以帮助旅游企业管理者更清楚地了解其所管理的业务中，哪部分成本提升了，哪部分成本降低了。企业通过分析产品的成本结

① 田里．旅游经济学［M］．北京：高等教育出版社，2019：130.

构，可以明确成本构成要素，帮助企业管理和控制成本以及寻找进一步降低成本的途径，提高经济效益。

（四）梳理消费理念

消费理念是人们对消费方式、消费水准、消费模态、消费取向、消费价值等所持有的一种观点和看法。随着人们消费能力的提升和文化素养的提高，特别是当今世代，正在逐渐步入主流消费市场，原来单一消费内容以及视角体验已经很难满足人们日益提升的消费需求，而对文化价值的认同感、文化自信的归属感逐步成为文旅消费选择的首要因素。从过去单纯的旅游，到现在的文化旅游，诸多实践表明旅游品牌塑造的着力点正在发生转变，已经从景观本身取胜，更多转向挖掘文化内核，以当地特色的传统或者现代文化，赋予地域新的精神内涵，吸引更多消费群体集聚。

例如河南卫视《唐宫夜宴》《洛神水赋》创意节目的接连出圈，长沙“文和友”、西安“大唐不夜城”等文旅项目的爆火，以及《只有河南》以黄河文明为创作根基，以沉浸式戏剧艺术为手法，以独特的“幻城”建筑为载体，用全新的观演模式，讲述关于“土地、粮食、传承”的故事，回望河南人的故土乡情，诠释河南之于中国的存在与魅力等。这些都表现出文化价值是旅游最具竞争力的内核，如今人们的消费更加追求主题化、个性化以及文化体验，只有基于区域文化的具象体验，贴近消费者形成的文化共鸣，才能构建出一种可持续发展的新场景消费模式。

（五）捕捉流行文化

长期以来，文化的分类没有统一的标准，国内外学者根据不同的指标将文化划分出不同的类型，一般而言，文化通常被分为主导文化、精英文化和大众文化。流行文化是一种具有时代特征且被人们普遍喜欢和热烈追求的文化。“流行文化源于‘时装’、‘时髦’或‘时尚’（fanshion；lamode）。它是在一定时期内，在民众中的普遍的传播，并经由社会特定领域内某种力量的推动而在有限周期内迅速起落的特殊文化。”[①] 随着社会的发展，流行文化所涵盖的内容和意义更加广泛和多元化，它既包括大众文化，又可以容纳流行于上流社会的精英文化。尤其在互联网高速发展的时代下，电脑、智能手机的普及，新媒体、短视频的流行，使得网络成为人们获取信息和进行交流的重要平台。日常生活的出行、休闲、购物，传统的文化艺术等借助网络进行深入的拓展与延伸，催生出各式各样的网络文化潮流。网络流行文化也已悄然渗透到了休闲旅游、文学影视、娱乐节目、饮食快餐、潮流服饰等多个文化领域，并且受到了公众热烈而广泛的追捧。

① 高宣扬．流行文化社会学［M］．北京：中国人民大学出版社，2015：448.

流行文化对文旅而言是一种激励因素，能够引发游客对旅游目的地的热情和向往，在文旅市场挖掘中，我们也应注重捕捉流行文化，重视文化作品和流行文化对旅游业发展的强大推动力。例如以流行文化为动机的游客更希望获得有吸引力、互动性、个性化、身临其境的体验感，甚至对这种需求超越了美景本身。因此，我们要善于捕捉流行文化，并实现文化创意产品与旅游业的交融合作。

（六）探索竞争态势

“知己知彼，百战不殆。”企业在进行文旅市场挖掘时，要注重分析企业自身与主要竞争对手之间的竞争态势，行业的竞争态势分析不仅可以帮助企业客观地认识自身的优劣势和竞争对手的优劣势，以及两者之间的差异之处，同时还可以帮助企业进行有效竞争策略的规划从而在竞争中取得胜利。探索行业竞争态势首先要确定关键成功因素，其次通过头脑风暴或德尔菲法对关键成功因素按照重要程度进行排序，锁定竞争对手并通过对其关键成功因素进行评分确定竞争态势。一般来说行业竞争态势包括四种情况，分别是我强敌强（SS）、我强敌弱（SW）、我弱敌强（WS）、我弱敌弱（WW）。[①] 当然，竞争态势并非只有竞争一种情况，长期以来关于企业的竞争态势存在竞争者范式和合作者范式两种不同范式的争论。持竞争者范式的学者认为，竞争是促进行业经济发展的最有效方式，它可以推动企业产品创新。而持合作者范式的学者认为，在复杂动荡的市场环境中，合作可以使行业规避一定的风险。然而旅游行业是一个敏感性行业，旅游企业也处在一个复杂多变的市场环境中。因此，在文旅市场的挖掘中，企业要善于探索行业竞争态势，同时不应只持一种竞争态势，而是应该在合作中竞争、竞争中合作，实现共赢以确保旅游业规范稳定地发展。

第三节　文旅市场细分技术

近几年来旅游业发展迅猛，新开发景区如雨后春笋，旅游市场竞争日益激烈。没有一个科学的市场细分和有效的营销手段，就无法满足旅游者日益扩大的消费需求，无法适应瞬息万变的市场竞争。有效的市场细分可以发现已得到满足但未完全满足的需求、潜在的需求，有利于企业开发新产品、开拓新市场、捕捉市场新机会，同时也有利于企业根据自身实际情况灵活制定竞争战略，有针对性地开展营销组合策略。

① 水藏玺，吴平新．年度经营计划制订与管理［M］．北京：中国经济出版社，2018.

市场细分的原理和概念是温德尔·R. 史密斯（Wendell R.Smith）于 1956 年最先提出的。市场细分是营销主体根据消费者的需求特征和消费特征方面的差异，将整体市场划分为若干个具有类似需求特征的消费群体（或子市场）。细分而成的独立的消费群体也就是细分市场。旅游市场细分这一原理的主要根据是：旅游者的欲望、购买实力、地理环境、文化、社会、购买习惯和购买心理特征的不同决定了旅游者的需求存在广泛的差异。因此，企业可以根据旅游者特点及其需求的差异性，把一个整体旅游市场加以细分，即划分为具有不同需求、不同购买行为的消费者群体。

一、市场细分的黄金法则

消费者市场细分的标准可归纳为四大类：地理环境因素、人文因素、消费心理因素和消费行为因素。①

（一）地理环境因素

地理环境因素是指按照消费者所处的地理位置、自然环境来细分市场。比如根据消费者所在的国家、地区、城市规模、气候及地貌地形等不同方面的差异来将一个整体的市场划分为不同的子市场。处于不同地理位置和不同环境的消费者，对同一类产品往往呈现出差别较大的需求偏好，因此地理环境因素可以作为市场细分的依据之一。例如，世界旅游组织将国际旅游市场划分为六大区域，即欧洲区、美洲区、东亚及太平洋区、南亚区、中东区、非洲区。

（二）人文因素

人文因素主要表现在人口变量因素上，如人们的年龄、性别、职业、收入、教育程度、宗教、种族、国籍、家庭生命周期等人口统计变量都可以作为市场细分的标准。比如不同年龄、性别以及不同受教育程度的消费者在价值观念、消费偏好上存在较大差异。例如，根据年龄因素划分可以将其分为婴儿市场、儿童市场、青少年市场、青年市场、中年市场、老年市场等。根据宗教信仰不同，可划分为信仰天主教、基督教、佛教等，其消费需求存在很大差异。

（三）消费心理因素

消费心理因素指根据购买者所处的社会阶层、生活方式以及个性心理特征等作为市场细分的依据。例如在文旅市场细分时，旅游者在心理上往往具有许多不同的特征，如旅游动机、生活方式、兴趣爱好、价值取向、旅游习惯等各不相同，不同旅游者的心理或精神追求具有很大差异，这些个性心理因素都可以作为旅游市场细分的标准。通过市

---

① 田雨. 市场营销学［M］. 杭州：浙江大学出版社，2017.

场的细分使人们在旅游活动中更多地获得心理上或精神上的满足。

（四）消费行为因素

消费行为因素是指根据购买者的购买时机与购买程度、所追求的利益、使用次数、使用数量、对品牌的忠诚度等因素来进行市场细分。例如根据消费者的购买程度划分，可以划分为初次购买者、经常购买者和潜在购买者；根据消费者对产品的使用程度划分，可将其分为从未使用者、准备使用者、初次使用者和经常使用者；根据消费者对品牌的忠诚度来划分，可以分为绝对品牌忠诚者、多种品牌忠诚者、变换型忠诚者和非忠诚者。

二、市场细分的有效行动

（一）市场细分的方法

1. 单一变量因素法

根据消费者的某一个重要因素来进行市场细分，选择影响消费者需求最主要的因素作为市场细分的依据。

2. 多个变量因素法

根据消费者需求的两种及两种以上的重要因素来进行市场细分，从多个角度来对市场进行划分。

3. 系列变量因素法

根据影响消费者需求的多种变量因素，按照由大到小、由粗到细的方式进行市场细分。例如根据消费者的性别（男、女）、年龄（儿童、青年、老年）、收入（高、中、低）等系列因素来对市场进行细分。

（二）市场细分的原则

市场细分要真正发挥作用必须符合某些原则，即一个有效的细分市场必须是可以衡量、可以盈利、可以进入且相对稳定的。

1. 可衡量性

可衡量性指企业细分出来的各个细分市场要具有自己的特色，能明显地区分开各细分市场的需求特征、购买行为等，要具有易识别性。此外，可衡量性还要求企业能对其细分出来的子市场测量具体规模和购买力大小等。

2. 可盈利性

可盈利性指细分出的市场要能够保证企业取得良好的经济效益。企业作为营利性经济组织，其最终目标是盈利，并不是为了细分市场而细分，因此企业进行市场细分时必须遵循可盈利性原则。

3. 可进入性

可进入性原则是市场细分中非常重要和有效的原则之一，一个有效的细分市场必须具备足够的容量，也就是经过细分后确定的目标市场要使企业能够进入，并具备一定的市场竞争力和占据一定的市场份额。

4. 相对稳定性

相对稳定性是指旅游市场细分后在一定时间内保持相对稳定同时又具有一定的可发展空间。细分后的市场能否在一定时间内保持相对稳定，直接关系到企业生产经营的稳定与否。细分市场是否具有可发展空间和未来潜力，直接关系到该细分市场的可持续发展。

三、市场细分的应用实践

美国市场学家麦卡锡提出细分市场的一整套程序，这一程序包括选定产品市场范围，列举潜在顾客的基本需求，了解不同潜在顾客的不同要求，抽掉潜在顾客的共同要求而以特殊需求作为细分标准，根据潜在顾客基本需求上的差异将其划分为不同的群体或子市场并确定名称，进一步分析每个细分市场需求与购买行为特点，估计每个细分市场规模选定目标市场七个步骤。

（一）选定市场范围

确定企业经营的市场范围，是市场细分的起点。市场范围要以消费者需求为依据来确定，因此企业在确定市场范围时必须充分调查分析市场需求，充分结合自己的经营目标和资源，从广泛的市场需求中选择自己有能力服务的市场范围。

（二）列举潜在顾客的基本需求

企业应根据市场细分的标准和方法，判断市场范围内所有消费者的需求，并对其进行详细分析和列举归类，为后续市场细分提供依据。

（三）了解不同潜在顾客的基本需求

企业经营者通过对消费者需求的了解，再根据现实消费者群体在地区分布、人口特征、经济状况、购买行为、消费习惯等各方面因素，推测其潜在的市场需求，从而了解不同潜在顾客的基本需求，分析可能存在的细分市场。

（四）抽掉潜在顾客的共同要求并以特殊需求作为细分标准

企业应分析哪些需求因素是重要的，抽掉潜在顾客的共同要求，并通过与实际情况相结合来寻找主要的细分因素，选出消费者最具差异性的需求作为细分标准，筛选出最佳的细分市场。

（五）为细分市场命名

企业经营者确定市场细分标准后，依据这些标准并结合实际情况来对市场进行细分，然后根据所细分出来的各个市场的最主要特征，用形象化的语言或其他方式为各个细分市场确定名称。

（六）进一步了解各旅游细分市场

企业经营者要通过深入了解消费者的购买心理、购买行为等，再次深入分析各细分市场的需求，寻找并发现最终的目标市场。

（七）分析旅游细分市场的规模和潜力

企业要对目前已选定的每一旅游细分市场评估其规模和潜力，并对其竞争状况做出分析，从而选出最有利的子市场作为企业的目标市场。

第四节　典型文旅市场分析

一、研学旅行市场

（一）研学旅行概念界定

在国外研学旅行又叫“修学旅行”和“教育旅行”。在我国，对研学旅行的定义学界尚未达成一致。我国发布《教育部等 11 部门关于推进中小学生研学旅行的意见》中指出：“中小学生研学旅行是由教育部门和学校有计划地组织安排，通过集体旅行、集中食宿方式开展的研究性学习和旅行体验相结合的校外教育活动。”[①]

研学旅行是由学校根据区域特色、学生年龄特点和各学科教学内容需要，组织学生通过集体旅行、集中食宿的方式走出校园，在与平常不同的生活中拓宽视野、丰富知识，加深与自然和文化的亲近感，增强对集体生活方式和社会公共道德的体验。研学旅行继承和发展了我国传统游学、“读万卷书，行万里路”的教育理念和人文精神，成为素质教育的新内容和新方式。提升中小学生的自理能力、创新精神和实践能力。

① 教育部等 11 部门 . 教育部等 11 部门关于推进中小学生研学旅行的意见 .（教基一〔2016〕8 号）[EB/OL]. http：//www.moe.gov.cn/srcsite/A06/s3325/201612/t20161219_292354.html/2016-11-30/2016-12-02

（二）研学旅游行业现状及问题

1. 中小学生市场规模庞大，研学旅行市场潜力大

中国社会科学院旅游研究中心在2022年提出了一份关于中国研学旅行的分析报告，其中数据说明："当前开展研学旅行活动的主体局限在初等教育的小学和中等教育的初中和高中。截至2019年，小学、初中和高中阶段的在校生人数分别为10561万人、4827万人、3995万人，合计为1.9383亿人。"传统研学旅游市场也就是学生旅游市场，中国的中小学生人口占比较高，因此中小学生旅游市场在未来国内旅游市场格局中占据重要地位。近年来，各级政府相继出台政策给予大力扶持，市场各方力量加大投入，加上素质教育的需要，研学旅行市场的潜力不言而喻。

2. 政府政策推行，研学旅游逐渐规范化发展

近年来，文化和旅游部、教育部等相关部委先后制定发布了《关于推进中小学生研学旅行的意见》《港澳青少年内地游学接待服务规范》等多个文件，促进研学旅游市场主体的规范化发展。

3. 研学旅行经费缺乏制度性保障，目前研学旅行开展能力不强

目前，相关部门并没有把中小学生研学旅行费用列入教育公用经费预算。现在组织开展的研学旅行，一般是按照教育部11部门文件精神"政府拨一点、学校筹一点、家长交一点"的方式来筹集费用，但现实情况是学生的研学费用基本上由家长负担，每当以研学旅行为名义的收费时，可能会存在一定的敏感性，比较容易引起家长们对收费的质疑。

二、云旅游市场

（一）云旅游概念界定

随着网络直播、短视频的流行，文旅产业也开始了数字化的探索，云旅游在近两年来受到了年轻人的青睐，各大景区也开始以网络直播的形式向公众推广景区来扩大影响力。借助AR、VR等数字技术的快速发展，人们实现足不出户看美景。

云旅游是互联网时代和旅游发展的必然产物和新风尚，现处于发展初期阶段。云旅游由于刚兴起，还未形成较为规范的概念，但多数学者认为云旅游是基于云计算通过整合分散的旅游网络，从而为游客提供综合性旅游服务的一种信息平台。李云、刘骥认为云旅游是旅游信息网络整合商提供的全部旅游服务①；魏宇提出云旅游是基于云计算技术使线上和线下相结合，形成对旅游全过程的服务整合，基于云端海量旅游资讯，为互

---

① 李云. 浅议云旅游［J］. 商场现代化，2012（04）：56.

联网时代的用户提供随时、随地的综合性休闲服务平台[①]；伍静、孙可晴、陈玮宁将云旅游界定为："云旅游是将旅游架在'云端'的一种方式，采用信息技术、云技术、移动技术、人工智能技术等，通过实景直播、网页全景浏览、智能穿戴体验等形式，使游客可以通过一个或多个终端设备进行旅游，旅游消费者可以在线上实现观光、体验、社交、购物等多重属性的旅游活动。"[②]

（二）云旅游意义和作用

云旅游这种颠覆了人们对于传统旅游认知的全新"旅游"方式，作为文旅产业数字化的成果，是技术发展和当前社会需求的集中体现。在旅游行业日益蓬勃的今天，景区的接待能力不足是制约景区发展的障碍，云旅游则突破了景区接待能力的上限，打破了时间和空间对旅游的限制。选择云旅游意味着游客们不必再经历"黄金周"因人潮汹涌所造成的旅游体验下降，景区也得以通过网络直播的形式向游客展示以往出于对游客安全、环境（展品）保护等的考虑而没有向公众开放的景点。另外，景区还能在网络直播中配备最专业的导游进行实时讲解，并根据云游客的投票结果，优先为人们展示和讲解景区最受期待的景点，在拓展旅游广度的同时增加旅游的深度。

此外，云旅游还起到了拓展旅游群体、挖掘线上消费潜力的作用，从而拉动了文旅产业的规模增长。当前，人们的生活节奏明显加快，平时人们难有空闲时间外出旅游，这也是为什么在"黄金周"人们明知景区人头攒动却依旧拥入。云旅游的出现与推广，除了能够在一定程度上缓解景区的接待压力，还有如下效果：一方面抓住了一批有心外出却对景区游客密度望而却步的潜在旅游群体；另一方面，为人们利用碎片化时间进行休闲提供了路径，使人们即便是在周末两天的时间里，也能游历远在千里之外的壮丽风光。对于开展网络直播的景区来说，在直播的过程中，能在直播页面为观看者提供景点衍生产品的线上销货渠道，未来更可以在讲解的过程中视情况引入网络直播带货的形式，从而拉动景点消费与地方经济增长。

（三）云旅游典型案例

1. 敦煌云旅游

早在20世纪80年代末，敦煌研究院就提出了"数字敦煌"构想，率先利用VR、AR、MR等技术打造数字敦煌，为敦煌壁画、泥塑和洞窟分别建立了数字档案，为洞窟保护和数字化开发利用奠定了基础。2016年，"数字敦煌"资源库上线，首次向全球免费共享30个敦煌石窟的高清图像和全景漫游。2017年，敦煌研究院与腾讯开启战略

---

① 魏宇．慢旅游与云旅游的对接——新型自由行与半自由行旅游模式的构建［J］.中国外资，2011（16）：117.

② 伍静，孙可晴，陈玮宁.后疫情时代"云旅游"高质量发展模式与路径探究［J］.现代商业，2021（20）：44-48.

合作，成立“文化遗产数字创意技术联合实验室”，双方将联合打造线上全真“数字藏经洞”，逐步构建出藏经洞的“数字文化世界”，让游客以互动沉浸式体验的方式穿越历史，与不同时期的人物对话互动。2020 年 2 月敦煌研究院与腾讯携手开发的“云游敦煌”小程序正式上线，在云游敦煌小程序上，人们可以近距离欣赏精美的敦煌石窟壁画、彩塑、石窟建筑并可以参与多种形式的互动。“云游敦煌”小程序上线仅 24 小时，微信端用户浏览量就超过 200 万，接近莫高窟 2019 年全年游客数量，上线一年内浏览量突破 3500 万人次，上线近三年来，访问量破 6000 万人次。

2. 云游故宫

全景故宫通过 VR 全景技术，展现了故宫博物院及每个宫殿的样貌。每一处红墙，每一片琉璃瓦，每一篇文字解说都看得清清楚楚，与线下参观体验感无差。故宫博物院于 2020 年 4 月 5 日至 2020 年 4 月 6 日，联合人民日报、新华社、新华网、百度、抖音等多家媒体，首次对闭馆的故宫博物院进行直播，邀请大家一起“云游”故宫，共赏春日美好。直播共计 2 天分为三场，多平台同时开展，仅其中新华社一家媒体，参与线上观看的人数就高达 3492 万人次。

三、国潮旅游市场

国潮是具有中华传统文化特色、民族元素和古典风范并兼具现代气息的潮流、风格、创意、标识、行为和产品的代名词，代表着拥有中国文化、中国艺术、中国美学、中国精神的潮流趋势。在大国崛起与文化自信的时代背景下，“国潮”已经作为一种文化方式和生活态度，慢慢渗透到中国人民大众的日常生活中。根据《中国青年报》社会调查数据显示，我国国民的民族自豪感日益增强，尤其是 1995 年后出生的 Z 世代人群拥有着强大的爱国情怀和文化自信，国货、国潮也尤其受 Z 世代消费者的青睐。随着国潮的兴起，旅游业也开始抓住这股热潮，不断探索国潮新玩法、新形式。

四、疫后文旅市场

2022 年 12 月 26 日，国家卫生健康委发布《关于对新型冠状病毒感染实施“乙类乙管”的总体方案》，通知明确指出，从 2023 年 1 月 8 日起，对新型冠状病毒感染实施“乙类乙管”。

2023 年 1 月 11 日，文化和旅游部发布《关于落实新型冠状病毒感染“乙类乙管”、做好文化和旅游行业疫情防控工作的通知》，通知要求：自通知印发之日起，包括《旅游景区疫情防控措施指南（2022 年 12 月修订版）》在内的文化和旅游行业 8 项疫情防控工作指南同时废止——“后疫情时代”真的来了。

（一）短途高频的出行方式成为新潮

疫情导致无数人宅家，于是线上云旅游的兴起，为人们宅家观世界提供了绝佳途径，坐地日行八万里。但宅家毕竟还是活动受限制，所以人们仍渴望外出，疫情之下外面形势不明朗，促使人们抓住机会开启宅周边短途游，本地周边游一片火爆。疫情前过去很多人对身边的风景是忽略的，是没有关注的，疫情期间使得人们发现身边有很多不错的可以休闲的地方，可以替代出游的地方。既轻松，花钱又少，那么远途出游频次相对减少。更倾向于短途高频的旅游模式。

（二）加速推进数字化转型

疫情下旅游产业的根基和业态已经发生质变，5G、大数据、云计算、人工智能等新技术能级不断迭代，新技术的发展及其在旅游业的应用有望带来文旅体验的进一步升级。文化旅游与科技融合发展，使得传统文旅产业具备更强的吸引力和沉浸感。目前，主要的文旅＋科技融合应用场景包括 VR/AR、全息投影、3D 技术、光影艺术、数字文化产品等形式，为景区带来视觉、听觉的沉浸式文旅体验。

（三）游客需求发生变化，追求品质旅游

三年疫情，对人们消费心理产生了很大影响。人们的文旅消费从“价格型驱动”转向“服务型驱动”，对不差钱的中产阶层游客来说，疫情生活让他们更加珍惜当下、注重生活品质，更愿意在出游时为可以丰富生活、富有知识性和文化体验的文旅产品而消费。因此一些更具品质感的定制游、注重体验的自驾游、游轮游、特色运动游等客单价相对较高、出游体验也更好的品质旅游产品将越来越受到人们的青睐。

☞ 拓展链接

第三章　文旅资源解析

第一节　文旅资源的类型与属性

文旅资源类型丰富多样，一般可从三个维度进行分析，即显性文旅资源、隐性文旅资源和再造文旅资源。显性文旅资源多为物质性资源，如长城、故宫、苏州园林等，该类资源多数已被开发，游客可以直观感受到；隐性文旅资源多数属于文化资源，需要借助外界其他形式的物质辅助才可展示出来，如民族习俗、宗教文化、地区饮食文化等文化资源；再造文旅资源分为移植类文旅资源和创造类文旅资源，这两类资源都不是原有地区基础上凭空产生的，在一定程度上可以视为随着地区文化交流与传播过程中所衍生的新型文旅资源。综上所述，显性文旅资源、隐性文旅资源和再造文旅资源作为旅游业的核心要素，都能够对游客产生吸引力，激发游客兴趣并为旅游业所开发与利用，只是在开发程度与模式上有所不同。

一、显性文旅资源分类评价

显性文旅资源主要是各类历史事件或其他具有历史价值的建筑及其他场所。绿维文旅将显性文旅资源分为因历史人物而出名的遗址、历史的生活场所和环境，宗教祭祀、朝拜、祈福的场所，因军事或战争而产生的遗址，因生产工程而产生的设施，具有历史和文物价值的类型建筑景观。该类资源因人类活动而产生，虽然多数具有浓厚的历史气息，在开发中有确定的物质的载体，其吸引要素相对直观与明显，在开发难度上却不低于其他类型文旅资源。该类文旅资源多数以保护为主，开发为辅，在旅游开发给资源保护让路的情况下较难把握开发与保护的度，作为场所性资源，开发势必离不开游客的进入，而游客的进入则会导致资源的破坏。以敦煌莫高窟为例，敦煌莫高窟只开放部分洞窟作为旅游使用，绝大部分洞窟均已保护起来。为了保护敦煌莫高窟，有关负责单位正不断推进敦煌莫高窟的数字化工作，将洞窟内的诸多精彩壁画数字化，让游客可以参观线上敦煌莫高窟展览，这样既保护了莫高窟，又使该显性文旅资源得以开发，让游客能随时随地地感受到敦煌莫高窟的文化魅力。

（一）旅游资源分类及评价

当前我国旅游资源分类的指导性文件为《旅游资源分类、调查与评价》（GB/T 18972—2017），文件将旅游资源分为 8 个主类、31 个亚类，155 个基本类（见表 3-1）。8 大主类为地文景观、水域风光、生物景观、天象与气候景观、遗迹遗址、建筑与设施、旅游商品、人文活动。在该文件中将旅游资源评价分为三个项目，分别是资源要素价值、资源影响力以及附加值，而其中分为八大评价因子，分别是观赏使用价值、历史文化科学艺术价值、珍稀奇特程度、规模丰度与概率、完整性、资源影响力、适游期或使用范围以及环境保护与环境安全。

表 3-1　旅游资源分类

主类	亚类	基本类型
地文景观	五类	37 种
水域风光	六类	15 种
生物景观	四类	11 种
天象与气候景观	二类	8 种
遗迹遗址	二类	12 种
建筑与设施	七类	49 种
旅游商品	一类	7 种
人文活动	四类	16 种

（二）文化资源分类及评价

文化一词源自《易经》中的“观乎天文，以察时变，观乎人文，以化成天下”。文化资源是人类社会生产活动的重要资源，既有物质形式，也有非物质形式。文化广义是指人类在社会实践过程中所获得的物质、精神的生产能力和创造的物质、精神财富的总和，狭义指精神生产能力和精神产品。① 而文化资源多为精神世界的传承，而精神世界相对物质世界而言更具复杂性，且受物质世界各种因素所影响与限制。总体而言，文化资源可以分为三大类，即物质文化资源、非物质文化资源和自然文化资源，包括历史遗迹、民俗文化、地域文化、乡土风情、文学历史、民族音乐、宗教文化、自然风光等不同类别。而依据文化产业的有关角度，文化资源主要分成：物质实证性文化资源、文字

① 夏征农，陈至立．大辞海［M］．上海：上海辞书出版社，2003.

与影像记载性文化资源和行为传承性文化资源三类。

文化资源评价标准大体上可以参照北京大学文化产业研究院构建的文化资源开发效益评估指标体系（见表 3–2）。一般来说，评估指标的构建要符合管理学大师德鲁克所谓的 SMART 原则，即包括明确性原则（ Specific），指标体系的构建要有明确的目的；可衡量原则（Measurable），目标是可以衡量的；可达成原则（Attainable），目标是可以达到的；相关性原则（Relevant），指标之间是相关性的；时限性原则（Time–bound），指标必须有明确的实现时间。此外，指标应具有科学依据，具有一定的可操作性，并符合国际法和国家政策法规的要求，指标数据的采集要结合定性方法与定量方法，具有准确性、可靠性和客观性。该指标体系包括人文价值和经济价值两个一级指标，分别反映了文化资源的社会效益和经济效益，构成文化资源综合效益评估的逻辑结构。其中，人文价值由奇特价值、传承价值、认同价值、艺术价值、历史价值和社会价值 6 个二级指标组成；经济价值由规模价值、投资价值、带动价值、产业基础、配套服务和前景价值 6 个二级指标组成。具体而言，每个二级指标下都包含 3 个三级指标，共 36 个三级指标。

表 3–2　文化资源开发效益评估指标体系

一级指标	二级指标	三级指标
人文价值	奇特价值	独特性
		稀缺性
		惊奇性
	传承价值	对学术的积极意义
		对提高人文修养的意义
		增加凝聚力促进和谐的意义
	认同价值	本地人的膜拜程度
		外地人的膜拜程度
		向外人推介意愿
	艺术价值	反映的民族性和地域性
		艺术个性和水准
		知名度
	历史价值	久远程度
		历史地位
		遗存完整度
	社会价值	提高居民生活品质
		科教意义
		区域品牌提升意义

续表

一级指标	二级指标	三级指标
经济价值	规模价值	批量化复制与生产程度
		规模化发展的可能性
		现代型生产、传播方式运用程度
	投资价值	投资规模
		投资回报率
		回报周期
	带动价值	带动产业与之的相关性
		带动周边产业数量
		带动周边产业规模
	产业基础	技术和人才状况
		现有市场情况以及发展水平
		产业政策状况
	配套服务	交通便捷程度
		配套硬件设施水平
		配套软件设施水平
	前景价值	与现代技术的融合
		与现代生活方式的吻合
		与国家政策的契合

注：各指标权重来自德尔斐法的专家评分合成的结果，需根据当地文化产业发展的实际情况进行设定和定期调整

二、隐性文旅资源提炼与描述

（一）隐性文旅资源的内涵与类型

隐性文旅资源定义："指一定时期内会随着自然、社会环境变迁及相应的主体意向性体验过程而显现的被认为具有吸引力和旅游价值以及可能产生经济、社会和环境效益的各种事物和因素。"[①] 而隐性文旅资源则是在该基础上提出的更为细分的亚类，是隐性无法直观了解的在隐性旅游资源中除却物质性的一切要素的总和。隐性文旅资源通常没有可以凭借的遗址或其他具体载物，因此往往无法直观感受到其内涵。文化通常以人物、事件、民族和民俗、文学艺术、事物、故事等类型隐藏在历史和生活背后，必须经过深入挖掘才能凸显出其价值。经过研究，绿维文旅将隐性文旅旅游项目分为以下八种

① 黄英 . 隐性旅游资源显性化机理及其现象学的解读［D］. 湖南师范大学，2005.

类型：人物、事件、民族、文学艺术、事物、故事、抽象的文化、消失的遗址。

1. 人物类隐性文旅资源

人物类隐性文旅资源的核心是围绕历史人物逗留或长期居住的区域以及某类名人文化的流传地。以山东曲阜为例，曲阜作为儒家至圣先师孔子的出生地与孔子思想的重要传承地，依托一定隐性文旅资源的基础即以孔子为代表的儒家文化，大力传播孔子文化，将孔子儒学文化作为地区的文化代表，重视文脉的传承与发展，将其开发为地区精神内核，并走向国际化，为曲阜诸多孔庙赋予灵魂，使其更具历史与人文的气息，大大提高了该地区对旅游者的吸引力，并将曲阜与孔子牢牢联系在一起，使得孔子的儒家文化在人的主观体验中始终能够从隐性状态化为显性。

2. 事件类隐性文旅资源

事件类隐性文旅资源的核心是历史事件，多数历史事件尤其是古代战场发生现场早已消失不见，只留下史书上的记载，如赤壁之战、官渡之战现场；只有少部分近现代的事件的发生现场保留了下来，如中共一大、遵义会议等会议的举办场所。而该类资源的核心要点并非事件发生的地点，而是事件所带来的各项影响与意义。结合所依托的场所，进行相应开发，若事件发生的场所早已消失不见或无处寻访，可以通过数字化方式、现场复原等多种方式相结合，让游客能产生跨越时空的联想。

3. 民族类隐性文旅资源

民族类隐性文旅资源的核心是民族文化，以各个民族的文化特质为吸引要素，当前，“学界对此主要持两类观点，一是民族村寨开发主要是为发展旅游业，其目标直接指向经济利益；二是开发的目的主要是为保护和弘扬民族文化”[①]。无论该类文旅资源如何开发都不应失去民族文化的本真性，在本真性得以留存的情况下该类资源才可以实现可持续的开发与利用。以云南西双版纳傣族文化为例，傣族最重要的节日是泼水节，如今该节日早已作为旅游吸引要素进行了系列开发，但泼水节除疾消灾，对未来美好生活的期望仍未改变，虽然节日氛围中多了几分商业气息，但本真性仍未丢失，该地区的民俗旅游也得以持续性的发展。

4. 文学艺术类文旅资源

文学艺术类隐性文旅资源的核心是文学艺术背后所蕴含的对自然、对生活的深刻思考与反问。不管是脍炙人口的经典作品还是风靡一时的流行作品，其背后吸引人的总是纯粹的感情和深刻的哲学思考。以《西游记》为例，该作品如今已有多种形式，从书

---

① 贺能坤 . 民族村寨开发的基本要素研究［J］. 贵州民族研究，2010，30（01）：127-132.

籍版到影音版均有，而《西游记》主题公园曾经也如雨后春笋般出现，而后大多都已关业，保留下来的《西游记》主题公园的内容基本都表现形式多样，内涵深刻，由浅入深。

5. 事物类隐性文旅资源

事物类隐性文旅资源的核心是某一项特定的事物，通过该类特定的事物将其文化内涵延展出来。以河南洛阳市为例，牡丹花作为这座城市最重要的花，其背后的牡丹花文化也十分浓厚，被誉为牡丹城。洛阳以牡丹花延展，建立牡丹花特色产业区，为洛阳旅游业发展迈出重大一步。 除此之外，茶文化、汽车文化、钱币文化等诸多事物类文化资源也不断开发出来，该类文化凭借其独特性与专一性吸引着该类文化领域内有关人士学习探访，同时也激发了普通游客们对该类文化的兴趣，成为近年来旅游开发的热点。

6. 故事类隐性文旅资源

故事类隐性文旅资源的核心是某个广为流传的故事，故事流传地将该故事延展开的文化。以屈原投江的故事为例，汨罗作为故事的发生地，将该故事文化大力发扬，并结合该故事带来的后续重大影响——端午节，积极带动地区旅游产业发展，并让游客实实在在地感受到文化内涵，并在一定层面上升华主题，提升该类文旅资源质量。

7. 抽象的文化类隐性文旅资源

抽象的文化类隐性文旅资源通常具有某个特定的主题和属性，如航天文化、太极文化、红色文化等。以航天文化为例，该类资源的核心主题与属性是航天精神，而透过航天精神可以看见的是航天工作者一心为国奉献，为国家建设默默付出的伟大家国情怀。由此诞生了一系列的航天文化展馆，在普及航天知识的同时以润物细无声的形式灌注爱国精神。

8. 消失的遗址类隐性文旅资源

消失的遗址类隐性文旅资源通常指只存在于史书记载但现如今早已消失的遗址，又因为许多消失的遗址曾发生过重大的历史事件，使得该类资源属性在一定程度上与事件类隐性文旅资源相重合。如今该类资源的主要开发模式是场景重现，重建历史建筑并结合现代科技，将人主观心理中的遗址重现出来。

（二）隐性文旅资源的挖掘与归纳

隐性文旅资源中“隐”的属性致使该类资源无法被直接利用，通常要经历以下流程。

1. 剥离文化表象，挖掘核心价值，构建文化体系

隐性文化旅游项目开发的第一步是梳理文化体系，无论任何地域的隐性文化旅游项目，其资源都不会是唯一和单一的，往往是多种隐性文化的交织和伴生。通过对文化的梳理，根据文化的代表性、独特性、差异性和旅游产品的可转化性，剥离项目文化表象，挖掘核心价值，梳理出项目的核心文化和辅助文化，构建项目文化体系。

2. 隐性文化显性化，塑造载体打造核心吸引力

无论任何形式的旅游都离不开旅游的几大要素，首先是核心吸引力要素，即旅游中“看什么”“听什么”“玩什么”；其次是“服务接待要素”，即旅游中“吃什么”“什么样的交通工具”“住哪里”。对于隐性文化旅游项目，依托的资源只有隐性文化，这样的项目有“说头”，无“看头”、无“玩头”。

因此，隐性文化项目打造的第二步是隐性文化的显性化，即基于该项目提炼出的核心文化进行文化载体的塑造，打造旅游核心吸引力。文化载体有多种形式，包括旅游小镇、主题景观、仿古建筑、复建的历史遗迹等，但针对不同项目，选择何种载体必须经过文化梳理基础上的项目定位来确定，盲目地选择载体进行建设很可能造成项目的不必要浪费。此外，在隐性文化的显性化中既要尊重隐性文化的本真性和历史性，同时要根据现代的生活习惯和规律进行功能创意，新建设施只有充分考虑现代旅游功能并与旅游功能完美结合才能充分发挥文化载体的价值和优势。

在大明宫项目中，大明宫原是唐代宫廷建筑，规模庞大，但目前遗址已基本被毁。中投顾问认为，从项目依托的文化旅游资源是否有形来看，实际上大明宫的有形遗址已经被毁，依托的文化变成了一种隐性的文化。因此，在开发中，通过对大明宫原址恢复、功能再造、情境化设计、文化注入等手法，塑造大明宫文化载体，对隐性文化进行显性化打造，同时以现代化的生活方式注入旅游功能和深度文化体验，打造大明宫旅游核心吸引力。

3. 多手法全方位演绎主题文化，释放文化张力

在隐性文化旅游项目开发中，应利用泛博物馆、文化旅游演艺、非物质文化展演传承、民俗活动、文化节庆、巡游等文化手法，对项目主题文化进行全方位的演绎和释放，为项目注入文化活力，增强新建载体的文化黏度，使项目释放出持久的文化张力。如清明上河园是依据一张清明上河图而展开的宋文化主题园，根据宋代建筑风格建设的街巷亭台、勾栏瓦肆构成了宋代生活画卷的载体，而充斥于大街小巷、戏楼舞台的循环式情景表演，身着宋代服装的商贩、手艺人，民间非遗的展示，大型实景演艺、古代游艺体验等构成了丰富多彩，活灵活现的宋代生活方式体验，使项目展现出强大的文化活力与张力。

4. 以文化创意为突破口，带动相关产业发展

文化是土壤，创意是种子，产业是果实，隐性文化旅游的创意开发是隐性文化转化为旅游产品、文化产品的重要途径。文化创意利用新的表现手法、新技术、新视角、新消费观念对文化进行二次升华，赋予隐性文化新的生命和活力。文化创意是连接隐性文化和旅游产业、文化创意产业的纽带，不但为隐性文化现代产业价值的实现提供了切入点，更为相关产业的综合发展提供了必要的突破口。[①]

三、再造文旅资源的形式

再造文旅资源是在原初区域文旅资源相对匮乏，但资金相对充裕的情况下，通过一定投资，创造出该区域独有的文旅资源，该类文旅资源目前在我国东部发达地区较为常见，因为东部地区经济相对发达，旅游需求旺盛，原有旅游资源难以满足其需求，而资本相对充足，在市场化机制的运转下就会出现再造文旅资源，而其主要表现形式多是游乐园、动物园、文化村，这也是东部地区各类游乐园、动物园、文化村等数量较多的一个重要原因。再造文旅资源进一步细分则可以分为移植类文旅资源和创造类文旅资源，这二者的区别在于所再造的文旅资源是否为其他地方所具备，若其他地方存在类似资源则为移植类文旅资源，反之则为创造类文旅资源。

（一）移植类文旅资源

“自上世纪末深圳锦绣中华、中华民俗文化村等大获成功，掀起一阵人造文化景观游热潮以来，各地区纷纷效仿，发展移植性民俗文化旅游，建造民俗村、主题公园等，以求克服本土旅游资源的不足，促进产业和地区经济社会发展。”[②] 在经历长期发展后，移植类文旅资源开发体系不断完善，不断调整，以适应市场需求。以长沙雨花区非遗馆为例，雨花非遗馆将聚集大量非遗传承人，设置非遗展览馆，开发文创产品，设立研学区，满足市场的多方面需求，成为移植类文旅资源开发的成功典范。

（二）创造类文旅资源

创造类文旅资源可以分为以下几种形式：数字文旅、农业文旅、工业文旅，其中数字文旅资源作为近些年兴起的热点，“数字文旅产业包括数字文旅内容与数字文旅产品，数字文旅内容通过文本、语音、图（影）像等呈现，数字文旅产品通过数字化手段实现数字文旅内容的整合与应用，具有独特的物理特征、典型的产品特征、显著的经济特征及特殊的市场特征”[③]。结合新科技，焕发出更蓬勃的生命力。

---

① 中投顾问.显、隐性文化旅游开发模式探讨［EB/OL］.http：//c.ocn.com.cn/us/company/201402/wenhualvyou271650.shtml，2014-02-27.

② 吴方琴，李薇薇.移植性民俗文化旅游产业发展刍议——基于SWOT分析模型［J］.当代经济，2012（06）：92-93.

③ 中研网.2022数字文旅发展现状前景分析［EB/OL］. https：//www.chinairn.com/news/20211209/113013510.shtml，2021-12-09.

第二节　文旅资源的可转化形态

文旅资源形态种类繁多，各种类型的文旅资源都有其不同的开发模式。本节内容主要围绕六类文旅资源的开发方式作介绍，在准确把握文旅资源类型的基础上丰富文旅资源的可转化形态，解放文旅资源的生产力，与时代共前行，将文旅资源转化为时代所接受和认可的、更具价值的、更具活力的新时代发展活力源泉。

一、有形资源艺术化、人性化、抽象化、具象化、功能化

艺术化：转化为有形的艺术品、文创品，如以女书字体为形制成吊坠饰品。

人性化：如将铜官窑陶瓷赋予人物灵魂，拟人化处理；如建筑、餐饮、文物等物质类文化旅游资源，通过附加人性化服务，使之增强差异感，提升附加值。

具象化：如将青铜马踏飞燕设计成丑萌绿马。

抽象化：如将山水图案抽象为纹样制成布料。

功能化：如利用乡村生态资源打造乡村民宿和康养度假胜地。

有形资源作为最常见的文旅资源，其开发时间更长、开发模式更多，且有形资源具有实际的物质性，客观地存在于世界上，而所需的资源转化类型主要有两种，一是开发其物质性背后的文化属性，让其更生动、更活泼，让其脱离固定的载物，以文化的形式转移到其他物质性产品；二是在具有原文化属性的基础上增添时代性属性，从而衍生出新的资源。而有形资源艺术化、人性化、抽象化、具象化和功能化则是有形资源转化成上述两类的主要手法。

有形资源艺术化是指将有形的文旅资源转化为有形的艺术品、文创品。在物质载体中增添经过艺术加工的文化属性，使得平凡的器物具有了非凡的意义。以女书吊坠饰品为例，融入女书元素的吊坠饰品就已不是一件普通的吊坠饰品了，这里面承载了女书文化背后女性对独立自主追求的抗争精神，具有厚重的人文情怀。

有形资源功能化是指将有形的资源进行深度开发，使其具备特定功能。以乡村生态资源为例，许多地区都对乡村生态资源进行相应的开发，以打造乡村民宿和康养度假胜地，使其具有承接乡村生活体验和康养度假等功能。将实在的资源转化为具有实在功能的优势，并挖掘出有形资源背后的文化价值。

有形资源人性化是指将各类有形资源注入人的属性，增添人的思想，提高资源的吸

引力。长沙望城铜官窑将铜官窑陶瓷赋予人物灵魂，拟人化处理，增添人物色彩；而建筑、餐饮、文物等物质类文化旅游资源，则通过附加人性化服务，使之增强差异感，提升附加值。

有形资源具象化是指以有形的物体为蓝本，设计出顺应时代需要的新产品。在原有物品的基础上增添具有现代气息的文化属性往往能得到受众的喜爱，甘肃省博物馆将青铜马踏飞燕设计成丑萌绿马的文创产品，并在其中以谐音形式暗含希望新冠疫情马上过去，人们重归正常生活的期望，正是如此，该文创一经推出就深受大家喜爱。

有形资源的抽象化是指将具体的事物或图案抽象化转化成其他形式，以便于转化成其他形式的可供利用的资源。如将山水图案抽象为纹样制成布料，山水图案原本较为复杂，在经抽象化处理后变得相对简单，更易应用于布料的纹样设计上，从而创造出新颖的、具有抽象艺术价值的产品。

二、无形资源有形化、产品化、故事化

有形化：借助科技手段和想象力将传说舞台化、演艺化，或将失传技艺复原；将古代的仪式或风俗展演陈列；借助实物或场景彰显古代的行为规范和价值观念。

无形资源有形化是指将如今无具体载物的资源运用各种方法，将其以多元形式展现出来，将其转化为更易于利用的形式。以传说故事为例，借助科技手段和想象力将传说舞台化、演艺化，或将失传技艺复原，将古代的仪式或风俗展演陈列，并借助实物或场景彰显古代的行为规范和价值观念。将传说故事转化形式，并加以开发利用，使其有形化。

无形资源产品化是将无具体载物的资源转化至某类产品中，使其既具备物质属性，又具备原本无形资源的相应属性。而无形资源产品化的两种趋势又可分为服务型产品和物质型产品。而这二者的最大区别就是是否具有具体的实物形态，从根源上看，二者相辅相成，给游客带来物质和精神上的双重享受，提高无形资源的开发程度与质量。

无形资源故事化是将无具体载物的资源融入故事中，按故事讲解的方式让人们更愿意去倾听和了解，让人们更愿意去理解和接纳相对晦涩的无形资源。在无形资源的故事化过程中也是对无形资源的进一步加工，进一步创造，为其赋予新的活力，使其能顺应时代发展的要求，维持无形资源的可持续开发利用。

三、复合资源一体化、跨界化、系列化、品牌化

通过发挥口碑效应和带动效应，形成开发模式。一些品牌是长年累月形成的，如老字号、经典名品等。一些品牌是资本造就的，如迪士尼、万达等。

复合资源的开发相对较为复杂，需要经过一体化、跨界化、系列化、品牌化等诸多流程。为使复杂的资源在开发的过程中协调统一，需要建立一体化系统，又因复合资源具有复杂性，其内含资源常常归属于不同领域，需要将其跨界化处理，随后形成系统的开发使用体系。通过发挥口碑效应和带动效应，形成开发模式。为使产品附加值能够得到较大提升，并扩大和提高市场知名度，多数企业都朝着品牌化发展。资源的品牌化发展有多种途径，一些品牌在经历了长期的市场认可，从而具有较佳的口碑；而一些品牌是资本造就的，通过一定周期的资本运作，将企业名气迅速扩张，进而成为广为人知的品牌。

四、单一资源的配套化

在资源相对单一时，则需对单一功能进行拓展开发，形成综合功能，满足多层需求，拉长消费链条。以永州异蛇资源为例，永州异蛇产业园除了开发异蛇酒外，还积极开发异蛇世界旅游，开发蛇类产品如蛇毒肽护肤套装、蛇肽水光精华原液等系列产品，并积极参与有关医药领域研究。将单一资源充分开发，通过相应配套设施，将该类资源从开发上游至开发下游全面贯穿，延长产业链，引导资源提供多种产品，扩大消费群体，促进该类资源良性发展。

五、静态资源活动化

静态资源多以二维的形式存在，常常固定于某一空间的狭小范围，在科技的帮助下二维形式的静态资源得以广泛传播，但单调的展示形式难以让普通游客也真正享受到该资源的魅力，而静态资源活动化则是让该资源跳出二维形式转化至三维空间，让游客可见、可闻、可听、可赏，以动态的形式直接与游客相见。以近来爆火全网的舞蹈《只此青绿》为例，《只此青绿》是将《千里江山图》演绎为动态的舞蹈艺术；既有静态物的展示、观摩，又有活化的演示和游客的参与，提升人们的认知和兴趣，将一幅静态的画卷以舞蹈的形式流动在舞台上，得到了广大游客的认可，是静态资源活动化的典型案例。

六、常见资源特色化

从形式、内容、功能、体验、组合等多角度营造特色，将其中与众不同的特点挖掘出来，特色不足的则从技术和艺术的角度加以升级。

常见资源在市场开发中往往更具竞争压力，由于自身资源的差异性较小，在地区资源对比之中较难找出闪光点，因而在旅游市场竞争中处于下风。常见资源若要具备较强的竞争能力，则必须转向特色化发展，首先应从形式、内容、功能、体验、组合等多角度营造特色，将其中与众不同的特点挖掘出来，并适当放大特点，让游客能直观感受到该资源所具备的特色。特色不足的则从技术和艺术的角度加以升级，技术的加持可以提高资源的开发程度，能够多样化使用该资源，让游客从独特的角度去体验常见的资源，获取新的感受；艺术的升级可以为常见资源赋予新的属性，艺术加工通常可以美化常见资源，为常见资源注入发展的活力，具备生命力的常见资源变得不再常见，从而使其更具特色化。而常见资源特色化也需随时代的发展而改变，落后的资源开发方式终将被市场所淘汰。

第三节　文旅资源的价值分解与重构

文旅资源的开发离不开对资源的价值分解与重构。剖析文旅资源所具备的各项价值，开发文旅资源背后的核心资源。把握文旅资源的核心要素，适当取舍，是发挥文旅资源的闪光点，提高市场竞争力的关键步骤。

一、文旅资源的价值分解

（一）外观价值（审美价值）

在游客旅游过程中，最直观可感受到的是由眼的感官所带来的美感，而人也有天生的对美的追求，因此外观价值（审美价值）是文旅资源价值的重要构成部分。美作为一种概念，是通过它与其他事物的联系规定的。美是一类事物的公共属性。这个属性抽象出来，叫作美。确定美的概念，首先必须建立美与审美、美感的联系。把美看作输入信号，美感作为输出信号，审美环节看作一个黑箱，则有：美就是产生美感时的审美环节输入信号。这个输入信号是大脑神经的一种状态，而不是任何一种外界事物。某种事物具有美的属性，就是说某种事物能在大脑中刺激出某种能引起美感的神经状态。任何事物，离开了具体的审美环节，都不具有美的属性。一个不能被感官和大脑感知的事物，不具有美的属性。以海南西沙群岛为例，大海、阳光、沙滩三者组合的美给游客的诸多感官带来了最轻松惬意的享受，西沙群岛以绝美的海域风光令来往游客们赞不绝口。

（二）实用价值

许多文旅资源都具有一定的实用价值，以庐山康养旅游为例，庐山作为我国旅游胜地，生态环境优良，气候温和湿润，具有极佳的康养条件，在后期开发中逐渐将康养功能增强，具备康养的实用价值。也有该类文旅资源的核心并不是旅游，但却有助于旅游开发，为旅游开发形成某种有利条件。最具代表性的便是水利工程设施，以三峡大坝为例，三峡大坝作为我国最重要的水利工程设施之一，担负着防洪、发电、水利、灌溉等多方面的作用，应注意其旅游开发的主次。

（三）符号价值

符号价值是指产品在使用功能和制造成本上并无差异的情况下，由于所含符号的不同而产生价值的不同，其中的每一特殊符号都代表着对应的意义与价值。以三星堆文创产品为例，人民日报新媒体联合四川广汉三星堆博物馆策划举办《这文物很中国》之三星堆博物季文化主题直播，推出的民俗系列盲盒、青铜龙虎尊杯、金面王朝日用托特包、铜章马克杯、剑南春 × 三星堆联名轻简茶具等，就是为产品赋予了特殊的符号价值，提升了其经济价值。

（四）文化价值

文化价值作为文旅资源灵魂部分的存在具有极其重大的作用，优质的文旅资源通常具有着积极的文化影响，可以为游客带来精神上的提升，满足游客的特定精神需求，并与游客产生某种精神的羁绊。以茶文化为例，茶旅融合已经成为茶资源富集地的重要发展模式，游客既可以品味到茶的独特滋味，也可以了解茶背后的文化魅力，满足游客的精神需求，在其心中留下恒久的记忆。

（五）精神价值

精神价值作为文旅资源中相对特殊的存在，较易与文化价值相混淆，精神价值是某一群体或个体的行为准则、价值观念、道德情操等方面的总和。以大庆油田的铁人精神为例，其反映的是一代代石油工人艰苦奋斗、吃苦耐劳，一心一意为祖国献石油的爱国精神，为了充分开发该精神价值，大庆市在 1971 修建了大庆铁人王进喜纪念馆，现已成为国家一级博物馆、全国爱国主义教育示范基地，成为精神价值开发领跑者。

二、文旅资源的价值重构

文旅资源的价值重构作为协调开发文旅资源的重要一环，能够提高资源开发的效率，拓宽开发领域、提升开发深度。而“价值重构，是以新的逻辑理解和进行产业变革，实现土地、资本、劳动力、数据等各类要素的重构，重新界定合作与分工关系，促进生产力的增长和生产关系（利益关系）的调整，最终实现价值链（价值网络）的升级和换代。”① 文旅资源的价值重构主要有借用、组合、构建三种方法，在使用过程中通常将这三者结合使用，以重构出最大价值的文旅资源。

（一）借用

文旅资源的价值借用是将自身领域原不涉及的资源融入其中，文旅跨界、古为今用、洋为中用、移花接木、借尸还魂、异化激活、差异放大则是文旅资源价值借用的主要手法。

1. 文旅跨界

现如今，“产业融合是全球经济发展的大趋势，也是世界各国推动产业发展的新选择，并逐渐成为产业提高生产能力和竞争力的重要方式之一。在文化和旅游融合发展战略背景下，文旅与其他领域融合趋势不断加深”②。文旅跨界发展已成为旅游业发展的一大趋势，文旅＋科技、文旅＋乡村、文旅＋研学等多方面跨界融合不断深入，将其他行业资源转化为文旅资源，不断丰富旅游产业的内涵。

2. 古为今用

古为今用的方式主要有两种，一是借古代文化符号为今所用，这是对古代文化最常见的一种借鉴，是对古代文化符号的使用。倘若将古代文物、文艺作品与文化创意相结合，可以增强文化创意产品的独特性和辨识度。二是再现传统技艺和古代技术，在当代文化创意活动中，对传统技艺、古代技术的再现，或对该项工艺成果的复制，都可以达到“穿越历史，呈现珍品”的效果。根据实际情况对文化元素进行调整，或提取部分元素使用，展现其中最精华、最具有代表性的部分。除借鉴古代文化的物质形式外，古代文化内在的宝贵精神也是文化创意活动的重要参考。

3. 洋为中用

洋为中用的方式与古为今用相类似，亦有两种。一是借国外文化元素为中所用，国外文化元素与中国传统技艺相结合，同样可以碰撞出诸多创意，获得良好的效果。二是

---

① 刘成军 . 价值重构：读懂工业互联网发展逻辑［M］. 北京：人民邮电出版社，2022.

② 石培华，赵云 .“十四五”旅游业发展的潜力与增长点［EB/OL］. 中国旅游报，2021-11-10.

借国外文化技艺为中所用，国外在文化技艺方面的优秀成果可用于展现中国丰富的文化内容上。但在开展文化创意活动时，需要明确创意基础是“国外文化”还是“结合了国外文化的中国文化”，“洋为中用”并非“全盘西化”，在引入国外文化的同时切忌反客为主，以免忽略中国文化本身的特色。

4. 移花接木

许多文旅资源具有极佳的开发价值，但缺乏良好的区位条件。若将该类文旅资源移植到条件更好的区位则可以获得更好的效益，丰富资源密度、提高资源质量。在进入开发优良阶段后，可以反哺区位较差区域，实现两地的共同发展，从而达到移花接木的文旅资源借用模式。

5. 点石成金

随着城市化的不断扩展，各类主题公园和景区内容相似度也变高了。在自身特色不够明显，发展受到限制时，可以融入某类受人欢迎的故事，与自身资源的某种属性相契合，放大自身优势，注入新的内涵，焕发新的活力。

6. 异化激活

如今旅游业迅速发展，而劣质化、同质化的旅游产品数量也不断增多，文旅资源无序开发，粗制滥造，大量旅游产品之间极具相似性，在一定程度上易使游客产生审美疲劳。而异化激活就是提升文旅资源独特性的重要方法，着重开发自身资源与竞争对手的差异之处，并引入其他资源，在一定程度上改变现有资源属性，开发出“人无我有，人有我优”的旅游产品。给游客带来耳目一新，眼前一亮的感受。

7. 差异放大

差异放大可以分为两种，一种是宏观区域资源差异的放大，另一种则是微观区域资源差异的放大。举例说明：若宏观区域内是以发达的商业区和工业区为主，充满现代科技元素，若区域内存在生态自然资源，则可大力开发，放大该生态资源的优势，与现代科技形成充分对比，该类代表景区案例可以参考杭州湾湿地公园。若微观景区内存在环境差异性变化时，可以适当调整相应布局以放大该差异（颜色、排列、动静等）。剧烈的对比可以带来视觉与精神上的震撼，提高吸引力。

（二）组合

1. 关联共生

将所具有的资源有效组织，形成共生体，以实现乘数效益，把握资源的广度、丰度与深度。将不同的文旅资源归纳整合，使其原本难以相容的各类资源在一个统一和谐的状态下能够可持续发展。该类资源组合方式往往难度较大，不同资源的属性可能出现相排斥的情况，易使得文旅开发陷入杂乱无章的局面，为后期的发展带来更多的工作量，但若能有效协调统一，文旅资源的广度、丰度、深度均可以得到极大的提升，能够为游客带来极佳的旅游体验。

2. 异类整合

异类整合是指将区域内所具有的不同种类的资源进行整合，使其达到相互补充的作用，以弥补各类资源的不足，形成有效的资源配置系统。例如湖南张家界天门山景区就具有极佳的自然类旅游资源，而邻近的吉首凤凰古城则具有极佳的人文旅游资源。许多旅行社在设计旅游路线时将二者串联，使天门山景区与凤凰古城景区资源形成互补。

3. 同类集聚

将同类资源集聚有利于提高同类资源的深度，在大量同类资源集聚后可以带来规模效益，使其在该类旅游资源市场中占据较大的竞争优势，甚至引领该类文旅资源开发的新趋势。在后期的发展与建设中倾向于单一文旅资源领域的发展能够提高资源配置效率，推动集约化发展。以衡阳印山旅游区为例，该景区打造中国“印山”，成为全国首创，它把几千年来的中国玺印图案摩崖于山石上，使人文景观与自然景观融为一体，首期工程汇集了 5700 多枚形态各异的印章图案，将印章文化大量集聚于此，成为全国“印”文化资源开发的典范。

4. 分割抽取

资源的开发不一定要全面，如果想全面开发则需要大量人力物力与时间，且容易出现资源恶性开发的情况。因此，将资源分割抽取，适当开发也不失为一种有效的方法。选取其中开发性价比较高的部分，利用有限的精力对所分割抽取的部分充分开发，也可以提高自身资源的竞争力。以长沙奶茶连锁店茶颜悦色为例，茶颜悦色充分开发中国传统文化中的茶文化，提取其背后的文化内涵，得到了广大消费者的一致认可，成为长沙文旅的网红名片。

5. 空间布局

分析资源分布情况，有助于明确资源开发方向，进行空间规划和旅游线路的设计。旅游资源通常有点状分布、线状分布、竖状分布等不同的空间构成方式。而这些资源分布格局通常是受自然地理、人文活动、交通心路、社会认知等多重因素影响，在了解其主要影响因素后可以快速规划其发展趋势，辅助文旅资源的开发。

（三）构建

构建的手法相对复杂，需灵活运用与组合各项技巧，将各类资源重整，使各类资源能协调配合，给予游客最佳的体验。在文旅资源开发体系构建前应充分调研勘探，了解文旅资源的种类、质量、分布情况，适当取舍，通过“以小见大、从无到有”的思维方式，把握优质显性文旅资源，将优质的隐性文旅资源找寻出来，并适当转化。在确立所要开发的资源后，适当借用其他资源，灵活组合现有资源，辅以各类配套基础设施，形成一个优质且可持续发展的文旅资源开发体系。

☞ 拓展链接

第四章　文旅定位策划

第一节　市场与资源的连接

一、文旅定位的含义与作用

（一）文旅定位的含义

文旅定位是以市场能接受的方式，将资源的特征、品质、风格进行重组包装，以区别于市场其他同类产品，更是为了获得市场的自我认同，是对产品赋予性格和灵魂的过程，也是为产品贴标签的过程。

（二）文旅定位的作用

1. 增强项目竞争能力

文旅项目进行定位就是为了找好文旅产品的市场定位，以便于快速占领客户心智资源，赢得客户的优先选择而获得成长的动力，企业能否占据有利的消费者心智地位，成为企业间竞争的关键因素。

形象、生动、精准的定位可以彰显文旅项目的底蕴精髓，将核心优势与卖点展示给旅游者，从而增强其竞争力。如："山东省：一山一水一圣人（泰安泰山、济南趵突泉、曲阜孔子）""四川省：天府四川熊猫故乡""桂林市：桂林山水甲天下""承德市：游承德皇帝的选择""纽约：I Love New York（我爱纽约）"等文旅广告语特色鲜明，听过几遍之后，就能深深地刻入脑海，这就是文旅产品定位的效果。成功的文旅产品定位能深入消费者的内心，让他们在某些场景和需要中，脑海里第一时间联想到你的产品。

2. 有效整合多方资源

精准定位是文旅项目运营过程中最不能省掉的必要环节，文旅项目定位一般要在战略定位、目标定位、主题定位、市场定位、形象定位、管理定位、服务定位、产品定位、人员定位、营销定位等十个方面着重下功夫。由此可见，文旅项目定位是一项系统的工作，它的内容非常丰富，一旦做了最顶层的定位设计，那么后续的其他定位都要依托顶层而进行延伸，它是一个相互依存的完整体系。

要开发好一个文旅项目，需要调动很多资源协调发展，如施工资源、物力资源、资本资源、运营团队资源等。这些资源在文旅项目定位不明确之前，是分散的、凌乱的，甚至缺乏核心的。依托准确的定位，文旅项目前期建设的时候建筑风格鲜明统一、功能布局合理有序，在招商运营的时候产业主次清晰，业态更加贴合市场需求。

二、市场与资源连接方式

（一）以资源价值寻找市场空间

分析自身资源价值是有效寻找市场空间的必要前提，深度剖析文旅项目地的发展条件，首先要搞清楚几个问题，如：文旅项目地都有些什么？项目地核心资源或吸引物是什么？发展的优势与劣势是什么？以此来综合核心资源、优势与劣势，初步判定项目地发展方向，明确好项目地未来能够做些什么。简而言之，根据文旅项目地的周边旅游资源、资源组合度和区块内主要产品及面向市场来进行综合分析，有利于确定项目的发展方向。以项目地本身的资源优势和特色为卖点，吸引目标市场群体、满足市场需求。

开发项目地旅游资源是为了利用，但在某种意义上，对某些旅游资源，特别是对自然旅游资源和历史旅游资源来说，开发往往伴随着一定程度的破坏风险。旅游资源开发，不仅仅是将旅游资源本身开发成对游客具有吸引力的吸引物，还需要为其提供满足旅游活动需要的其他条件，如交通、住宿、饮食、休闲和购物等。如果只一味追求文旅的资源价值，而不去做好保护、配套、整合和运营，那么这样的文旅项目是难以长久的。

（二）以市场诉求定格资源特色

为需求找资源，是一种结果导向的方法，比如：摩拜单车（mobike）就是发现短途出行的需求痛点后再聚合资源，通过自由取单还车这种模式来满足用户需求；金融危机之后，Brian Chesky（布莱恩·切斯基）发现美国人对于性价比更高、更便捷的住宿有需求，于是在线聚集闲置房间，创建了 Airbnb 来满足用户的需求；2008 年的某个雪夜，浪迹在巴黎街头的加勒特·坎普和他的好友卡兰尼克，在苦于打不到车的时候突发灵感，要开发一款颠覆传统出租车的叫车软件，于是便创立了 Uber。

市场需求是消费者需求的总和，市场需求分析要求我们抓住市场需求本身，为迎合需求而努力挖掘资源的适应性和潜质，甚至改造创新资源。通过市场需求分析我们可以了解消费者、竞争对手和市场情况，挖掘其真实目标，提炼出文旅产品解决方案并通过文旅产品需求表达出来的过程，从而帮助制定决策和市场策略。但是相对的，如果文旅项目地资源和市场需求难以匹配，或者难以满足客户的需求时，就会发现只追求文旅项目地的显性资源往往是不够用的，这时就要去寻求间接资源和隐形资源，在后期开发的过程中不断地进行调整，调整错误的可能性变大也会导致开发的难度变大，从而对文旅项目造成影响。

第二节　文旅定位方法与策略

一、定位方法

（一）市场定位的内容及方法

狭义的市场定位是确定目标市场的过程，广义的市场定位还延伸为企业及产品在目标市场上确定所处的位置，即为使产品在目标消费者心目中相对于竞争产品而言占据清晰、特别和理想的位置而进行的安排。

1. 市场定位的内容

（1）区域定位：是指企业在进行营销策略时，应当为产品明确要进入的市场区域，即确定该产品是进入国际市场、全国市场，还是在某市场、某地等，只有找准了自己的市场，才会使企业的营销计划成功实施。

（2）阶层定位：每个社会都包含有许多社会阶层，不同的阶层有不同的消费特点和消费需求，企业的产品究竟面向什么阶层，是企业在选择目标市场时应考虑的问题。

根据不同的标准，可以对社会上的人进行不同的阶层划分，如按知识水平分，就有高知阶层、中知阶层和低知阶层。进行阶层定位，就是要牢牢把握住某一阶层的需求特点，从营销的各个层面上满足他们的需求。

（3）职业定位：是指企业在制定营销策略时要考虑将产品或劳务销售给什么职业的人，将饲料销售给农民及养殖户，将文具销售给学生，这是非常明显的，而真正能产生营销效益的往往是那些不明显的、不易被察觉的定位。

在进行市场定位时要有一双善于发现的眼睛，及时发现竞争者的视觉盲点，这样可以在定位领域内获得巨大的收获。

（4）个性定位：是考虑把企业的产品如何销售给那些具有特殊个性的人。这时，选择一部分具有相同个性的人作为自己的定位目标，针对他们的爱好实施营销策略，可以取得最佳的营销效果。

（5）年龄定位：在制定营销策略时，企业还要考虑销售对象的年龄问题。不同年龄段的人，有自己不同的需求特点，只有充分考虑到这些特点，满足不同消费者要求，才能够赢得消费者。如对于婴儿用品，营销策略应针对母亲而制定，因为婴儿用品多是由母亲来实施购买的。

（6）动机定位：动机是驱使人从事各种活动的内部原因。动机有外部动机和内部动机之分。外部动机指的是个体在外界的要求或压力的作用下所产生的动机，内部动机则是指由个体的内在需要所引起的动机。根据人的动机进行营销策略的制定和市场定位也是十分有必要的。

2. 市场定位的方法

（1）明确市场定位的标准。

如以最具潜力、最易获取、最具对应性、最具价值等作为选择依据，来作为最终市场定位的参照。可对候选细分市场进行规模估计、消费能力调查、消费可能估测、获取成本核算、竞争风险预测，来对各细分市场的价值进行评价，再从中筛选定位。

细分市场的评价可以从细分市场的吸引力和公司目标与资源两方面开展。

细分市场的吸引力：大小、成长性、盈利率、风险等；说服其他细分市场的成员改变其购买意愿是否容易；这个细分市场对公司的业务发展是否有足够的价值。

公司的目标和资源：该细分市场是否符合公司的长远发展目标，公司是否具备在该细分市场获胜所需的技术和资源。

（2）市场定位可采用单一式和分级式等多种形式，视实际情况而定。往往依据不同的策划期，设置分级市场定位。也经常会在同一策划期采取分级的方式，通过确立核心市场、次级市场和延伸市场的方式有区分、有重点地采取市场策略。

（3）目标市场选择的流程。

目标市场是企业决定进入并准备为之提供产品和服务的子市场。目标市场可以是某个细分市场，若干细分市场集合，也可以是整个市场。目标市场的选择通常会形成单一市场单一产品、单一市场多种产品、多个市场单一产品、多个市场多个产品和全面覆盖市场产品五种类型。目标市场的确立是经过识别、分析企业营销环境、评估企业市场机会、明确市场细分、评价每一细分市场价值、选择确定目标市场、实施营销策略、发现问题并提出修正建议、领导商议审批和调整目标市场方案的步骤后完成的，详见图 4-1 所示。

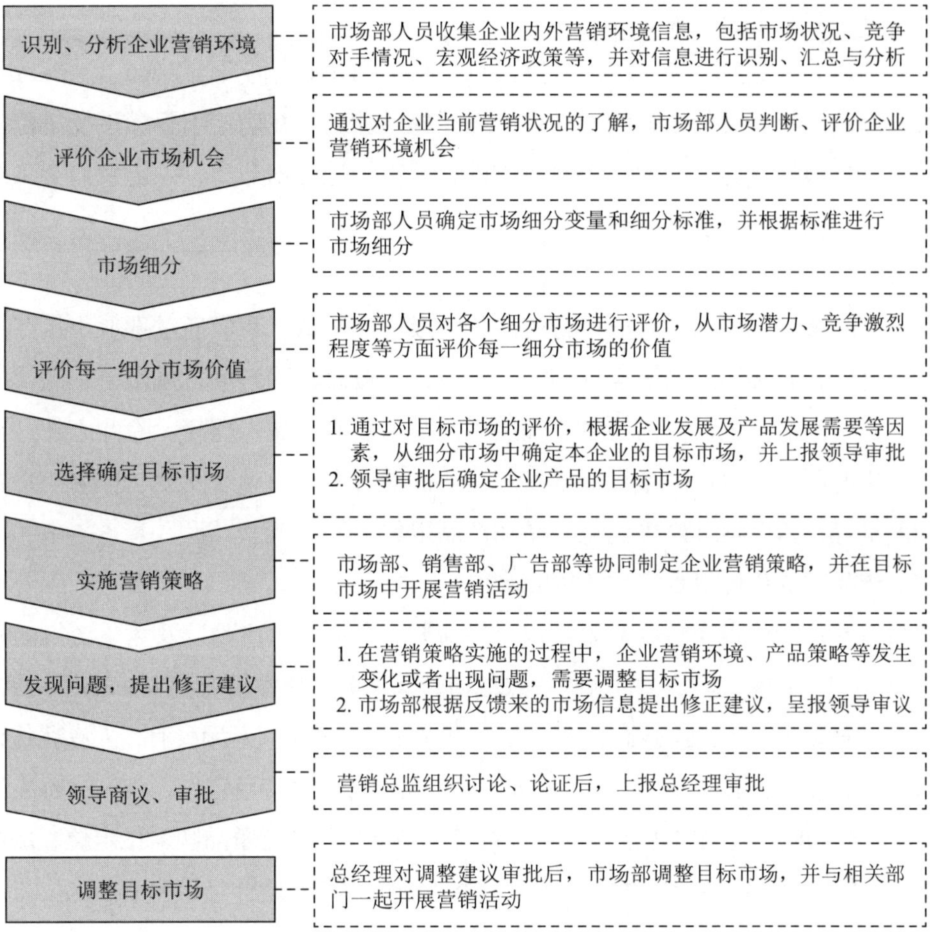

图 4–1　目标市场选择的一般流程

（二）产品定位方法

产品定位是对于用户群体而言的，产品在他们的认知中占据什么样的位置，包括性质定位和功能定位两大块。

1. 性质定位

（1）目标客群定位（Who）

目标客群定位是一个市场细分与目标市场选择的过程，即明白为谁服务（Who）。在市场分化的今天，任何一家公司和任何一种产品的目标顾客都不可能是所有的人，对于选择目标顾客的过程，需要确定细分市场的标准对整体市场进行细分，对细分后的市场进行评估，最终确定所选择的目标市场。此外，还可以通过用户画像来形象清晰化我们需要服务的特定人群，一般使用大数据实时计算、信息检索、统计学等技术来筛选出用户标签，例如用户的人群属性、消费能力、人口属性、消费兴趣，等等。

（2）产品需求定位（What）

产品需求定位，是了解需求的过程，即满足谁的什么需要（What）。产品需求定位，就是确定用户需要什么，我们的产品需要提供什么。在确定了目标市场定位人群之后，我们需要根据目标用户的需求对我们的目标市场进行细分类，一般我们会采用市场调研的方式对用户的需求进行采集。

（3）企业产品测试定位（IF）

企业产品测试定位是对企业进行产品创意或产品测试。我们通过选取小量产品发放到目标市场中，收集用户的真实反馈，包括对产品概念的了解度，成交率，测试出产品的前景，这一环节测试研究需要从心理层面到行为层面来深入探究。除此之外，我们还可以通过研究同类竞争产品市场的开发程度、消费者需求的可开发度、影响消费者购买产品的因素等，借以继续改善优化产品和产品定位。

（4）产品差异化价值点定位（Which）

产品差异化价值点定位即需要解决目标需要、企业提供产品以及竞争各方的特点的结合问题，同时还要考虑提炼的这些特点如何与其他营销属性综合（Which）。差异化价值点定位即需要找出产品区别于市场同类竞争品的差异价值，人无我有，人有我优，一般的产品独特销售价值定位方法（USP）包括从产品独特价值特色定位、从产品解决问题特色定位、从产品使用场合时机定位、从消费者类型定位、从竞争品牌对比定位、从产品类别的游离定位、综合定位等，在此基础上，需要进行相应的差异化品牌形象定位与推广。

（5）营销组合定位（How）

营销组合定位即如何满足需要（How），它是进行营销组合定位的过程。在确定满足目标顾客的需求与企业提供的产品之后，需要设计一个营销组合方案并实施这个方案，使定位到位。这不仅仅是品牌推广的过程，也是产品价格、渠道策略和沟通策略有机组合的过程。正如菲利普·科特勒所言，解决定位问题，能帮助企业解决营销组合问题。营销组合——产品、价格、渠道、促销——是定位战略战术运用的结果。

在某些情境下，到位过程也是一个再定位的过程。因为在产品差异化很难实现时，必须通过营销差异化来定位。目前发展情况下，市场一旦推出任何一种新品，畅销不过一个月，市场上面就会出现相同类型的模仿品，而营销差异化要比产品模仿难得多。因此，仅有产品定位已经远远不够，企业必须从产品定位扩展至整个营销的定位。

2. 功能定位

产品功能定位是指在目标市场选择和市场定位的基础上，根据潜在的目标消费者需求的特征，结合企业特定产品的特点，对拟提供的产品应具备的基本功能和辅助功能作出具体规定的过程，其目的是为市场提供适销对路、有较高性能价格比的产品。

产品的功能定位分为以下步骤。

（1）选拔组建产品功能制定工作参与者小组

在产品功能制订小组的组织方面，关键是处理好人员的结构问题。过去这方面的工作人员，多以生产企业与归口管理部门的代表组成。为了掌握用户的功能要求，不仅要有参加调研的工作人员、生产厂家参与，还必须吸收一些有代表性的用户、经销单位参加。总之，由最了解产品或产品问题之所在及用户对功能要求的人员参与产品功能的制（修）订工作，应尽量摆脱职位、权威的约束。

（2）广泛调查研究．收集各方面情报资料

产品功能确立或制订涉及面广、工作量大，是一项很复杂的技术经济工作，只有掌握了比较完整、全面的情报信息资料，才能使功能标准的制订有科学依据。产品功能定位应基于现实市场需求及潜在市场需求，现实竞争对手及潜在竞争对手，现实企业能力及潜在企业能力，现实国家政策及潜在国家政策，等等。总之，一切与企业发展有关的因素，都在考虑之中。

（3）在市场细分的基础上进行初步的功能设计

功能设计实质上是市场细分理论的深化，市场细分方法有好多种，但归根结底都是基于产品附加功能进行细分的。功能设计是以消费者的潜在需求为依据，设计产品的功能组成，经过功能成本的分析，由专业技术人员进行产品设计、企业安排生产、开展针对性的营销，将产品交到目标消费者手中。产品的功能有时需要增加，而有时必须减少。成熟的消费者已经不再盲目追求多功能，多功能意味着多付钱，俗话说："有钱不买半年闲。"功能设计要打破传统的思维定式，进行观念创新，将关注的焦点集中在当前和未来行业的产品功能所在，以及功能转移的方向和速度上。依托"旁观者"的优势，通过发现顾客的潜在需求，进行产品和服务的功能设计，帮助企业成为行业的领先者，获取领先优势所带来的超额利益。要不断开发新功能产品，一种功能一经市场认可，企业就必须做好开发后续功能产品的准备，因为任何一种好功能最终都可能成为基本功能。所以企业应该主动破坏行业中业已存在的功能优势，不断地发现和创造本行业及行业外新的功能。

通过深入调查研究和预测，将收集到的有关市场与用户需求的功能信息进行汇总、分类、整理、分析，并考虑到生产企业的技术、资源条件和经济效益等方面的因素，再把用户对产品功能需求的技术经济特征转化为具有各项技术经济指标的初步功能标准或条文。

（4）在实施过程中不断完善原有功能设计并进行功能定位

将制订的初步功能标准或条文进行实施，在实施过程中做好信息反馈工作，收集生产企业与用户的意见，不断修订和完善，最后形成具有约束效力的技术法规，作为企业组织生产，用户在使用过程中进行评价的依据。

（三）品牌和形象定位方法

1. 品牌与形象定位的内涵与作用

企业根据竞争者现有产品在市场上所处的位置，针对消费者或用户对该产品某种特征或属性的重视程度，强有力地塑造出此企业产品与众不同的、给人印象鲜明的个性或形象，并把这种形象生动地传递给顾客，从而使该产品在市场上确定适当的位置。

2. 品牌与形象定位的流程

如图 4–2 所示，品牌与形象定位一般需经过识别潜在的竞争优势、选择合适的竞争优势、传播和送达选定的形象定位三步骤。

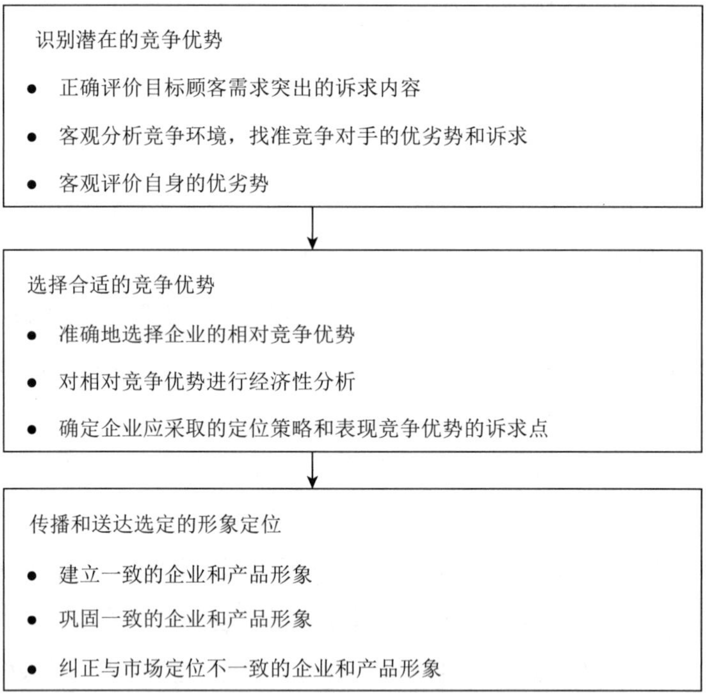

图 4–2　品牌与定性定位的流程

3. 品牌与形象定位的方法

（1）构建形象因子和素材库

李家洋在《旅游创意导图》中提及：“在资源建构观统领之下，资源及其研究分为确定性资源、准备定性资源、不确定性资源、建构性资源四个层级。”[①] 对于传统意义上可知可感的旅游资源，我们要秉持着细致入微和精耕细作的态度，在对资源进行客观评级评判的同时，也需要用稀缺性、唯一性、领袖性、垄断性、文化性、象征性、神秘性、差异化、亲和力、愉悦度、浪漫度、美誉度等构建形象因子贴近市场。我们在现实中无法简单觉察、识别，但基本上可以确定的旅游资源，需要以系统整合的存在主义来提升资源品级。

我们需要注意的是，素材库的存在也是十分有必要的，对于不确定性资源，我们应当以面向需求的解构主义来重塑虚拟资源，例如《长恨歌》演出与山水实景的耦合使得资源的品相相比于客观原真更显真实。而以无中生有的建构主义创新资源体系，其实质仍然是基于市场的已存在或是可能存在、即将产生的需求来开发资源。

（2）巧妙运用形象凝练工具

资源在进行科学化和创意化组合加工的同时，其本身也算得上是一种创造。有效的整合将会提升和丰富区域资源结构和供应能力，差异化的资源组合通过多次推演与交叉相融可以初步预见其早期的开发潜力。《旅游创意导图》中的资源组合与创意结构扇面图生动形象地展示了创意的多种可能，需要注意的是，这些可能也能同样适用于形象的凝练，在对资源进行组合和创造的过程中，我们可以采用移花接木、借尸还魂、异化激活、差异放大、关联共生、异类整合、同类集聚、分割抽取等工具。

（3）勾勒文旅形象轮廓主干

文旅资源的合理、科学的空间布局有利于优化资源空间组合，更好地去发挥旅游产业的空间集聚效应。但由于多种因素影响，旅游资源通常有着不同的空间构成形式。勾勒好文旅形象轮廓主干显得尤为重要，而研究旅游资源到旅游产品的转化，首先需要评价旅游资源可能的各种利用形式及其利弊以此来确定评估结果。等我们实现资源评价的工作之后，就可以根据资源的特色、层次的关联度、市场需求的品类来确定产品的资源分化及开发方式、组合方式、开发方向。

二、定位策略

（一）不走寻常路策略

不走寻常路策略，顾名思义就是以在某些方面具有独特之处，可以作为品牌定位以及营销、宣传的重点，使之与同类产品形成区隔，达到抢占市场的目的。当消费者面对琳琅满目的商品不知道如何挑选时，我们要做的并不是被动地等待消费者去选择，而

① 李家洋．旅游创意导图［M］．西安：陕西师范大学出版总社有限公司，2013：12.

是要主动地告诉消费者产品独有的特性，抢占一个属于自己的特性，是一个品牌成功的关键。

比如宝洁公司的“海飞丝”，大家都知道它的品牌定位是“去头屑，使你更洒脱，更酷”。与此同时，西安杨森又推出了一个洗发产品“采乐”，它的产品特点也是“去头屑”，但是它在进行定位时，选择突出自己产品的特性——西安杨森是制药企业，所以它着重突出自己的专业性和优秀品质，品牌诉求为“采乐去屑，针对根本”，把自己定位为一个去除头皮屑的专家，如此一来，便给消费者一种不同于海飞丝的更加专业的感觉，这就与“海飞丝”追求洒脱、时尚的定位有了差异性，从而避免了与“海飞丝”的正面较量。

（二）吃螃蟹策略

吃螃蟹策略是指企业在进行品牌定位时，力争使自己的产品品牌第一个进入消费者心智，抢占市场第一的位置。杰克·特劳特发现，随着竞争的加剧，顾客心智中只能给两个品牌留下空间，这就是特劳特定位理论中著名的“二元法则”。一般来说，第一个进入消费者心智的品牌，都是难以被驱逐出去的。

如复印的“施乐”（Xerox）、租车行业的“赫兹”（Hertz）、可乐中的“可口可乐”（Coca-Cola）、凉茶中的加多宝、奶茶中的香飘飘、厨电中的方太等。七喜就是一个比较典型的例子，从最开始的定位是清凉饮料，到最后发明了一个新品类——非可乐，这让七喜成了该品类的第一强势品牌，即我创立的门派，我就是掌门人。

（三）问题导向策略

问题导向，即以解决问题为方向和目的的一种思维和工作方法。用户需求是任何一款产品最需要关注和解决的事情，因为满足用户的需求，解决用户的问题是产品所要交付给用户的价值，一款不能解决用户问题的产品是不会被用户使用的。

马斯洛理论把需求依次由较低层次到较高层次排列分成生理需求（Physiological needs）、安全需求（Safety needs）、爱和归属感（Love and belonging）、尊重（Esteem）和自我实现（Self-actualization）五类。马斯洛需求层次理论阐述了人类需求的优先级以及构成，最底层的生理需求是一切需求的基础，其次为安全需求等。马斯洛层次理论对于产品经理构建全局的需求认知非常重要。常见的美团、淘宝解决了人们的生理需求问题，360、QQ 医生、金山杀毒解决了人们的安全需求问题，QQ、微信、陌陌等解决了人们的社交需求问题，知乎、简书等解决了尊重和自我实现的需求问题。

（四）资源导向策略

资源导向策略，利用所在地的已有资源或新发现的资源条件而求得生存与发展的策略。其中的资源条件主要是指本地区的特有资源，如旅游资源、自然资源、人才人力资源。企业可以具体从事地区资源开发、旅游服务业、土特产及工艺品的开发生产及贸易活动。

陈湛匀教授指出——企业是有形和无形资产的集合，这些资产都是企业的“特色核心竞争能力”（distinctive competence），而策略则是通过这些在众多市场的协调整合活动来创造价值。资源与事业、结构和系统、流程与业务是资源导向战略思考模型的三大元素。如果整合这些元素，一直追求一个愿景，并受到适当的目标和目的的激励，就可以创造一个企业优势。捷蓝航空公司运用资源导向战略是通过流程与业务这个元素实施的，比如人性化的航空服务、舒适的座椅体验以及无纸化的票务服务。

第三节　文旅定位的创意表达

一、表达原则

（一）语言准确、切中定位

1. 要突出重点，切忌面面俱到

在进行语言的表达时，需要选择那些关联度较大、与文旅定位结合更紧密的表达方式和表现手法，而不是着重于整篇内容的具体化和泛化。每个字都要仔细斟酌，去除冗余，加上亮点和突出特色，这都需要我们有一个合理的安排。比如是休闲西安还是人文西安，用“休闲人文西安 美丽历史名城”来表达虽全面却失焦，不能让人耳目一新，就算把西安换成洛阳和开封也是同理。这就需要我们在求新、求奇之间有所权衡，如果选择刁钻、新奇的口号，例如“叫春的城市”“我靠重庆”，用了这些话之后，其他内容将难以进行表达，若真是想要踏实宣传，恐怕只会给人带来负面的印象。

2. 构建纵深面，烘托产品特性

好的城市口号和旅游形象自带画面感，既反映了城市的外部观感，又反映了城市的内涵。能体现出这个旅游产品的独有特性，让人知道了便想要亲身体验一番。例如“农夫山泉有点甜”让消费者感觉美好，抓住了中国人非常注重健康的心理，大力宣传健康的理念。同时，农夫山泉还不忘与社会公益活动联系起来“一分钱公益活动”，不断推出新的产品概念和主题广告，不同版本、不同主题的广告轮番轰炸，更加占据了消费者的心理。

“我们不生产水，我们只是大自然的搬运工”这一观点，出乎于消费者常规思维，简洁有力且富有内涵。本次广告与之前农夫山泉一直在传播的“水源地建厂，水源地灌装”完美地结合，并进行了新的阐释——农夫山泉是健康的天然水，不是生产加工出来的，不是后续添加人工矿物质生产出来的。迎合了消费者对健康，安全的需求。将农夫山泉天然的产品属性传递给了消费者，使农夫山泉与其他品牌区别开来，达到了在与竞争对手拉开距离的同时还能树立起农夫山泉良好的企业形象。

（二）个性独特、差异显著

1998年，随着农夫山泉广告片在中央电视台播放，“农夫山泉有点甜”这句广告语飞越千山万水，传遍大江南北，品牌知名度迅速打响，带动农夫山泉的销售量直线上升。中文有“甘泉”一词，意思就是甜美的水，农夫山泉的水取自一级水源保护区千岛湖70米以下的深层水，“有点甜”以口感承诺作为诉求差异化，借以暗示水源的优质，使农夫山泉形成了感性偏好、理性认同的整体策略，同样也使农夫山泉成功建立了记忆点。针对当时主要竞争对手乐百氏主打“27层净化的纯净水”，农夫山泉将自身定位为天然水，高举反对纯净水的大旗，通过“有点甜”向消费者传递“农夫山泉才是天然的，健康的”。针对消费者，“有点甜”意味着甜蜜、幸福、欢乐。农夫山泉的广告语创造出显著的差异性，建立起鲜明的个性，取得了品牌和销量的双丰收。

（三）寓意深刻、韵味无穷

表达要具有意境和画面感，能让人产生遐想，要知道人的想象是无限的画面，过于有限和直接就会让人觉得味同嚼蜡。在这里，我们可以举出一些具有代表性的例子，“彩云之南”则表达得十分贴切形象，仿佛人已腾云而去，心已在构建出来的幻境之中漫游了；“老家河南”，仿佛已经看见老乡端着碗出来迎接你，亲切感油然而生；“大美青海”，仿佛人已置身于天地之间，看得见蔚蓝的湖水、连绵的雪山和无际的草原。实际上，口号都会有画面感，不过强弱不同，读者理解的深度也不太相同。

（四）立足市场、恰当编码

1. 能唤醒目标群体的记忆，引发共鸣

设计得好的口号或形象大多是容易被人记住的，就像是口号或形象本来就存在于众人的心中一样，只是简单的提示便能让人快速地从脑海深处回忆起，而不是一脸的问号或者是毫无波澜。比如“好客山东”“活力广东”，你能从简单的四个字，甚至是两个字中感受到这一个省份所向你传达的核心内容，并且能够与读者的记忆、联想和认知产生共鸣。与之相对应的不好的口号，读来绕口、晦涩，即使是刻意去记，也很容易忘记。比如山东之前的宣传口号“文化圣地 度假天堂”，读起来押韵朗朗上口，却真不如

“孔孟故里”来得直接。

2. 忌讳单纯突出特色文化，忽视客感

比如“心灵家园唐山”这个口号，如果你不对当地了如指掌，你可能根本不知道这个心灵家园到底指什么。口号是说给客人们听的，如果客人们都听不懂，不知道其中是要表达什么意思，那么这个口号也算不上一个好的口号。在其中，可以发现我们是忌讳单纯突出特色文化的。好的口号如山西的“晋善晋美”，这句话一语双关。它是“尽善尽美”这个成语的谐音，跟山西有两重联系、两个巧合，客人们读得懂，也知道要表达的是什么意思。

（五）简单易记

标语口号用通俗易懂的话语诠释其中的重要观念，并使用简短、字数较少且能够准确表情达意的语言，有利于传递最新的信息，达到宣传鼓动的目的。耳熟能详的经典广告语有耐克运动鞋的“JUST DO IT”；李宁运动鞋的“一切皆有可能”；红牛饮料的“你的能量超乎你的想象”；大众甲壳虫汽车“想想还是小的好”；宝马汽车的“驾乘乐趣 创新极限”；M&M 巧克力豆的“不溶在手，只溶在口”；雀巢咖啡的“味道好极了”；等等。这些语言表达都有一个共有的特性——简单易记。当旅游形象口号呈现出通俗易懂、朗朗上口、多口语化表达和接地气等特征时，口号将会变得更加容易传播，这样很容易能吸引游客的目光。

二、表达手法

（一）文化土壤自生表达

从目的地众多的旅游资源中，立足于本区域文化土壤来表达出那些突出且知名度高、影响力大的旅游资源（包括自然景观、人文古迹、历史名人等），以核心资源吸引游客的关注度。如山东省：一山一水一圣人（泰安泰山、济南趵突泉、曲阜孔子）；山西省：华夏古文明山西好风光；北京市：东方古都长城故乡；重庆市：永远的三峡世界的重庆；四川省：天府四川熊猫故乡；甘肃省：精品丝路绚丽甘肃；西藏自治区：世界屋脊，神奇西藏；海南省：椰风海韵醉游人；云南省：七彩云南旅游天堂；桂林市：桂林山水甲天下；吐鲁番市：丝路明珠吐鲁番；（亳州市）蒙城县：庄子故里逍遥蒙城；（吐鲁番市）鄯善县：滨沙之城楼兰故里；等等。

（二）借用流行手法表达

流行语和口号共同的特征就是绝妙。无绝妙不流传、无绝妙不说服，它们之所以能够在低成本的前提下广泛流传，就在于其包含了多重联系、多个巧合，这些多个巧合具备了强大的戏剧性和趣味性，于是就产生了流传。这就是流行、流传的核心和关键。用流行手法进行表达最容易口口相传，以至于作为逸闻和趣事载入史册，与人类共存。

广泛流传的口号如“今天不花钱养生，明天花钱养医生”。今天、不花钱、养生——明天、花钱、养医生，三个巧合。多个巧合会产生天意级说服，远超产品本身的卖点。“你不理财，财不理你”。你、不理、财——财、不理、你，三重联系、三个巧合。“不怕一万，就怕万一”。不怕意料之中的情况出现一万次，就怕意料之外的情况万一出现一次。不怕——就怕，一万——万一，两个巧合，千年流传。

（三）借用古文诗词表达

借用古文诗词表达可以五言、七律或者对联等为参考，写起来看上去充满文化底蕴，以彰显语文功底和文化内涵，这不仅要考虑押韵、对偶、对仗，还要求具有诗意和创意。如趵突声韵甲天下，济南潇洒胜江南；八百里壮观钱江，八千年神奇萧山；览百里巢湖，游千年合肥，等等。

（四）迎合目标口味表达

迎合目标口味表达，即为自己的宣传选择一定的范围和目标，文字的表达需要去迎合一部分人需要。如针对学生群体的猿辅导中的热门广告语——“全国累计 4 亿用户选择猿辅导，上网课，用猿辅导”，以满足学生课业辅导的需求；针对具有减肥降脂需求群体的元气森林——“0 糖，0 脂，0 卡”和针对 2~8 岁有英语学习和思维锻炼需求孩子的斑马 AI 课——“2~8 岁上斑马，学思维，学英语”；火星人集成灶的“炒 100 个辣椒都不怕”，定位清晰且十分自信地为一直困扰消费者的生活问题提供了解决方案，以至于能够快速与其他品牌拉开差距。

（五）比附标杆风格表达

比附标杆风格表达，即首先承认同类产品中已有卓有成就的品牌，本品牌虽自愧弗如，但在某一地区或在某一方面还可以与这些最受消费者欢迎和信赖的品牌并驾齐驱，平分秋色。如内蒙古宁城老窖打出的广告语“宁城老窖——塞外茅台”；蒙牛的第一块广告牌子上写的是“做内蒙古第二品牌”；郎酒的“中国两大酱香白酒之一”；金蝶软件也曾用过“北用友，南金蝶”的宣传方法，蹭了用友的流量，让已经了解用友的人迅速对金蝶软件有了一定认识，以此迅速获得了市场认知。

（六）对抗式反向表达

为了抢占市场，我们需要在特定语境之下通过反常规、反套路、反标准化的方式以达到“反弹琵琶”的效果，以此来实现同质产品的差异化，凸显品牌在不同层面上的独特性。例如巴奴点名海底捞的“服务”，门店的墙上都大大地宣传着：服务不过度，样样都讲究；百事可乐趁可口可乐忙于开拓国外市场之机，发动了一场战略进攻并运用电视广告予以表现，在一首《约翰·皮尔》的流行歌曲中唱出：“百事可乐不多也不少，满12盎司让你喝个够，也是5分钱，可饮两倍量，百事可乐——属于你的饮料。”

这句话所表达出来的效果很好，百事可乐以低廉的价格抢走了可口可乐在美国劳动阶层中的部分市场。

（七）成语谚语谐音表达

成语谚语谐音表达，即借用广为流传和广为人知的成语或谚语或词语，对旅游目的地的特点进行谐音处理，来拉近游客与目的地的关系。

如：天津市：天天乐道津津有味（借用成语“津津乐道”）

山西省：晋善晋美（成语谐音“尽善尽美”）

江西省：江西风景独好（演绎诗词“风景这边独好”）

邢台市：乘风而邢（成语谐音“乘风而行”）

甘肃省：甘快出发（词语谐音“赶快出发”）

南宁市：老友南宁，别来无恙（借用成语“别来无恙”）

萍乡市：萍水乡逢缘聚天下（成语谐音“萍水相逢”）

（扬州市）高邮市：好事成双到此一“邮”（成语谐音“到此一游”）

（舟山市）嵊泗县：好久不见嵊泗想念（词语谐音“甚是想念”）

（苏州市）常熟市：常来常熟（演绎成语“常来常往”）

（八）勾勒方位区序表达

勾勒方位区序表达，即突出和强调旅游目的地独特的区位交通优势，拉近与消费者的心理距离，以区位吸引游客的关注度。

如：河北省：京畿福地乐享河北

内蒙古自治区：祖国正北方亮丽内蒙古

乌兰察布市：北京向西一步就是乌兰察布

宁德市：闽东之光山水宁德

（恩施州）巴东县：世界有巴西中国有巴东

（大兴安岭地区）漠河市：神州北极

（九）诉诸情感内涵表达

提炼旅游目的地的独特气质或文化内涵，通过传递独特的精神风貌或核心价值，吸引游客的目光，实现与游客的情感共鸣。如山东省的好客山东；河南省的老家河南；浙江省的诗画江南山水浙江；江苏省的畅游江苏感受美好；安徽省的美好安徽迎客天下；

上海市的精彩每一天；福建省的清新福建；湖北省的灵秀湖北楚楚动人；湖南省的锦绣潇湘快乐湖南；广东省的活力广东精彩纷呈；新疆维吾尔自治区的我们新疆好地方啊；大连市的浪漫之都时尚大连；杭州市的爱情之都天堂杭州；成都市的一个来了就不想离开的城市；（宜春市）靖安县的有一种生活叫靖安；（南平市）顺昌县的大圣归来天下顺昌，等等。

（十）制造热点争议表达

制造热点争议表达即通过策划时代热点性、话题性甚至争议性的形象口号，引发社会和媒体的热烈讨论，快速提高目的地的知名度，达到吸引游客关注的目的。如：宜春市——一座叫春的城市；丽江市——艳遇之都；合肥市——两个胖胖欢迎您；镇江市——一座美得让人吃醋的城市；承德市——游承德皇帝的选择；喀什地区——不到喀什不算到新疆；（恩施州）利川市——我靠重庆，凉城利川；（成都市）简阳市——一座壮阳的城市；（金华市）武义县——来武义我养你；（龙岩市）武平县——来武平我氧你等。

☞ 拓展链接

第五章　文旅产品创意

第一节　文旅产品创意概述

一、文旅产品

（一）文旅产品含义

随着国家文旅融合战略的提出，文旅产业和文旅产品成为新兴概念。文旅融合并非文化产业和旅游产业的简单叠加，而是二者的深度融合并催生出“新物质”，因此文旅产品并非传统意义的文化旅游产品（特指旅游产品中的具有文化属性的一类），而是文化产品的旅游化以及旅游产品的文化创意化。

（二）文旅产品特征

（1）双属性：文旅产品是文化属性与旅游属性相结合，是本地公共服务和异地旅游服务功能兼具的复合型产品。

（2）创新性：以文化的创意设计为媒，借助“科技+”赋能创意，让传统文化产品和旅游产品焕发新的生机，更是出现众多多元化新型业态。

（3）体验性：文化的衍生与再造，使得产品的体验价值和获得感大幅提升，使消费者获得更深层次的心理满足。

（4）聚合性：具有点亮品牌、引爆消费的能力，能够综合多种资源，辐射周边经济，促成消费综合体的形成。

（三）文旅产品分类

1. 文化创意化的旅游产品

原本的旅游产品一般包括吸引物类产品、旅游设施类产品和旅游服务类产品三大类，在文旅创意融合开发下，旅游产品会由“形”到“神”发生不同阶段的变化，甚至是质的变化，产生全新的文旅产品，这种全新产品的本质是一种创意产品。

（1）技术辅助自然景观的创意产品

借助全息技术、虚拟真实技术、光影技术、水雾技术等，依托自然景观原有形态特征，创意设计颇具想象张力的视觉特效，极大增强自然景观的审美价值和体验价值。如“幻光森林”（Forest Lumina）项目、“夜游黄果树”项目、“瑶琳仙境裸眼 3D 溶洞”项目。

（2）物质文化景观的创意产品

物质文化景观的创意产品分为物质文化遗产景观类创意产品和人造文化景观类创意产品。物质文化遗产是尘封在历史中的古人生活的物质记录，体现了古人的哲学、情感、制度、伦理以及日常生活，以之为元素或场景，以现代人青睐的形式创意设计文旅新产品，主要包括二创景观、实景演艺、实景游戏、沉浸性体验活动、数字景观等，如德国北杜伊斯堡景观公园（钢铁厂）、日本柯南小镇、荷兰布雷达监狱的密室逃脱、华清宫上演的“长恨歌”、平遥古城的实景演艺“又见平遥”、武汉长江中漂浮的“知音号”“故宫上元夜游”和“中国大运河数字体验空间”，等等。

人造景观类创意产品形式更为多样，脱离了历史遗产的限定，创意思路更为自由，但也尤其缺乏根基。从最早的微缩景观到承载欢乐梦想的主题乐园，创意从场景环境、景观外观、设施设备、IP 形象、参与互动、体验方式等方面不断发力，形成了含主题乐园、仿古小镇、休闲街区、创意农场、城市灯光秀等在内的多元形式，打造出诸如欢乐谷、古北水镇、大唐不夜城、阿狸农场、钱塘江光影秀等特色创意产品。

（3）非物质文化遗产的创意产品

非物质文化遗产是人类文明遗留下来的珍贵财富，形式庞杂，内容丰富，但常常缺乏物质载体，往往以过程、技艺、故事、旋律等形态通过口口相传的方式传承下来，其创意侧重点主要在于如何彰显其外化价值，提升体验性，为此经常利用体验馆、博物馆、非遗市集、非遗小镇、旅游演艺、赛事、数字非遗等表现形态凝聚文化价值、创新升华产品。较有代表性的非遗创意产品有抚州文昌里上演的“寻梦牡丹亭”“平潭映象”，重庆秀湖国际非遗小镇、重庆荣昌夏布小镇、长沙火宫殿、秦淮非遗馆、屈原故里龙舟赛等。

（4）创意酒店和创意民宿产品

通过跨界融合其他文化场景或者注入文化创意元素，使酒店民宿不再仅仅局限于配套设施这一从属功能，而是能转型升级为兼具吸引功能的主打体验性产品。如西安威斯汀大酒店打造酒店 + 博物馆模式，台湾海生馆则创造了海洋博物馆 + 夜宿模式，还有青川上崖壁酒店、意大利“树屋”民宿、“巨石屋”MINI 酒店等。

（5）创意餐饮产品

最具创新性的是应用餐饮 + 模式所形成的各种创意主题餐厅，如胡桃里音乐餐厅（餐厅 + 酒吧 + 咖啡馆 + 音乐吧）、云雅阙博物馆主题餐厅（餐厅 + 博物馆）、共禾京品（餐厅 + 家居 + 花艺）。此外，各类创意美食是最常见的形式，融合多种食材、独特的地方非遗美食烹饪技法、IP 元素、加入餐具和仪式创意，设计出别具一格的新型餐饮产品，如“茶颜悦色”、火焰冰淇淋、纸火锅、印度飞饼、“溜冰服务员”等。

（6）创意交通产品

交通是旅游产业六大要素之一，作为基础设施其必要性毋庸置疑，但这也时常制约着设计者对其进行创意开发的想象。自从重庆李子坝轻轨因穿楼而过的设计爆火后，即仿佛打开了新世界的大门。此后，武汉樱花地铁、重庆观音桥大熊猫缆车、换新的重庆长江索道、茶卡盐湖小火车陆续上线，引领文旅交通新时尚。

（7）文创商品

旅游纪念品曾是中国旅游业发展中的一块短板，但自从对中国传统文化元素特别是非遗元素进行深入挖掘后，涌现出许多极具辨识度和引流效果的旅游纪念品和文创产品，如故宫文创、苏州博物馆文创、敦煌文创等。文创产品的载体形态也有所突破，由文具、家居用品、服饰、电子产品等常规形态，延伸出文创食品、文创保健品、文创美妆、文创数字产品等新形态。

2. 文化创意化的生产生活场景

除旅游领域如火如荼的文化创意“运动”外，城市和乡村生产、生活场景，通过创意性的规划设计，不仅达到改善人居环境、完善生产生活功能、集聚人才和财富的效果，还意外收获了世人的瞩目，成为文化艺术休闲打卡胜地。这类文旅产品或业态因具原本的产业属性、生活属性而具备可持续的生产能力和长久的创意活力，但为更好实现转化需注意将创意与外围受众市场形成对接。

（1）生产型小镇：具有某种传统的生产能力的特色小镇，如苏绣小镇、景德镇陶瓷小镇、贵州茅台镇。

（2）艺术文创园区（街区）：汇聚着艺术家的文创产业园，如北京 798 文创园、台北 1914 文创园区、上海田子坊等。

（3）创意乡村：以艺术装扮村落，激发田园美感，如韩国甘川洞文化村、俄罗斯大地艺术公园、浙江丽水松阳古村、四川崇州竹艺村等。

3. 旅游化创意开发的文化场所

文旅融合的另一重要向度是文化场所的旅游化创意开发，延伸文化产业链条，配套旅游服务设施和功能，搭建更为开放的文旅综合平台。目前，这类新型产品主要包括沉浸式戏剧、文博场馆（服务 + 表演 + 场景配套）、漫展、艺术展、影视基地、文创跨界复合店等。如上海不眠之夜、上海 TeamLab 无界美术馆、Wonder Festival 手办展、敦煌博物馆、横店影视城、申活馆（书店 + 咖啡店 + 手艺教室 + 美食教室 + 皮革工坊 + 印刷工坊 + 家庭摄影 + 花艺空间 + 亲子空间）、作物 ZOWOO（DIY 木匠制作 + 零售生活馆），等等。

二、文旅产品创意内容

（一）业态融合模式

在众多文旅融合层级中，业态创新是产生文旅产品创意的最基础层面，往往可以从资本重组、业态重组、结构重组、商业重组、功能重组等方面寻求创新路径。2020 年国家发展改革委等 13 个部门公布的《关于支持新业态新模式健康发展激活消费市场带动扩大就业的意见》，重点支持 15 种新业态新模式——在线教育、互联网医疗、线上办公、数字化治理、产业平台化发展、传统企业数字化转型、"虚拟"产业园和产业集群、"无人经济"、培育新个体经济支持自主就业、发展微经济鼓励"副业创新"、探索多点执业、共享生活、共享生产、生产资料共享及数据要素流通。这 15 个业态新模式，无不体现新科技对业态的赋能作用，也为文旅业态创新提供了方向和思路，如元宇宙旅游、共享生产文旅小镇、共享生活文旅乡村，等等。

（二）主题内容

目前文旅产品创意与策划的趋势之一就是以内容为王、故事为魂。如何打造文旅 IP、讲好文旅故事、塑造沉浸性体验是创意策划要解决的最核心问题。经典 IP 的塑造需要一个好故事的烘托，好故事可以让 IP 具有持久生命力，而故事的蓝本可以来源于中外古典文学和艺术、中外历史、地方史、现代生活等一切文化元素，但要想在信息和创意泛滥的今天讲好故事，得从当代人的需求、审美、价值观以及痛点找寻共鸣的线索。故事之所以吸引人关键在于它对人性的解读和诠释，在于精神内涵的表达。当前文旅产业已经有了不少成功的创意性产品，但这些产品背后的故事仍是以前人的故事为原型，很少有纯粹首创的新故事。中国文旅缺乏原创 IP，原因之一就是总在过去的故事中套用素材，而不去讲新故事。多数实景演艺借用当地文化中经典人物和事迹编创剧目，如印象 · 刘三姐、长恨歌、天门狐仙，寻梦牡丹亭等。致敬经典本无可厚非，但仍需存在部分纯原创的叙事表达，来标志文化生产的新高度。近几年推出的文旅新品如“长安十二时辰”是基于马伯庸的同名小说及电视剧推出的新故事题材的体验性项目，其中的“大唐永不眠”实景游戏，也有着非常独特的故事背景和展开线索，成为目前实景游戏中优秀的故事叙事案例。

（三）场景营造

随着人们的体验阈值不断上升，沉浸再沉浸成为文旅创意不懈追求的方向。场景氛围的打造成为最有效的将现代人带离日常，拉入想象世界的手段。无场景不消费，文旅产业已然进入“场景化”时代。所谓场景化营造，就是通过将旅游所在地的空间、文化、价值观和生活方式等诸多元素融合在一起，形成具有沉浸感、体验性、互动性，便于主客共享美好生活的新空间场域和新情境载体。场景营造以故事、IP、文化为灵魂，形成专属的主题，主题塑造差异，接下来从生活方式、想象、美学、社交出发，借助新科技力量，营造具有全新体验感、沉浸感、多元化、差异性、互动性的创意新空间。

场景营造主要有两大方向，一种就是以生活化的常态，让人体验生活，享受生活，从而实现感情宣泄的出口；一种就是以生活中不常见的文化故事作为主题，把梦想展示到生活中，让生活完全换一种体验方式。[①] 生活化新场景营造主要以生活方式新理念为引导，对原有生活概念赋予新含义、新解读，重新唤醒人们对当下消失的人间烟火味的眷恋。如微风市集的“社交市集”“展示市集”的概念。“虚构”场景打造则是超出真实生活的时空，进入架空的世界或想象空间，比如“长安十二时辰”体验唐朝人的生活、迪士尼则是让人感受童话世界的生活、“只有河南・戏剧幻城”让人在不同的历史盲盒中切换戏剧人生。

虚拟现实、增强现实、人工智能、光影技术、5G、元宇宙以及数字技术、声光电技术的深度运用让沉浸式场景打造成为可能。《重庆 1949》用科技舞台渲染红色时代的壮阔悲歌、张家界《又见大庸》以科技打造“五感”体验、无锡华莱坞景区则打造了一个元宇宙影视场景。

（四）艺术表达

形和魂密不可分，感官是触达灵魂的必要媒介。当下“审美自由”渐渐成为人们“经济自由”之外的新追求，美学艺术表达也成为文旅 IP 构建、故事叙事、场景营造中的一个至关重要的因素。乡村美学、古典美学、颜色美学、服饰美学、中式美学、西方美学、潮流美学、民族美学、先锋美学等被巧妙地应用在文旅产品创意中，如各类旅游

① 【中国旅游】沉浸式文旅丨文旅融合迈向“场景消费时代”，“内容+体验”营造消费新动能、贯通新质生产力［EB/OL］. 重庆导游协会微信公众号，2024-06-10.

演艺、主题民宿、主题乐园、公共服务空间、文化场馆等。

在以精细化运营为主的时代，具有体量小、网红感和闲适度三大特征的“小红闲”概念应运而生，成为新一代“吸客留客”的利器。“小红闲”是在有限的空间里，集中注意力打造“精”和“美”，让小体量的文旅项目也能释放巨大的能量。上海市静安新晋艺术地标——M+ 马利创意园就是“小红闲”的代表，其前身是上海美术颜料厂，现在则被打造成微型艺术街区。园区内最具特色的就是由幸福集荟和马利画材首次跨界联合打造的“以色彩主义为概念”的集合体验店——mamǎfufú 超级百货，它是一个跨界联合的潮流文创空间，无论是室外的墙体，还是室内的布置，均大面积运用了极具张力的红黄蓝三原色，将“马利”这个百年颜料品牌的“色彩主义”贯穿于整体空间设计中。

除美学要求外，形式的创新也能带来颠覆性的感受。“印象·刘三姐”将演艺活动搬到山水之间，成就了实景演艺这一新形式。常德的实景演艺“桃花源记”一改固定观演的程式，让观众体验乘舟移步换景式的表演。“寻梦牡丹亭”则让观众体验“步行游园”的行进式观演。上海的“不眠之夜”打破了观众和演员的边界，让观众穿梭在这个故事中。“只此青绿”从名画《千里江山图》中汲取创意灵感，拟态山势编创舞蹈诗剧，设计新奇、格调高雅，将中式美学用形体动作淋漓展现。舞剧“红楼梦”在审美、气息，包括舞美、服装细节等的设计上，运用了中国传统美学语言进行包装、解构、整合，“十二把高背椅”“层层帷幔”“十二束鲜花”等艺术符号巧妙地向观众传递出女性与命运抗争的悲壮力量和美感。

（五）参与互动

社交、参与、成为主人是场景营造的又一关键因素。参与互动是各类体验中感官涉入最多、最能带来高峰体验的部分，是文旅产品创意的必有之项。参与互动创意设计的内容包括参与互动部分的形式、情节和机制、主持人、NPC、互动的发起方式、参与时机、参与范围、参与道具、关键激励等。参与互动以场景刺激、关键奖励、趣味形式、消费心理为触发，以群体在场或虚拟在场、成员身份、IP 形象及延伸物、情感体验、群体效应为组成要素，通过发起、连接、维系和强化机制生成宏观场景生态和微观心理认同、情感能力以及共认价值。① 互动参与让场景营造“有机化”——由无生命变为有生命，让场景升华为社群聚落，每个参与者都可以从中寻找到情感归属。

例如迪士尼精心打造的童话王国城堡场景中，塑造了各色呆萌可爱的卡通形象。利用各种有趣的打卡活动如游戏互动、花车互动、合影互动等，迎合当下年轻人的情感焦

① 孙健梅. 互动仪式链视角下迪士尼 IP 形象与青年群体的互动研究［D］. 黑龙江大学，2023.

虑；构建话语体系，认可年轻人的主体身份，引发情感共鸣。迪士尼官方通过内容生产制造出更多的关注焦点，成为参与者情感的触发器。民间生产的 UGC 内容包括迪士尼动画混剪、cosplay、电影剧情解说、鬼畜视频、虚拟物品复刻等内容成为参与者进场的二次触发。迪士尼不断更新 IP 人物和故事，并利用面对面的语言交流、肢体的接触、嘴角的微笑、对视的目光以及线上的互动，将短暂的快乐转化为长期的情感纽带，因此迪士尼互动生态链条得以建立。

第二节　文旅产品创意思维和手段

台湾创意学家、剧作家赖声川所提出的创意金字塔理论，认为学习创意不能只在创意的领域中学习，而是要分成两种不同领域，做两种不同范畴的学习。这两种截然不同但密切相关的部门，一边称为智慧（Wisdom），一边称为方法（Method）。两者缺一不可，智慧的训练是在生活的领域，方法的训练在各自的创意领域，简称艺术。如果把“创作”分为“创”与“作”两个阶段的工作，智慧则管“创”——“创意构想”，方法则管“作”——“构想执行”；如果把一个创意作品分为“内容”与“形式”，智慧管“内容”，方法管“形式”。[①]

赖声川所谓的创意智慧，就是创意思维，即透视、感知的能量。使用它能让设计者穿透、洞察生命真相，进而洞察作品的真相。

一、文旅产品创意思维

持续深化文旅产业供给侧结构性改革，应在全面提升文旅产品和服务的质量、水平与品质的基础上，着力塑造具备国际影响力和持久生命力的自主文旅品牌。优质文旅品牌的创立无疑需要依赖能够创造原创性产品的创意思维来支撑。

（一）创意思维的概念

关于创意思维的含义，学者有诸多解读，总体可归纳为三种论断：一是革新观，认为创意思维是一种具有开放性、创新性的高级思维形式，是和“常规思维”“既定思维”“非创造性思维”“再现性思维”相对应的一个概念[②]，是对一切旧思维进行革命性

① 赖声川 . 赖声川的创意学［M］. 桂林：广西师范大学出版社，2011.

② 杨先艺 . 设计创意学［M］. 武汉：武汉理工大学出版社，2015.

的改革和更新的新型思维[①]，是能指引人对问题进行新的解释，从而产生前所未有的思维成果的思维活动[②]；二是系统观，认为创意思维是一种高于其他思维之上的独立思维、超常规思维、创造性思维、形象思维等的综合性思维[③]，是一个包括既有量变又有质变，从内容到形式又从形式到内容的多阶段的创见性的思维活动过程[④]；三是意象观，是将创意思维解释为创造或创立内蕴特定思想、文化和价值的新意象、新形象或新表象的思维和意识活动，认为创意思维是从最初的内觉和意念开始的，经过意象这一中介形态，最后上升到表象和形象，意象性是其本质特征[⑤]。

（二）创意思维的解构

创意思维是一种复杂的思维形式，站在不同的角度分析，其内在便会有不同的解构，本节主要阐述其中的二元解构、三元解构和多维解构三种理论。

1. 二元解构说

学者潘立勇将创意思维笼统划分为两个层次，即“境”与“术”。所谓“境”，是指一种澄明境界，类似于通过顿悟或灵感去除本真世界的遮蔽，使万物的本然及最佳状态得以敞开、彰显。该层次凸显创意思维的“偶得性”特征，即指进入创意思维之“境”，并非苦心积虑所就，而是不经意间借助一种通透体悟的大智慧，以使所求自然灵妙地呈现。“术”则是指解决问题的具体思维方式、途径，创意思维的“术”必须具备“新颖、多样、有效”的特征，强调的是创意思维的功用层面。[⑥]

2. 三元解构说

管宁在将创意思维引入实践性内涵的过程中，提出创意思维包括了创意—创想—创境这三个构成要素与演绎过程。创意是创新想法的起点，创想是基于起点的延伸与展开，创境是创意展开后形成的一种形态和境界。[⑦] 该种解构说主要从过程论的视角，将创意思维由“观点”内核转变为现实表达，更彰显了其全面影响力的水平和高度。

3. 多维解构说

创意思维并非某种单一的思维，而是多种思维形式的综合运用。一般而言，创意思维最常见的形式有以下几种。

---

① 赵明华 . 创意学教程 .［M］. 西安：西北工业大学出版社，2004.
② 黄健 . 休闲、审美与创意思维［J］. 湖南社会科学，2017（06）：155-161.
③ 赵明华 . 创意学教程 .［M］. 西安：西北工业大学出版社，2004.
④ 李砚祖 . 艺术设计概论［M］. 武汉：湖北美术出版社，2000.
⑤ 胡敏中 . 论创意思维［J］. 江汉论坛，2008（03）：71-74.
⑥ 潘立勇，武晓玮. 休闲教育与创意思维［J］. 浙江大学学报（人文社会科学版），2019，49(02)：168-176.
⑦ 管宁 . 创意思维与文化产业原动力［J］. 福建论坛（人文社会科学版），2018（12）：57-65.

（1）发散思维

发散思维又叫辐射思维、分散思维、多向思维，依据某个出发点，沿着不同的方向和角度来思考问题，产生多种多样为数众多的付出。发散式创意思维，是指在创造和解决问题的思考过程中，不拘泥于一点或一条线索，而是从已有信息出发，尽可能向各个方向扩展，不受意志或现存方式、方法、规则或范畴的约束，并且从这种扩散、辐射和求异式的思考中，求得多种不同的解决办法，衍生出多种不同的结果。

发散思维具有流畅性、变通性、独特性的特点。

一是流畅性：又可叫作丰富性或扩展性，反映的是发散思维的速度、广度和数量特征。在尽可能短的时间内生成并表达出尽可能多的思维观念，以及较快地适应、消化新的思想观念。

二是变通性：又称作灵活性、多变性，突破人们头脑中自己设置的僵化的思维定式，按照某一新的方向思索问题。变通性需要借助横向类比、跨域转化、触类旁通，使发散思维沿着不同的方面和方向扩散，表现出极其丰富的多样性和多面性。

三是独特性：反映的是发散思维的本质和超越特征，在流畅性和变通性的基础上，使我们能够做出不同寻常、异于他人的新奇反应，这是发散思维的最高目标。

发散思维的形式多样，依据出发点的类型不同，可分为材料发散、功能发散、方法发散、组合发散、结构发散、关系发散、形态发散、因果发散等，在文旅产品多元化开发和跨界融合创意中会经常使用发散思维构建多维产品体系和创新融合模式。

（2）聚合思维

聚合思维又称集中思维、收敛思维、求同思维，是与发散思维相对应的思维形式。它是指以某个思考对象为中心，结合已有的知识经验，将发散的不同方面、角度、部分、来源的信息引导到同一个方向，从中找出唯一正确或最佳答案的思维方式。文旅创意中的聚合思维，是在创意主体不断积累各种信息和经验的基础上，以若干不同事物的组合为主导的创意思维方法。

聚合思维具有聚焦性、连续性和合理性的特点。

一是聚焦性：又称为求同性、封闭性、同一性。创意思维的发展不再是任意的联想，而是用比较、判断、推理、归纳、综合和科学抽象等分析手段，把发散后得到的信息按照一定的方向再组合起来，选择最有条理和符合逻辑的组合，从而揭示出问题的实质，即找到解决问题的办法或答案。

二是连续性：思维进行方式是步步推进、环环相扣的，这是由逻辑思维的因果链所决定的。

三是合理性：对寻求到的几种解题途径、方案、措施或答案，通过比较，找出较佳的途径方案、措施或答案。寻求实现目标的正确途径、最佳行动方案是非常重要的，否则就难以达到目标，生产出符合时代气息的创意产品。

（3）灵感思维

爱因斯坦说直接领悟的心是上天给我们的神圣礼物，理性思考是它的忠诚仆人。我们的社会居然把一切荣耀归于仆人，却忘了礼物的存在。直接领悟的心便是灵感思维。灵感思维又称顿悟，即经过长期思考却无果，受到某些启发后，突然产生新想法而使疑惑得到解决的心理过程。

灵感思维具有偶发性、非自觉性、模糊性、独创性的特点。

一是偶发性：创意过程中最神秘莫测的便是灵光乍现的一刻。在时间上，它不期而至，突如其来；在效果上，突然领悟，意想不到。这是灵感思维最突出的特征。最伟大的创意大师也无法回答，灵感在什么时间可以出现，在什么地点可以出现，或在哪种条件下可以出现。灵感的发生具有极大的偶然性，往往给人以“有心栽花花不开，无心插柳柳成荫”之感。

二是非自觉性：其他的思维活动，都是一种自觉的思维活动，而灵感思维从根本上说是一种无意识性思维活动。它的每次出现，都会给人一种出乎意料、不着逻辑、并非理性思考所获的感觉。美国作曲家科普兰认为灵感可能是一种超意识，也可能是潜意识，但绝不可能是自我意识。普契尼曾言《蝴蝶夫人》的音乐创作是由上帝直接口述给他的；创意学者罗腾伯格分析说：创意人基本上不会也无法注意或记录他们实际的思维和行为，当完成时会因成就之大而感到难以置信，于是容易采取一种神话式的观点。

三是模糊性：灵感的产生往往无迹可寻，是闪现式的，转瞬即逝，它所产生的新线索、新结果或新结论因过于奇特而常常使人感到不明所以；同时因为没有经过显意识领域的常规逻辑加工，其程序、规则以及思维的要素与过程等都不是能被自我意识清晰地意识到的，因此又时常让人感到模糊不清。要想精确呈现，还必须有形象思维和抽象思维的共同辅佐。

四是独创性：灵感一旦出现便是独一无二的，具有一定的独创性。一方面表现在思维方式上是打破一般人的常规思路，是“越轨”思维，从而使思想进入一个新的天地、新的境界。另一方面表现在思维结果上是形成前所未有的新概念、新观点、新思路以及新技术、新工艺等思想的端倪，推动认识实现质的飞跃。

（4）逆向思维

逆向思维是指在分析和解决问题的过程中，有意识地寻找对立面，从事物的常规形态和人们的常规思路的相反方面去思考问题的思维方式。运用逆向思维能够创造新概念、新思路，或者暴露事物的另一方面性质，或者反其道而行之，得到意想不到的研究方案。

逆向思维依据可逆转的角度，分为功能逆向、原理逆向、条件逆向、位置逆向、方式逆向、程序逆向、属性逆向、观念逆向、状态逆向、因果逆向等，此处主要介绍以下四种[①]。

第一，优缺点的角度。在一定的条件下优缺点可以相互转化，如何缺点优用，变废为宝是需要思考的问题。

第二，结构颠倒的角度。结构决定功能，结构的改变会导致功能改变。

第三，物态变化的角度，即当看到一种状态变为另一种状态时，思考其逆变化过程。

第四，思路颠倒的角度，即从已有的思路向相反的角度去思考问题。

（三）创意思维的生成理论

1. 桑代克的“试误—偶成”理论

美国心理学家爱德华·桑代克（Edward Thorndike）基于动物学习行为实验提出了“联结主义”。通过其最著名的实验“迷笼实验”，桑代克观察饥饿的猫在一个设置了抓绳或按钮等机关的迷笼中，是如何逃脱并获取食物奖励的。他发现猫刚开始会盲目地乱撞乱咬，但当它无意中触碰了机关后，它便会对机关的作用形成一定的记忆和概念。如果反复对这只猫进行实验，就会发现猫触碰机关所需要的时间大大减少。由此，桑代克得出结论，猫是在进行“尝试错误”的学习，经过多次的“试误”，饿猫“创造和发现”了一种打开迷笼的方法。

“试误”之所以能“偶成”是在情境和反应之间找到了联结。当动物面对全新的情境时，它总是需要通过反复的试错摸索出事物间的基本规律。同理，人的学习与创造虽然掺杂了很多认知和意识因素的作用，但基本原理却是一致的，即反复的试误构成经验，在经验中找到新的联结。

2. 梅德尼克的联结主义理论

20 世纪 60 年代，在桑代克的基础上以梅德尼克（S.A.Medunik）为代表的研究者们从联结主义原则出发提出了新的创造性思维理论。他们认为，创造性思维过程是为了满足指定需要对已有知识体系形成新联结的过程。梅德尼克将人的联想思维区分为两种：习惯性联想和遥远联想。习惯性联想是按照常规思维方式将相关事物建立联系，遥

① 薛可，余明阳．文化创意学概论［M］．上海：复旦大学出版社，2021.

远联想是对那些关系不太密切，表面上没有联系的事物进行联想推理。富有创造力的个体，往往是那些遥远联想思维活跃的人，而不是习惯性联想思维活跃的人。

梅德尼克认为通过适当的训练，可以提高人们对同一刺激引发新的不同联结的能力。这种新联结的训练方向包括：一是从相邻事物偶然引出所需要的联系；二是根据已有信息间的相似性进行推理；三是通过中间元素的调节使所需要的元素接近。这已然类似于人的发散思维的推进过程。

3. 吉尔福特的“发散—收敛”加工模式

1967 年，吉尔福特在《人类智力的本质》中首次提出了“发散性加工”与“收敛性加工”两种思维概念。发散性加工指创造者根据自己的记忆贮藏以加工出许多备择的信息项目。而收敛性加工则是根据解决问题的具体需要，对备择的信息项目进行精确的修正，以筛选出符合目标要求的信息项目。吉尔福特认为，富有成效的创造必然伴随着两种思维模式的交替，如果没有这种交替作用将思维发散和思维收敛分开，收敛思维就会扼杀思维的自由激荡。而如果没有收敛思维的束缚，发散思维只能带来漫无边际的猜想，也就是类似于“试错—偶成”理论中所提到的，将希望寄托于碰巧触发灵感的开关。然而，吉尔福特的观点也并不完美，他过多地强调了思考过程中的意识成分，而对于创造性思维中的直觉、灵感、潜意识因素并没有做出充分、合理的解释。

4. 德 · 波诺的横向思维原理

英国心理学家、生理学家爱德华 · 德 · 波诺在《横向思维》中提出了创造性心理的横向思维原理，并比较了横向思维和纵向思维两种思维方式的差异[①]：纵向思维是分析性的、按部就班的，横向思维是启发性的、可以跳跃的；纵向思维的每一步都必须正确无误，而横向思维则不必；纵向思维采用否定方式来排除其他可能，而横向思维中没有否定；纵向思维集中于一点，排除一切不相干的东西，其范畴和类别是固定的，而横向思维则欢迎偶然闯入的东西；纵向思维遵循捷径原则，横向思维则探索更多可能性途径。

实际上，德 · 波诺提出的纵向思维与横向思维和吉尔福特提到的收敛思维极为相似。而横向思维则等同于发散思维。

5. 潜意识的灵感诱发模型

1983 年，刘奎林提出创造性思维活动中的灵感迸发是显意识与潜意识交互作用而相互通融的结果。人在处理外界输入信息时不仅在显意识层面发生，同时也在潜意识层

① 爱德华 · 波诺 . 横向思维——一步一步创造［M］. 金佩琳，袁立春，李桂山，等译，北京：东方出版社，1991.

面进行，二者相互作用、此消彼长。显意识能够清晰、鲜明地以“形象”和“概念”对外部信息进行分析、归纳、演绎等逻辑推理，潜意识则会对新输入的知觉信息、过去的经验信息反复进行综合性的整合加工。信息从显意识扩大到潜意识，潜意识加工结果再通向显意识，就构成了显意识推理和潜意识推论既相联系又有区别的一种理性活动。一旦潜意识推论酝酿成熟时，它就会突然唤醒显意识，将结果以灵感的形式呈现出来。要想主动运用显意识去调动潜意识促使灵感发生，可参照：境域—启迪—跃迁—顿悟—验证这一诱发灵感的机制[①]。

1985 年，杨春鼎则提出灵感作为显意识的积极思考与潜意识的能动性表现的巧合的统一，是在显态的自觉的形象思维和抽象思维转化为潜态的不自觉的形象思维和抽象思维后，与脑内储存的信息在散漫状态下互相作用、互相联系过程中产生的。并且，在这种散漫状态下，潜意识的形象思维和抽象思维往往易于“突破”脑神经网络中那些惯用的信息通路和各个“联结点”，从而开拓某些新的信息通路和“联结点”，最终有了“灵感”的诞生。[②]

（四）创意思维的“八字”过程条件

创意思维的内核是“突然领悟的心”，是天赐的灵感。根据前述的创意思维的生成理论及众多创意设计者的内省经验，顿悟性创意思维的产生可以概括为八个字：积累，迷恋，松弛，触发。

1. 积累

《赖声川的创意学》认为灵感的产生需要两个基本条件。其一是生命经验中的许多事件必须已经被储藏在某处。每位创意者都是独特的经验体，凭借个人的生命“私藏”，点亮灵感，运用艺术化的手法，塑造出一个个颇具张力的全新作品。

赖声川说：我们所活过、看过、想过的，人生中所关怀的一切，就是创意的原始材料。我们的一切思想、情感、意象、概念、爱与恨、恐惧与怜悯，都储存在“神秘的电脑”档案柜中。 这台电脑随时在更新。虽然许多材料来自外在世界，但我们的创意来自电脑里所储存的一切，而不是外在的。创意过程中真正要发现的一切都来自其内。换句话说，我们的神秘电脑只能调取已经储存在内部的档案，不可能凭空调取档案，或到别人的电脑中调取档案。即使有外在刺激，那也是对我们内心电脑的刺激。

对于文旅创意者而言，有效的积累来源于两个方面：一是丰富的生活经历，如《我的阿勒泰》的作者李娟有在新疆阿勒泰几代人生活的经历，宫崎骏家族有制造飞机的经

① 刘奎林．灵感思维与科学发现［J］．求是学刊，1983（04）：1-12.

② 杨春鼎．潜意识的能动性与创造性思维［J］．求是学刊，1985（04）：1-8.

历，沃尔特·迪斯尼有在经济大萧条时落魄的经历；二是对某种经历的独到的理解和审美，平常的经历通过变换视角便会有不一样的理解，过于熟悉反倒成为创意的桎梏。李娟对新疆生活的“苦”熟视无睹，却以无比豁达的情怀演绎出了阿勒泰的闲适与松弛；落魄时无忧无虑的小老鼠带给沃尔特心灵的慰藉，宫崎骏一架架可爱的飞机不再是战争的机器，而是自由翱翔的翅膀。积极、乐观、向上的情感将个人的经历裁剪成一段段“动人”的意象，成为创意者电脑中“闪光”的库存。

2. 迷恋

迷恋即激情，或者叫作信念，是创意者对某种事物（人、文化、形式、观念等）执着的热爱，因赋予其充沛的感情而感受到该事物不同寻常的美好与价值。如彼得拉克在亚维农教堂一睹劳拉的风采后，不可遏制的创作灵感促使他写下数百首情诗。灵感过程与恋爱关系中的迷恋有很多异曲同工之处。两者都涉及一种深刻的高涨情绪，好似飞上云端一般，被赋予了一种潜能和不可战胜的感觉。在这种情况下，生活充满了意义，一个人感受到心理上的完整和有目标感。亚伯拉罕·马斯洛将这些压倒性的喜悦和欢欣的时刻称为“高峰体验”（peak experiences）。而米哈里·契克森米哈赖则将之称为心流（flow），又称福流，是指人们在做某些事情时表现出的全神贯注、投入忘我的状态。这种状态下，人们甚至感觉不到时间的存在，并且在当前事情完成后产生一种充满能量并且非常满足的感受。米哈里·契克森米哈赖提出心流有八个特征，包括任务明确、全神贯注、目标明确、即时反馈、投入深入、乐趣感、忘我的状态和时间感改变。

3. 松弛

日本小说家森博嗣甚至提出“专注的时候是不会产生灵感的”。思维放松和注意力的转移，张弛有度，紧张工作与放松娱乐相结合。“用笔不灵看燕舞，行文无序赏花开”。

潘立勇认为“创意思维离不开休闲”。创意思维之“境”，并非苦心积虑所就，而是不经意间借助一种通透体悟的大智慧，以使所求自然灵妙地呈现。同休闲一样，创意思维之“境”也具有自在、自由、自得这三个特征[①]，进入此境会激发人的创造，促进人的自我实现。由于各种限制存在，人生来并不自由，但创意思维却给予我们相对的自由，让我们可以在想象的世界里，在文学艺术或科学技术的创意思维活动中自由驰骋，让精神得到解放。正是处于自由状态的创意思维才激发了惊人的创造，许多创新成果及优秀作品都是在这种状态下产生的。据说，爱因斯坦的许多想法都是在推着童车散步、雨天在桥上等候朋友时忽然冒出来的，艾伦·格林斯潘有许多经济发展的最佳构想常常

① 潘立勇．休闲与审美：自在生命的自由体验［J］．浙江大学学报（人文社会科学版），2005（06）：5-11.

是在泡澡的时候产生的；中国文人和艺术家的很多优秀作品都是酒后自由状态下产生的，留下了诸如“李白斗酒诗百篇”、王羲之酒后作《兰亭集序》等佳话。

4. 触发

作家高晓声说：“触发是一切创作之母。”《赖声川的创意学》提出灵感产生所需的第二个基本条件是必须有一种机制被启动，知道在哪里找这些事件，以及哪些事件能够跟哪些事件串联在一起。而这种机制就是触发机制，可分为外部触发和内部触发两类。外部触发是指在冥思苦想过程中，在接触相似或相关事物时，头脑突然闪现所思考问题的答案。阿基米德用来判断王冠是否为纯金打造的“浮力”法，便是在他冥思苦想却都失败后，偶然去澡堂洗澡，当他坐进澡盆里看到水往外溢，同时感到身体被轻轻托起时突然悟到的。火遍世界的迪士尼乐园的首席 IP——米老鼠，也是在沃尔特看到一只滑稽可爱的小老鼠时触发了灵感。内部触发则更多依赖的是情感机制以及大脑的松弛。如前所述，情感体验可以激发创意和想象力，例如热情、恐惧、悲伤、兴奋等。一些艺术家可能会利用自己的情感体验来创造艺术作品。相反，让大脑进入一种放松的状态，可以让思维更加清晰和开放，更可能让人产生新的创意和想法。

王潮歌说：“灵感就是一种莫名其妙的触发，我试图寻找一些规律，但是无解。”每位创意者获得灵感的触发因子均不相同，安静的环境、杂志、咖啡、音乐甚至酒精……

二、文旅产品创意手段

（一）头脑风暴法

1. 头脑风暴法概述

头脑风暴法（Brain Storming, BS）是一种创造性技法，类似于一场群体性的发散—收敛思维过程，由美国 BBDO 广告公司的 Alex F. Osborn（亚历克斯・奥斯本）于 1948 年首创的激发创造性思维的方式。

该方法要小组人员在正常融洽和不受任何限制的气氛中以会议形式进行讨论、座谈，打破常规，积极思考，畅所欲言，相互启发，相互激励，引起联想，产生共振和连锁反应，从而诱发更多的创意及灵感。

2. 头脑风暴法主要遵循的四条原则

一是氛围原则，欢迎“自由想象”，鼓励“异想天开”。

二是控制原则，禁止批判性的表达，排除评论性的判断。

三是数量原则，对设想有数量上的要求，越多越好。

四是再生原则，探索研究新组合与改进设想。

3. 头脑风暴法的实施流程（见图 5-1）

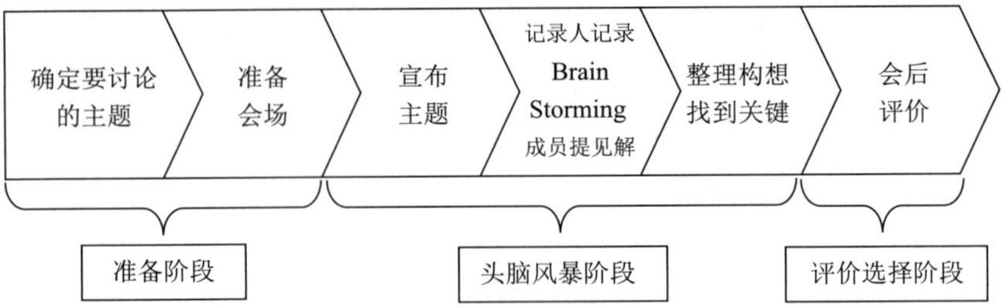

图 5-1　头脑风暴法流程[①]

（1）确定讨论主题

头脑风暴法的讨论主题需要尽可能具体，比如设计一条旅游口号，或者设计一处街区互动活动，并向与会者做出准确的阐述。主题越具体，越容易使与会者较快产生设想，主持人也较容易掌握；反之，较抽象或宏观的议题引发设想的时间较长，但设想的创造性也可能较强。议题应由主持人在召开“BS”会议前告诉参加者，并附加必要的说明，使参加者能够收集确切的资料，并且按正确的方向思考问题。

（2）准备会场

主持人准备：选定理想的主持人，善于启发和鼓励。主持人的作用是在头脑风暴畅谈会开始时重申讨论的议题和纪律，在会议进程中启发引导，掌握进程。如通报会议进展情况，归纳某些发言的核心内容，提出自己的设想，活跃会场气氛，或者让大家静下来认真思索片刻再组织下一个发言高潮等。

参与人准备：组成头脑风暴法小组，一般以 8~12 人为宜，也可略有增减（5~10 人）。与会者人数太少不利于交流信息，激发思维。而人数太多则不容易掌握，并且每个人发言的机会相对减少，也会影响会场气氛。小组成员不一定全是专家，如果专家太多，就很难避免在“BS”过程中作各种评价，并且难以形成自由奔放的气氛，所以最好是跨专业和多样化背景的人员。

记录员准备：需要 1~2 名记录员。记录员应将与会者的所有设想都及时编号，简要记录，最好写在黑板等醒目处，让与会者能够看清。记录员也应随时提出自己的设想，切忌持旁观态度。

任务背景准备：将会议的时间、地点、所要解决的问题、可供参考的资料和设想、需要达到的目标等事宜一并提前通知与会人员，让大家做好充分的准备。

---

① 姚湘，胡鸿雁. 文化创意产品设计［M］. 北京：北京大学出版社，2020.

（3）宣布主题

主持人需通过热场活动来创造一种自由、宽松的氛围，使大家进入放松状态。接下来扼要地介绍头脑风暴法的规则和有待解决的问题。介绍时须简洁、明确，不可过分周全，否则，过多的信息会限制人的思维，干扰思维创新的想象力。

（4）Brain Storming

该阶段分为初期发言和后期畅谈两部分。与会人员经过短暂讨论后，对问题有了较深程度的理解。此时，记录员开始记录大家发言，并对发言记录中的新角度、新思维以及有启发性的表述进行整理，以供下一步畅谈时参考。

畅谈是头脑风暴法的创意阶段。为确保大家畅所欲言，严格执行约定的规则，并由主持人监管，随后引导大家自由发言、自由想象、自由发挥，使彼此相互启发、相互补充，真正做到知无不言、言无不尽、畅所欲言，然后将会议发言记录进行整理。

此外，该阶段需要注意控制好时间。时间太短与会者难以言尽，太长则容易产生疲劳感，影响会议效果。经验表明，创造性较强的设想一般要在会议开始 10~15 分钟后逐渐产生。美国创造学家帕内斯指出，会议时间最好安排在 30~45 分钟。倘若需要更长时间，就应把议题分解成几个小问题分别进行专题讨论。

（5）会后评价

会议结束后的一两天内，主持人应向与会者了解大家会后的新想法和新思路，以此补充会议记录。然后将大家的想法整理成若干方案，再根据议题有关设计标准，诸如可识别性、创新性、可实施性等标准进行筛选。经过多次反复比较和优中择优，最后确定 1~3 个最佳方案。

（二）特性列举法

1. 特性列举法概述

特性列举法又称 AL 法或属性列举法，在 1954 年由美国内布拉斯加大学学者克劳福德（R.P.Crawford）首次提出。该方法主要应用于原有产品的升级换代和二次创作或者现有问题的优化和创新。该方法在实施过程中，使用者需通过罗列、观察和分析产品或问题的属性，针对每项属性均提出新的改进方法，最终再整合多种改进方法形成完整的创意方案。

2. 特性列举法的步骤

首先，明确目标对象，并对目标对象的结构、应用场景、运行原理、受众人群、文化意象等特征进行分解，为保证全面和客观，一般会按照名词、形容词、动词、量词四类列举目标对象的属性。名词属性主要包括性质、材料、整体、部分、制造方法、文化元素等；动词属性主要包括与功能和作用有关的性质，形容词属性一般包括大小、颜色、形状等，量词属性包括其保质期、数量、使用寿命等。

其次，对目标对象的每个属性进行详尽的分析，提出问题，通过对比、联想、移植、拼接、组合等方式诱发创新思想，找到替代方案。

最后，评价和筛选所有的替代方案，并提出新的构想，即将改良的特性重新整合，提出新的方案或构想。

3. 运用特性列举法设计文创品实例（如表 5–1 所示）

表 5–1　故宫文创水杯特性列举法创意设计的过程示例

词性	属性类别	属性内容	替代方案
名词特性	整体	水杯	具有故宫元素的文创水杯
	组成部分	杯身、杯盖、杯把手、杯底、杯肚	该水杯具备基本的水杯结构，但不设杯柄、杯托，为保温、防烫设计为双层杯壁
	可使用的材料	玻璃、陶瓷、金属、塑料、组合材料	采用玻璃材质，更晶莹，且富有现代感
	制作方法	浇注、硬模等	一次成型
形容词特性	颜色	白、绿、蓝、红等	杯身仿故宫水缸老铜色，杯盖为水透明色
	形状	圆、方或者特殊形状	杯身仿故宫水缸形状，边沿蹲一只故宫猫，杯盖为水平面，隐隐露出两条锦鲤，其中一条向猫咪吐出水柱，为杯盖提纽
	图案	多种多样	杯身两侧有故宫水缸两耳图案
动词特性	功能	冲水、盛水、测量、保温等	盛水、保温、馈赠、摆件、祥瑞
量词特性	使用周期	夏季	一年四季皆可用，防碎裂处理，耐用

（三）思维导图法

1. 思维导图法概述

思维导图又称为脑力激荡图、灵感触发图、概念地图，由东尼·博赞首创，是思维的形象化记录方法。因该方法能够表达思维的走势和关系，使人们易于抓住重点信息进行创造性思考，因此常常用作激发创意思维的重要工具。

2. 思维导图法要点

一幅合格的思维导图应由中心主题、主要分支、次要分支或子节点、关键词或短语、颜色和图像、连接线、备注或注释等要素构成。绘制时应坚持重点突出、发挥联想、层级清晰明白、彰显个人风格等原则。

（1）重点突出：善于使用中心图。中心图要尽可能选用色彩丰富且较为贴切的图案。整个思维导图都应融入图形，运用通感图形且要注意图形间的层次差异。字体线条和图形的大小尽量体现出递进性，间隔要有序合理；可使用不同的颜色在视觉上形成不同的主题和信息的区分。

（2）充分发挥联想：主分支进行连接，比如用箭头、各种色彩、代码、图形等，在关键部分插入图片以激发联想，强调关键概念。

（3）层次清晰明白：运用金字塔结构，不断进行分类、概括、类比、发散、联系等方法来让你的思维更清晰。准确提炼关键词，每条线上只写一个关键词，线条的长度与字词本身的长度尽量一致、线条与线条之间要连上、中央的线条要粗些、边界要能“拥抱”，分支轮廓图形画得尽量清楚些，纸要横着放、词语尽量横着写。

（4）彰显个人风格：顾名思义就是要有自己的专属标识，比如说独特的事物，特别的色彩，特别的字母，以及特别的字体与图形。

3. 思维导图法案例

（1）滑雪快递项目①

两姐妹安娜和露丝非常喜欢滑雪。她们秉持着将爱好变为事业的理念，不断寻找以滑雪创业的途径。在学校时，安娜和露丝发现了绘制思维图的方法——利用成组的气泡记笔记的方法。在一大张纸的中间，她们写下“滑雪”。在一个气泡里她们写下“旅行”。动力建立起来，她们继续写下“初学者”“青少年”“女孩”和“父母”。然后她们写下“衣服”“手套”“裤子”“太阳镜”“靴子”和“鞋”。接着她们继续发挥想像力，写下“西部”“东部”“阿尔卑斯山脉”“比赛”“课程”“旅行”“乐趣”“激动”“溜冰板”“交通”“公共汽车”等（见图 5-2）。

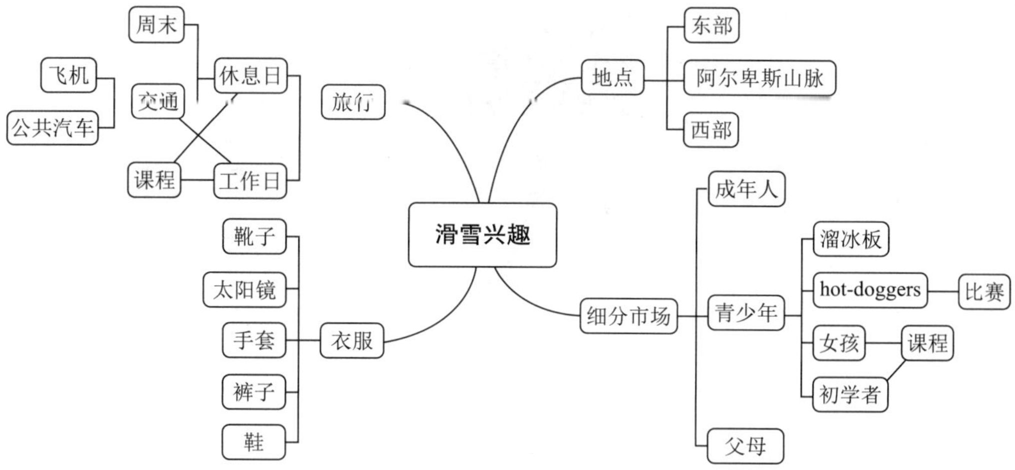

图 5-2　安娜和露丝由滑雪兴趣开展头脑风暴的思维导图

① 用头脑风暴法产生企业想法的三个案例［EB/OL］.https：//zhuanlan.zhihu.com/p/456894215

她们继续不断地探索着，直至想出了一个业务点子——①滑雪快递——在盐湖城附近的五个点提供周末往返班车前往滑雪胜地。每周她们都会选择不同的滑雪胜地。

她们开始预订旅程之后的两三周，她们又返回思维图，②“衣服”这个词一下子出现在她们的脑海中。她们前往一家主要的生产商，买光了他们的商品并在接下来的 4 周里以百分之百的利润卖给了其滑雪快递的顾客。

开业仅两个月，就有几名妇女询问安娜和露丝是否能够提供工作日旅行服务，这样她们就能趁孩子在校的时间去拥抱大山。一个新的市场出现了！一项市场空白被填补了！她们积极倾听顾客需求并推出了③“星期四滑雪”项目。

4 月的某一天，顾客问安娜和露丝她们在夏天会有哪些举措。她们反问道：“你们要在夏天做什么呢？”她们得到的回答都是：“我们要骑山地车。”安娜和露丝于是就去查探骑山地车的路线。接下来她们与公共汽车司机交谈来确定他们是否有能力来运送所有的自行车。完成市场调查后，④“山地快递”项目应运而生了。

（2）logo 绘制（由网络资料编辑整理）[①]

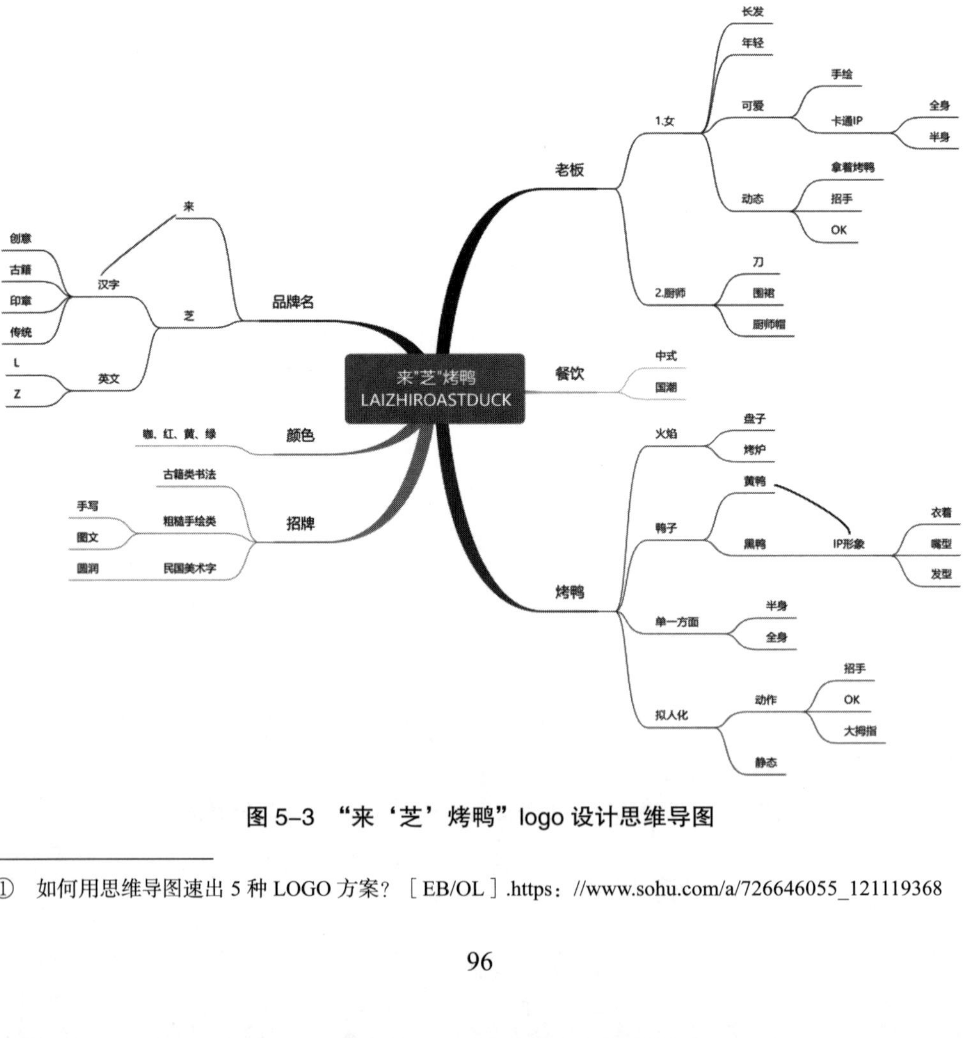

图 5–3 “来‘芝’烤鸭”logo 设计思维导图

① 如何用思维导图速出 5 种 LOGO 方案？［EB/OL］.https：//www.sohu.com/a/726646055_121119368

一家烤鸭店的店名叫“来‘芝’烤鸭”，准备开展连锁经营，需要更新一个更具标志性的 logo。“芝”是该店老板名字中的一个字，老板结合自己名字和主营菜品巧妙设计了“来‘芝’烤鸭”的店名，一语双关，朗朗上口而又回味无穷。设计师在接单后，先对命题进行拆解，做了一个头脑风暴 + 思维发散导图，如图 5-3 所示，帮助多维度打开思维，找到各元素之间的联系，经提炼有以下要点：

一是从来芝出发：“来”“芝”“来芝”进行图形设计；

二是从字体出发：来芝烤鸭（古籍字、手绘字、美术字等）；

三是从烤鸭出发：烤鸭、鸭子、IP 形象设计；

四是从老板出发：年轻、女性、厨师、长发、可爱、IP 形象；

五是从元素出发：火焰、鸭子、厨师服、厨师帽、刀、烤炉等。

（四）奔驰法（SCAMPER）

奔驰法（SCAMPER）是一种创新性的检核表方法，由美国心理学家罗伯特·艾伯尔提出。它通过七个英文单词或短句的首字母缩写来简化记忆。

替代（Substitute）：思考当前创意或概念中有哪些内容可以被替代。

合并（Combine）：哪些元素需要结合在一起来改善产品创意或概念。

调整（Adapt）：产品创意或概念中有哪些元素可以进行调整改良。

修改（Modify）：改变形状、外观会给客户带来不同感受。

改变用途（Put to another use）：该产品创意或概念怎样运用到其他用途中。

消除（Eliminate）：已有产品创意或概念中的哪些方面可以去除。

逆向操作（Reverse）：试想与现有产品创意或概念完全相反的情况是怎样的，奔驰法鼓励人们从不同维度对事物进行改造和优化，从而发现新的可能性。

案例：一家文创设计公司在开发新产品时，运用了奔驰法。设计师们从替代、合并、适应等多个角度对现有文创品进行改造和创新。例如，他们尝试将不同文化元素、不同材质、不同功能进行重新组合，创造出独特的五感效果，或者通过调整文创品的大小比例，使其更适应新的应用场景。这些创新的设计不仅提升了产品的实用性，也满足了消费者的审美需求。

（五）六顶思考帽法

六顶思考帽是由爱德华·德·波诺博士提出的一种全面、系统的思考框架。它通过将思考过程分为六顶不同的颜色的“帽子”，帮助团队成员从多个角度分析问题，减少冲突，提高决策质量。

白帽：是中立而客观的。戴上白色思考帽，人们思考的是关注客观的事实和数据。

绿帽：代表茵茵芳草，象征勃勃生机。绿色思考帽寓意创造力和想象力。具有创造性思考、头脑风暴、求异思维等功能。

黄帽：代表价值与肯定。戴上黄色思考帽，人们从正面考虑问题，表达乐观的、满怀希望的、建设性的观点。

黑帽：戴上黑色思考帽，人们可以运用否定、怀疑、质疑的看法，合乎逻辑地进行批判，尽情地发表负面的意见，找出逻辑上的错误。

红帽：是情感的色彩。戴上红色思考帽，人们可以表达自己的情绪，还可以表达直觉、感受、预感等方面的看法。

蓝帽：蓝色思考帽负责控制和调节思维过程。负责控制各种思考帽的使用顺序，规划和管理整个思考过程，并负责做出结论。

应用方法：在产品开发团队中，应用六顶思考帽可以显著提高创新效率。团队成员可以分别戴上“事实帽”来收集和分析数据，“情感帽”来感受和理解用户需求，“积极帽”来提出建设性的解决方案等。这种多元化的思考方式有助于打破思维定式，发现更多的创新点。

第三节　文创品创意

一、文创品创意灵感来源

（一）萌文化

1. 萌文化概述

当前萌文化大行其道，“萌”已经成为年轻人的一道心理底色，构成了他们所喜所爱、消费、社交与行为的最大特征符号。“萌”这一用法主要源自日本的二次元界，在ACGN 领域，人们将讨人喜欢且能够激发人们保护欲的爱慕对象定义为“萌”①。“萌”是当代年轻人最典型的亚文化，每个人对“萌”的理解都会不同，“萌”是个性化的喜欢，是可以带给身处三次元的年轻人精神治愈的陪伴。其特征大致可以概括为“可爱弱小”“天真无邪”“单纯幼稚”“无性别”及“拟人化”。

“萌”态可以分为多种派别，“反差萌”“天然呆”“腹黑萌”“萝莉控”“软萌”“蠢

① 从“卖萌”到卖“萌”：“萌文化”如何衍生“萌经济”？［EB/OL］.https：//www.sohu.com/a/148459296_182272

萌”“丑萌”“贱萌”等多个类型。“萌”文化在物质表现形式上，体现为“萌物”，包括“萌商品”“萌植物”“萌动物”“萌人物”，在行为表现形式上，则指“卖萌”的行为，如瞪眼睛、嘟嘴巴、奶声奶气地说话、摆出可爱的姿势等行为[①]。

2. 萌元素采集

（1）寻找萌主体：一切皆可萌。古代帝王、佛教飞天、出土文物、非遗旗袍、山石泉瀑、珍稀动植物、日月星云、美食好物，这些文旅元素只要化身“萌态”，似乎便可集万千宠爱于一身。但事实上，旅游文创品真正的“萌”主是需要具备“萌”体质的：高知名度、高文化性、故事感十足、本身形象自带“萌感”或与“萌感”存在差距较大、具有心理象征性。

（2）捕捉萌心理：旅游文创品的“萌”感不只来源于外在形态上的可爱，更源于其与目标群体心理上的同频共振。因此，捕捉Z世代的情感微心理，观察那些让年轻人“get”到“萌”的属性、行为、特征以及生活中的萌时刻、萌情绪。

（3）善用萌手笔：从拟幼化的造型设计、和谐舒适的色彩表达、柔软的材质选择、具备人格属性的视觉形象、承载文化观念的元素融合等方面找寻思路。

（二）生活“梗”

现代生活节奏加快，文旅产品的治愈性日益成为具有吸附能力的重要属性。旅游文创品的创作灵感也应更多地着眼于对现代人心理需求的回应，如前所述的萌文化。年轻人渴望对自我的个性、态度、情感进行表达，因此才有了符号消费的代言功能大行其道。对生活中的尴尬、压力、苦闷、无奈和不公的幽默式自嘲和“微对抗”以及对美好生活的期许，是现代人迫切需要表达的强烈情绪，那些怀揣“自嘲”和“白日梦”的“梗”成为一种重要的网络文化和生活文化。那些诙谐的“梗”、有趣的方言、美好的愿望段子与文创结合，使能焕发不一样的风采。故宫出品的“朕就是这样的汉了”折扇、“朕知道了”纸胶带、“奉旨旅行”行李牌、“按朕说的办之宝”玉玺抱枕、徐州特色文创品“办肆”钥匙扣、“拐妮子”手提包、“离你哪来”的扇子、瑞幸咖啡的“为了这杯，我选择了北京离乡”、左咸敦道的“我养你啊”饭盒等，为旅游文创品创意提供了更多思路。

（三）传统文化元素

古今中外的文化元素灿若星辰，可源源不断地供文创品创意取材并转化为灵感，而旅游文创品的创意则更侧重于从地方传统文化中发现线索。首先，文创品所蕴含的文

---

① 王采莲，李婷，周丽娜．基于“萌”文化现象的创意文具设计［J］．包装工程，2014，35（10）：50-54.

化内涵首先体现在故事性上，挖掘历史故事、人物逸事、精神和情感，提炼幻化成创意点，当人们欣赏或把玩这些文创品时便会不禁沉浸于故事情境中，达到形神共鸣。《上新了·故宫》第五期以慈宁宫匾额、孝庄皇太后与顺治帝的母子情、顺治帝和董鄂妃的爱情为创意灵感，以充满不确定性的“盲盒”和景德镇瓷器为载体，取清朝朝冠为形，创作出了温情有趣的《紫禁·薰》故宫香薰蜡烛礼盒，将香味和亲情爱情相比拟，让文创品颇具情感肌理。其次，提炼传统文化中的形态、图案、纹理、色彩元素，找寻外观上的灵感着陆点。苏州博物馆文创产品“秘色瓷莲花碗抹茶曲奇”的创作灵感来源于其镇馆之宝秘色瓷莲花碗，陕西历史博物馆的“虎符饼干”在形态上模拟文物虎符形状，越王勾践剑毛绒玩具则 Q 版复刻了越王剑的形态。最后是从传统文化中的行为和过程元素启发创意。川剧变脸以其不着痕迹的脸谱变换而让世人惊讶，川剧变脸娃娃的创意便是还原这一有趣而神奇过程的文创品。

（四）美学与实用

在这个“颜值即正义”的时代，旅游文创品就是要不遗余力地制造美感，从古人的审美中汲取养分，从西方美学中找寻元素，从生活中捕捉美的踪迹，从想象中建构美的灵感。星巴克出品的文创品樱花系列猫爪杯可谓文创界颜值担当，透明粉和星星点点的樱花花瓣，以及中部可爱猫爪形内杯设计，用外观征服无数观众，将萌系美学发挥到极致。台北故宫博物院的翠玉白菜伞生动拟态台北故宫博物院馆藏文物翠玉白菜，小巧精致、惟妙惟肖。故宫口红运用符号美学为美妆文创品开辟了新的世界。

旅游文创品的创意不仅存在于审美价值的塑造上，还应从实用角度找寻创意点，将功能、文化、美观融为一体。目前，绝大多数的旅游文创品都有一定的实用性，如文具、生活用品、装饰品、餐具、礼品、电子产品等小而轻的文创品，文创的品类在不断膨胀，出现了部分新功能文创品，如敦煌文创瓷砖贴、文创桌游、文创滑板、文创公交卡等，但主体仍集中传统形态上，缺乏创新。在功能上寻找新灵感是未来文创品创意的重要思路。如故宫将朝珠和耳机结合，设计出既时尚炫酷又实用的仿蜜蜡朝珠耳机。此外，也可以逆向思维，考虑无用之用的创意，比如苏州博物馆推出的文徵明手植紫藤树的种子，实用价值近乎于开盲盒，但象征意义与独一无二的限量刺激却能俘获消费者的心。

二、文创品创意方法

（一）文化联结法

前文主要阐述了文化元素灵感的采撷来源，但如何将文化元素加以巧妙转化才是文创品创意设计的根本。文创品创意设计是利用创意思维和创意技法将文化因子与载体有机联结和融合，创造出审美和实用价值兼具的全新产品形态的过程。可见，文创品创意设计的首要思路是找联结，找文化与载体的结合点与结合方式，这恰恰就是创意的关键所在。实现载体与文化联结的方式是多样的，主要有外形联结、图案联结、结构联结、过程联结、情境联结五方面。

1. 外形联结

所谓外形联结，就是利用文化艺术对象的外形特点，去代替载体的外在形象，完全颠覆载体的原本外形或让载体外形发生较大变化，从而呈现出强烈的艺术性、文化性及创意性。依据对载体外形植入文化元素的程度、方式，将这种外形联结方法进一步分为拟形法、嫁接法、替代法三类。

（1）拟形法

拟形法又称形象模仿，即直接模拟艺术品、文物、IP 等的形象，适用于本身的外观可塑性大，形象多样的载体，如玩具、摆件、食品、小饰品等。运用拟形法制作的文创品数量众多，在整个文创品市场中占比很大，简直是非拟形不文创，如湖北省博越王勾践剑书签和虎座鸟架鼓钥匙扣、甘肃省博物馆的“绿马”玩偶、河南省博“妇好鸮尊”文创雪糕等。但需要注意的是，拟形并非原封不动的复刻文化艺术品外形，需结合当下美学潮流、消费者心理和载体特性进行加工和改造。

（2）嫁接法

嫁接法又称形象融合，因观察到载体与文化艺术元素的形态存在某种一致的特征，基于二者的相似之处，将二者巧妙地嫁接在一起，形成一种你中有我、我中有你的相互增强的效果。比如，故宫文创品“朝珠耳机”，不论是外形还是佩戴部位，朝珠和耳机都是非常配适的，将二者进行嫁接，最终创作出一款既霸气又实用的文创产品。除此之外，诸如故宫顶戴花翎官帽防晒伞、故宫藻井遮阳伞、台北故宫博物院的翠玉白菜伞、Omoshiroi Block 的建筑便利贴等都属于嫁接法创意文创产品。

（3）替代法

用一个文化艺术元素完全替代载体形态，使得载体在外形上完全消失或被覆盖，只保留了其功能，从而达到浑然天成、妙趣横生的艺术化创意效果。使用替代法的代表性文创品首推陕西历史博物馆和西安长安通支付有限责任公司联合发行的火爆全网的“皇后之玺”交通卡，从外形上看完全是玉玺的形状，但内藏芯片，可用来刷卡乘坐公交和地铁。这种创意实现了外形上的颠覆性改变，在此基础之上还可以考虑让玉玺具备印章的使用功能，实现功能双合一；举一反三可将文创手机壳、钥匙扣或者手包与交通卡进行创意融合，此类替代＋多元融合的方法值得进一步推广。

2. 图案联结

图案联结又称为贴图法、拼贴法。在文创产品的设计上，图案联结是最为常见的方法之一。通过对地方文化进行考察、归类、研究、提炼，并将提炼出的符号、语言、纹样、图式、图像等抽象性的符号元素黏合到载体上，并通过一定的设计融合为一个整体从而呈现出崭新的形式。① 常见于丝巾、笔记本、胶带、台历、拼图、服饰、书签、明信片等以“面”的形式来呈现的载体上，如江永女书纹饰折扇、怀素书法屏风、故宫《千里江山图》文具、敦煌莫高窟的“壁上花开”瓷砖贴、苏州博物馆唐寅的桃花一梦信笺，等等。

3. 结构联结

结构联结又称为微缩结构法，针对文化艺术对象由内部结构展开复刻，按比例还原其各个部件及部件间的拼接细节，从结构视角将载体进行重构，从而产生逼真、精巧的视觉效果和文化震撼感。该方法一般多用于玩具、模型和摆件类文创品设计中，如秀山古城楼木质立体拼图、微缩榫卯营造赵州桥文创藏品、北京天坛祈年殿全榫卯搭建的微缩模型，等等。

4. 过程联结

所谓过程联结主要是将文化元素创意转化的焦点放在文化活动过程或者动态化特征上，如传统的抽签、占卜、听戏、舞狮、游戏、生产过程等，将古代文化习俗的过程通过创意设计附着在具有现代功能的载体上，形成独具魅力的文化创意产品。最为典型的代表就是文创求签筒、川剧变脸玩偶以及磨盘卷笔刀等。按照这一方法，可以将京剧表演过程设计成京剧戏楼八音盒，将南狮舞动跳跃过程设计为南狮筋斗玩具等新型文创品。

5. 情境联结

情境联结又称作拟境法，或意境诠释法。重在让消费者感受文创品所蕴藏的意境、氛围以及亲身体验的情境。上海博物馆于董其昌特展之际推出的画禅文房随行包，其构思源自董其昌绘画理论著作《画禅室随笔》，随行包内含一支小楷毛笔，一份小楷字帖，一只竹墨池、一瓶随身墨液，一块毛毡，以及小楷描红纸一份，试写宣纸一套，融合董其昌五经一论字帖、小楷描红等诸多董氏书法元素，既携带便利，又是很适合初学者的学习工具。使用者书写的过程也是对作品意境的体验过程，对古人艺术、生活和思想的

① 风景文创|揭开文创产品的神秘面纱——设计方法盘点［EB/OL］. http：//www.360doc.com/content/21/0908/15/76907606_994653855.shtml

感受过程。

故宫文创品《谜宫·如意琳琅图籍》是一款“创意互动解谜书”，借助实体书、智能手机和配套的线索道具，玩家通过书中的30多个环环相扣的谜题任务，不仅可以了解到故宫的故事，还能左右剧情决定主人公的命运。此外，还有近些年爆火的河南博物院的考古盲盒，创新性地将元宝、青铜器等“微文物”藏于土中，主打“开盒一把铲、‘宝物’自己挖”。考古盲盒走红后，河南博物院又推出文物修复盲盒、铜镜打磨套装等DIY文创，利用文化完美复刻考古文化情境。

（二）文化还原法

旅游文创品的创意方法一直以载体融合地域文化元素生成具有文化感染力的实用性产品为主要方式，这种方式给予了文化创意极大的发挥空间，让文化的魅力全面浸染生活的每个角落。但它忽视了文化产品特别是传统文化产品、非遗产品本身的创意与创新。例如一款丝绸+苏绣的文创钱包，钱包往往会被视为载体，丝绸和苏绣则被视作文化装饰，但实际的主体应该为丝绸与苏绣，应该结合其他文化素材和表现形式，来深挖丝绸与苏绣的文创品类型，如结合浮雕艺术，设计浮雕刺绣，结合香氛技术设计自香丝绸。这种逆向的思维方式有助于扩大文创品的内涵和外延，一定程度上解决其载体形式受限的问题。

中国的非遗产品数量众多、品质独特，如岳州扇、核雕、潍坊风筝及紫砂壶等。如何用文化创意的思维将其开发成文创品，从而扩大市场接受度，真正复兴国货之光，成为目前亟待解决的重要课题。前述的苏州博物馆的文创品文徵明手植紫藤树种子，跳出了常规载体的藩篱，用古人遗留下的文化“遗物”作了文创品载体本身。

三、文创品创意过程①

（一）寻找亮点故事

这是旅游文创品创意设计最基础的一步，其目的就是找寻创意素材、创意线索和创意灵感。从具有深厚底蕴的文化遗产、流芳千古的人物、让人回味无穷的传奇故事上去深挖细节，考察调研、阅读文献、理解感受文化的色彩、情感和意境。从当下潮流文化、市场趋势、社会生活、客群心理诉求等方面捕捉吸引群体注意力的潜在“风向”，运用头脑风暴、思维导图、特性列举、六顶帽等方法，充分发散思维，跳出常规，收集一切不可思议而有意思的联想以及有趣的故事情境。最终，构建起一座“点子库”。

① 姚湘，胡鸿雁．文化创意产品设计［M］．北京：北京大学出版社，2020.

（二）思考设计载体

载体展现出的是旅游文创品的功能，是文化创意附着的本体，其类型本身就可以变化万千，文化元素与相适合的载体结合，能够碰撞出意想不到的效果，因此创意灵感的搜集不应止于挖掘文化元素的“点子”，而应该是载体形式（见表 5-2）的创新以及与载体相融合方式的巧思，用全新的形态承载文化的厚重，让二者融合迸发出创意之光。

表 5-2　文创品载体形式列表

种类	载体形式
文具用品	本、笔、橡皮、圆规、直尺、镇纸、笔筒、书签、放大镜、书籍、贺卡、明信片、书架、手账、文房四宝等
生活用品	火柴、蜡烛、扇子、梳子、镜子、脸盆、水杯、手电、粘钩、针线、雨伞、餐具、机械类纪念手表、万年历、闹钟、暖手宝、热宝宝、口罩、肥皂等
家居用品	抱枕、花瓶、香薰、挂画、摆件、八音盒、沙漏等
服饰	T 恤、帽子、配饰、裙子、包、鞋、丝巾、太阳镜等
化妆品	口红、香水、眼影、粉底、腮红、香膏等
电子产品	小夜灯、耳机、小风扇、触控笔、电子表、音箱、鼠标、播放器、手机等
纪念品	钥匙扣、纪念币、纪念章、书签、画册等
办公用品	鼠标垫、手机支架、订书机、起钉器、印泥、文件袋等
体育产品	护腕、护膝、网球、篮球、足球、羽毛球及球拍、滑板等
食品	饼干、雪糕、蛋糕、糖果、巧克力、饮品等
玩具	积木、魔方、棋类、桌游、拼图等
非遗	中药、苗药、刺绣、丝绸等

（三）明确设计理念

该步骤属于文创品创意轮廓浮现、骨架成型阶段，其目的是敲定设计思路，方向和理念。多采用奔驰法、功能分析法、趋势分析法、SWOT 法，运用聚合思维和减法思维，去掉缺乏可行性的创意点，重组优化某些创意点，找出最有价值的设计方案。设计理念体现的是文创品所定位的主导价值，是生成的文创品所最终蕴藏的故事情境，是创意赋予文创品的独特气质。

（四）构思设计表达

在设计理念的导引下，考虑载体特性、功能的基础上，将文化元素特征加以提炼、凝聚并表达，赋予新应用。在提炼和概括文化元素特征时，通常使用截取重点法、打散重组法、局部变换法来对文化元素进行艺术加工，突出放大原有元素的魅力，或者通过叠入新元素、新创意，让原有文化焕发新美感。

（1）截取重点法：以减法的方式，删除繁复的非本质的部分．保留和完善最具有典型意义的部分。比如故宫文创在使用《千里江山图》的元素时，会截取其中最有表现力、最为大众熟知的画面片段来设计书签、水杯壁、手表表盘，或者只截取其青蓝与青绿两种颜色来设计丝巾，还会单独截取其山形来设计玻璃小夜灯。

（2）打散重组法：将文化元素原本形态分解为若干部分，分别结合在不同的载体上，再拼合为完整一体的方法。如天坛果盘，将天坛外观分解为檐顶、上下两层楼体和基座四个部分，分别与果盘盖（具有香插功能）、小高碟、大扁碟和托盘四个器皿相结合，四者摞叠在一起便形成天坛形状，设计非常巧妙。

（3）局部变换法：包括变形、变色、变意三种。变形是将文化元素原本形状、形态加以变化，以适应载体特性或更好发挥艺术效果，如甘肃省博将马踏飞燕的外观加以调整，设计为略带喜感的站立马的形象，对文物原本形态进行了改变，呈现出丑萌可爱的效果。变色是借鉴传统色彩的配色方式进行设计或打破传统色彩的局限，对局部色彩予以变换。如天坛果盘设计的颜色并没有完全复制天坛本身颜色，而是设置为青绿色和红色两款，青绿色雅致、红色喜庆吉祥，多种颜色为不同喜好的客群提供了多种选择。变意是改变或部分舍弃原有文化元素的象征寓意、情感色彩或价值表达，使文创品承载全新的精神理想和时代气息。

（五）开展设计探索

该环节是文创品设计的收尾阶段，目的在于延伸和完善设计，将创意设计做到最好。主要包括使用场景设计、细节推敲和制作效果图。使用场景设计意在将设计与消费者的使用场景、使用过程建立连接，捕捉设计中的不足，进一步完善，也为后续营销推广烘托氛围、营造更多想象空间。

第四节　旅游演艺创意

一、旅游演艺创意灵感来源

（一）地方文化中的故事元素

旅游演艺不是简单的文娱活动演出，能够创造地方文化历史价值的高体验才是其精髓。在文旅融合发展的 4.0 阶段，无疑各地对这一点都已有清醒的认识。地方传统文化中的人物、历史、艺术、故事、命运、功绩、精神、情感都能够成为创意的素材。如何选取素材、提炼素材、整合素材，并在此基础上产生非同凡响的创意，是最为关键的一环。我们可从以下几个方面进行重点思考。一是文化元素的品质和深层内涵的提炼。文化元素应选取典型的、有特色的、话题度高、文化内涵深厚、故事冲突强烈、有创作发挥空间的部分，并注重对其中的能与当代价值观、群体心理、文化审美、精神追求等产生“化学反应”的深层意蕴进行提取。二是文化元素的整合要体现故事性和“化一”性，摆脱单纯的拼盘式呈现，要善于使用已有的文化元素来创意新内容、新形式。三是文化元素的数量不宜过多，要多做减法，突出重点元素，形成创意内核和发力点。

（二）舞台剧的表现艺术

旅游演艺虽然具有浓重的地方文化表征属性和面向游客的快消品特征，但同时它也属于一种现场演出的舞台剧。剧情设置、表演动作、舞蹈与演唱、台词设计和表现力、舞美设计等的精妙组合才能构筑起观众的现场体验感，任何一方面的不足都会影响整体的现场体验。因此，在旅游演艺的最初创意构思阶段，便需以舞台剧的思路在上述各环节中寻求创意灵感。

1. 剧情创作

以往演艺都相对比较松散，这一方面是由于旅游演艺以歌舞为主要表演形式，另一方面演出时间短，无法详尽叙述剧情。如实景演艺的开山力作《印象·刘三姐》通过“山水诗性”的剧情演绎，对山歌元素以诗性的视角进行艺术剪辑[①]，突出地方文化元素的艺术性展示，舍弃剧情本身的独特魅力；相较之下，《又见平遥》则在剧情的完整性、冲突与情节表达上更胜一筹，为新一代演艺创作开辟了新方向。

2. 表演动作

近距离的声情并茂的表现力，能将观众带入表演氛围中。如重新翻红的话剧《青蛇》，阵容规模不大，却以演员精湛的演技和台词设计让人回味无穷。旅游演艺不应该只强调规模的宏大，也应在演技细节上不断打磨、精益求精。上海的实景戏剧《不眠之夜》，打破演员与观众的界限，让演员在观众中间表演，感染力直接触达观众。民族舞剧《红楼梦》中演员不断打磨角色人物性格，一招一式都与剧中人相吻合，真正做到“演员无我”。

3. 舞蹈与歌曲

创意新型的舞蹈动作或主题歌曲，一场演艺体验过后观众可以留下标志性的动作或旋律的记忆。如舞蹈诗剧《只此青绿》中的“青绿腰”、《印象·刘三姐》中的“山歌好比春江水”、《长恨歌》中的“霓裳羽衣舞”、《青蛇》中的“春歌”、《只有河南·戏

① 聂峥嵘，梁福兴.文化诗性视角下旅游演艺项目创意与展演研究——以《印象·刘三姐》为例［J］.河池学院学报，2017，37（04）：62-66.

剧幻城》中的“只有河南”，等等。

4. 台词设计

旅游演艺的台词包括开场白、独白、对白、旁白等形式。台词创作可以借用方言、戏曲念白、诗歌韵白、脱口秀等特殊元素，提高演艺的地方性、审美性和趣味性。如《印象·刘三姐》的开场白使用当地人的“塑普”，给人以真实感；常德的《桃花源记》使用常德方言设计对白，别有风味；《寻梦牡丹亭》则使用戏剧的念白方式，完美展现了古典传奇的艺术魅力。此外，台词本身的语言美感、紧凑性和趣味性是感染观众的一大利器。《青蛇》中小青的台词“我的追随如万古长流、不绵不绝、海角天涯、亿万斯年”，“我将不记往昔，不再对你亿万斯年。感谢师父，收留了我五百年”，极具个性张力和命运无奈，烘托了小青人物性格中的执着与热烈。这种极富表现力的语言艺术是旅游演艺创意中急需提升的。

5. 舞美设计

旅游演艺分为室外实景和室内实景两种，均需搭建舞台，舞台的美术设计简称舞美，包括舞台的布景、灯光、音响、服装、道具和效果等，其任务是根据剧本的内容和演出要求，在统一的艺术构思中运用多种造型艺术手段，创造出剧中环境和角色的外部形象，渲染舞台气氛。旅游演艺的舞台设计向来是它的强项，借助科技手段以宏大的布景、震撼的效果来征服观众。但须知过犹不及，科技的伪真实感和同质化让观众丧失了对内容走心的过程，科技感过强的舞美反倒喧宾夺主、本末倒置。舞美的创意应回归本来的位置，让舞美服务于剧情的内容和表演需要，隐藏科技感，让科技成为真正支撑“真实”的力量。

（三）电影化的叙事与手法

在文旅融合的背景下，旅游演艺产品的升级转型也需要走跨界融合之路，打破传统的歌舞＋杂技秀的模式，从电影、游戏、综艺、戏剧中汲取新形式、新手法进行融合创新。电影创作擅长对故事的叙事层次进行安排，对情节的推进和场景的衔接转换手法使用更为娴熟，值得旅游演艺剧目创作来学习借鉴。

（四）游戏界的角色互动

二次元文化日益成为文化产业中的重要组成部分。其中游戏以场景的架空性，人物性格的鲜明性，玩家的挑战性以及极强的社交互动性而赢得了年轻人的喜爱，其中的游戏场景设置、角色设置、交互方式设置都可以给旅游演艺以启示，成为创新演艺作品的灵感渠道。

二、旅游演艺创意方法

（一）模拟还原法

早期的旅游演艺创作倾向于采用模仿还原法，即将历史场景、生活习俗、文化元素进行复刻与还原，力求将传统文化的宏伟、壮阔、美轮美奂尽数展露。模拟还原法适用于那些具有极高的文化艺术价值且独一无二的文化元素，还原其本身便能为观众制造绝佳的体验。这种模拟还原法分为复刻还原和拟态还原两类，复刻力求与原型形神一致，如《长恨歌》还原大唐盛世繁华和宫廷生活情境、《寻梦牡丹亭》还原汤显祖的戏剧作品、舞台剧《红楼梦》还原曹雪芹名著。而拟态还原则更强调精神意象、意境上的一致。如舞蹈诗剧《只此青绿》是模拟王希孟的《千里江山图》的山形走势来创作其舞蹈动作，并创造了其招牌动作“青绿腰”，让观众能够从演员抽象写意的舞姿上感受画中的意境。

（二）文化板块组合法

该方法一般用于某目的地缺乏统领性文化符号，或者因史脉绵长、文化元素众多难以割舍，进而考虑将本地几大文化板块加以整合以形成合力的情况。文化板块组合法可以分为横向组合和纵向组合两种，横向组合是在空间上将文化板块统合在演艺区域内，如《只有河南·戏剧幻城》的盲盒拼合法以及《宋城千古情》《魅力湘西》的章节拼合法。

（三）原型创编

原型创编法不是简单的复制和拼合，而是在当地的文化赋存中捡拾珍贵碎片，并加以抽象、提炼，再融入想象和创意，从而创编出全新主题和内容剧本。《又见平遥》讲述了一个关于血脉传承、生生不息的感人故事。清朝末期，平遥古城票号东家赵易硕倾尽家产，从沙俄保回了分号王掌柜的一条血脉。同兴公镖局的 232 名镖师也一同踏上征程。七年后，赵东家本人连同 232 名镖师全部死在途中，而王家血脉得以延续。该故事并没有完整的原型，而是取材于平遥与沙俄通商史中的仁商们所展现出来的德行与道义。

吉林省新近推出的力作《粉雪传奇》同样是一部原创剧目。它讲述了“守山人”守护长白山及冰雪丝绸之路的故事。古老的长白山冰雪丝路，在一代又一代守山人的开拓与镇守下，通商贸、达四海，生活富足、文明互鉴。到了雪儿父亲这一代，由于人们欲望的膨胀和对自然环境的破坏，邪神冲破封印，作恶人间，守山人却下落不明。守山人的后代——雪儿与转世现身的守山神龙——玄龙，不畏艰险，毅然入山寻找父亲，突破重重危机，让冰雪丝路再现曙光，还父亲以清白，还丝路以繁荣，还爱情以承诺。一段佳话，感天动地，化作粉雪，每到冬季，挥洒在长白大地。①

三、旅游演艺创意内容

（一）主题定位创意

主题是旅游演艺剧目的统帅，没有主题的剧目如同没有灵魂的躯干。旅游演艺的主题定位要通过提炼地域文化内涵，把握当下市场需求特点和同类演艺品牌形象，进行差异化定位。如《只有河南·戏剧幻城》项目核心展示的是河南历史变迁中的农民、粮食和土地的意象；《又见平遥》项目的核心主题则是抒写平遥人的德行品质；《长恨歌》的主题则是揭示大唐盛世的繁荣与衰落，李隆基与杨玉环的爱情悲剧；《印象·刘三姐》则是揭示广西人生活中的诗性与唯美。

（二）观演方式选择

观演方式是营造演艺体验的前提基础。从观众观演体验侧重点思考，如果剧目力求展现宏大的艺术设计场景，则选择远观视角；如果重在展示细微的情感和直接互动，则采用近观或无界视角。随着旅游演艺产品的推陈出新，观众观演方式也由固定位置观演演变为移动式或行进式观演。如常德的演艺产品《桃花源记》，观众乘渔船漫游溪上，观看两岸渐进移动的剧情表演；山西省出品的旅游演艺《又见平遥》采用“行进＋固定”结合的观演方式，多种表达手段的综合运用让观众获得不同的剧情体验。

（三）舞台表演形式

舞台表演是呈现演艺主题、表达剧情意蕴和情感的重要手段。舞台表演的设计创作首先是要为表演形式定性，一是明确主要形式类型，如舞蹈剧、歌剧、歌舞剧、“舞蹈＋杂技”、T台秀、话剧抑或是光影剧；二是明确组合关系，如不同成分所占比重、主次关系、结合方式、空间分布、递进层次等；三是具体表演动作设计，如舞蹈动作、肢体表情动作、走位等。

（四）剧本台词创作

1. 故事情节叙事完整

近些年，旅游演艺作品层出不穷，作品创作的质量和水准成为决定演艺生死的关键因素之一。其中故事的创作又是影响旅游演艺品质的重要因子。炫技和文化的简单叠加在未来的旅游演艺竞争中会显得越来越无力，依靠高超的“故事讲述”能力才能在竞

① 劲旅网. 吉林省首个大型室内沉浸式旅游演艺《粉雪传奇》在长白山精彩首秀［EB/OL］.http://btiii.com/html/2024-06-16/14367238.html.

争中取胜。故事情节缺乏完整性和设计性，会让观众感到寡淡、无法捕捉重点。如已经停演数年的《印象·海南岛》，其内容设计和故事情节上的问题也是导致其失败的一大原因。

2. 善于制造冲突和高潮

有如文学的叙事方式，制造冲突、悬念，将剧情发展逐渐推向高潮，是让观众在观赏中不断产生兴奋点，留下深刻印象的重要手段。大体而言，旅游演艺剧目每隔 10 分钟就要有一个"中高潮"，剧目的结尾需要有一个将整个剧目升华的"大高潮"，或令人震撼，或令人遐想，让人沉浸在剧中。例如《长恨歌》，开场杨玉环入宫时为第一个高潮；杨玉环在水中沐浴为另一个高潮；之后，杨玉环白绫绕身的场景又是一个高潮；最后杨玉环和李隆基在巨大的羽翼中相拥成为剧目结尾的大高潮，经典的场景令人久久不能忘怀。

（五）舞台美术设计

旅游演艺的舞美设计是一种多元的艺术形式，涉及诸多艺术种类，主要包括舞台场景布置、服装设计、道具设置三部分[①]。

1. 舞台场景布置

（1）场景布置目的与依据

旅游演艺的舞台场景布置是为营造表演氛围、渲染观众体验环境服务的，其布置设计要力求深刻地表达出剧目的情感氛围以及艺术创作需要。根据剧目中剧情冲突、典型环境、历史背景和舞台气氛的需要，根据导演的创作思路，为演出营造富有张力的表演空间，既能够满足演出调度的需要又能够用艺术手段揭示剧情的内涵和意蕴，最后呈现出强烈的视觉冲击力。

（2）场景布置内容与工艺

旅游演艺的场景布置内容纷繁复杂，包括舞台数量与分布、舞台造型结构与功能、灯光和音效设置、舞台造景、背景与实景环境布置等方面。其制作综合了各种技术，如几何作图，肌理，喷绘，绘画，透视等，还要熟练运用生活常识和艺术创作的经验。场景装置需要考虑更多的现实因素，比如剧目舞台的结构、面积、整体效果等各个方面。

2. 服装设计

旅游演艺中演员的着装是舞台艺术表达的重要一环。服装设计力求为演员赋予符合表演背景的艺术形象，比如《长恨歌》中杨玉环所着霓裳羽衣和贵妃大氅，与霓裳羽衣

① 王景盼. 旅游演艺剧目设计研究［J］. 环球市场，2020（16）：265.

舞的氛围和贵妃身份相呼应;《只此青绿》中青绿色素雅衣裙，不着过多装饰，与《千里江山图》的颜色相吻合，更塑造出一种大写意的雅致。

3. 道具设置

旅游演艺中的道具设置主要用于烘托整个剧情氛围，推动剧情发展，增强表演的效果。相较于人物的动态表演，道具一般处于静态，因此道具又具有对表演人物的心理世界、品性以及情感等进行细腻描绘的作用。

（六）音乐音效制作

旅游演艺的音乐是服务于整个剧情需要的，为凸显地方文化特色，往往会选择具有强烈地方色彩的音乐形式，一般会选择人们熟知的地域代表性音乐，也可在本地音乐基础上进行创作，或者重新原创新音乐。音效制作则力求逼真立体，烘托舞台氛围，模拟真实环境，用声音制造真实体验。

☞ 拓展链接

第六章　文旅空间创意

第一节　文旅空间概述

一、文旅空间的含义和类型

（一）文旅空间的含义

列斐伏尔将文化空间从众多的空间概念中抽离，开启了后世对这一领域多维度持续深入的探索。源于文化的多元性，现有文化空间的研究涵盖城市文化空间[①]、乡村文化空间[②]、公共文化空间[③]、历史文化空间[④]、民族文化空间[⑤]、虚拟文化空间[⑥]等多种亚文化场景，且随着文化空间自身的时代性演化以及学术研究行为的深入，更多边缘性、地域性、新型文化空间[⑦⑧]被学者所关注。近年来，空间研究在旅游研究领域的热度不断攀

---

① 赵婉彤．城市文化空间理性内涵与优化路径［D］．西安电子科技大学，2021.

② 傅才武，李俊辰．乡村文化空间营造：中国乡村文化治理的空间转向［J］．深圳大学学报（人文社会科学版），2022，39（05）：5-15.

③ Hashemi Nima，Emami Farnaz，Abdshahzadeh Parinaz，Niaei Ali Asghar.The impact of physical components of the environment on the sociability of cultural-recreational spaces case study：Rasht cultural complex［J］.HBRC Journal，2022，18（1）.

④ 刘树鹏，张君宇，许熙巍，等．京津冀地区历史文化空间格局及熵变分析［J］．干旱区资源与环境，2023，37（07）：84-93.

⑤ 梁敏华．民族地区旅游演艺文化空间生产优化路径研究［D］．桂林理工大学，2020.

⑥ Poulopoulos Vassilis，Wallace Manolis.Social Media Analytics as a Tool for Cultural Spaces—The Case of Twitter Trending Topics［J］.Big Data and Cognitive Computing，2022，6（2）.

⑦ 尚梦凡．开放、包容、共享：独立书店构建城市文化空间的实践［D］．兰州大学，2021.

⑧ 钟准健．城市亚文化空间的建构、生产与互构——以 Live House 为例［J］．社会科学动态，2022（11）：24-33.

升，涉及空间结构①、空间营造②、空间生产③、空间正义④、空间演化⑤、空间分布⑥等方面。旅游空间研究成果虽颇为丰硕，但既有成果并未完全处于文旅融合的总体框架下进行探讨，忽视了旅游空间的文化生产以及文化对旅游空间的建构意义。⑦新型的文旅空间更应作为由单一的“物理属性”向更为丰富的“社会属性”“文化属性”转变的结果⑧，体现出超越传统旅游空间的“从形态到内容”的多元复杂变化。

张琳和张佳琪提出文旅空间是文化空间在旅游层面上的具体体现，具有明确的地理空间范围，也是旅游主客体互动的空间。广义上的文旅空间等同于旅游地的文化空间，其更加强调了文化空间的旅游属性。文旅空间是旅游者消费的对象和游客获得旅游体验的前提条件。除一般意义上的感知和认知外，它还包括对当下文化空间的在场体验、生产体验、生活体验、生命体验以及对未来理想空间的期盼。⑨

（二）文旅空间的类型

1. 黄丽娟的三种文旅空间分类⑩

（1）在场空间

在场的空间，即各种非物质文化遗产存在的自然物质载体以及所关联的主体构成的时空场所，它们是非物质文化遗产的物质存在形式，也是重要标志之一。这些空间往往具有传承人、边界、核心存在物（标志）及其环境等存在要素。这些要素保持着原始文化空间所有的文化元素，保持着非物质文化的真实属性。

（2）再现空间

再现的空间是指以原生态文化空间要素或场景为标准，经过迁移的、复制的原生态

① 苟雨君，何孝凡，苏振宇.国土空间规划视角下区域旅游空间结构识别与规划路径［J］.经济地理，2023，43（04）：184-193.

② 工堞凡.文化地理视角下传统村落景观旅游空间营造 以贵州省赤水市丙安村为例［J］.社会科学家，2023（03）：51-56.

③ 邵明华，杨甜甜，李大伟.黄河流域文化旅游空间生产的动力机制与实践逻辑［J］.行政管理改革，2022（12）：20-29.

④ 张圆刚，郝亚梦，郭英之，等.共同富裕视域下乡村旅游空间正义：内涵属性与研究框架［J］.经济地理，2022，42（11）：195-203.

⑤ 吕丽，胡静，田小波，等.武汉市乡村旅游空间集聚演化格局及影响因素［J］.长江流域资源与环境，2022，31（06）：1234-1248.

⑥ 王珺颖，谢德体，王三，等.基于POI提取的山地丘陵区乡村旅游空间分布研究——以重庆市农家乐为例［J］.中国农业资源与区划，2020，41（05）：257-267.

⑦ 罗大蒙，吴理财.文化为魂：乡村文旅融合中的空间重构［J］.南京社会科学，2023（03）：143-150+160.

⑧ 于秋阳.在线文旅新空间的消费特征与建构机制［J］.旅游学刊，2021，36（07）：10-12.

⑨ 张琳，张佳琪.传统村落景观情境感知与游客体验质量的关系研究——以宏村、篁岭村、诸葛八卦村为例［J］.建筑与文化，2017（07）：186-188.

⑩ 黄丽娟.基于文化空间视域的非物质文化遗产旅游空间的建构——以武夷山大红袍传统工艺为例［J］.湖北文理学院学报，2018，39（11）：55-60.

文化空间，其被认为是文化空间的再现。

（3）再生空间

再生的空间是指以非物质文化遗产的核心文化要素为因子，与其他各类文化需求或文化空间相结合，建构新的空间，从而产生具有新的吸引力的文化旅游空间。有的学者称其为“旅游化生存”再造的空间。从本质上讲，再生的空间是新型、独立的旅游文化空间，其文化基因来自传统文化空间的基本因子，应当是新条件下的文化空间的“活化”。

2. 业态形式的文旅空间类型

按照业态的不同可以将文旅空间分为主题餐厅、民宿酒店、历史街区、主题公园、文旅小镇、文旅公共服务空间、元宇宙、文旅创意聚落、文旅产业园等。表 6–1 以表格的形式列出各种类型的文旅空间的特征、典型案例、目标人群、运营主体。

表 6–1　文旅空间类型分析表

	特征	典型案例	目标人群	运营主体
主题餐厅	具有主题性，依据当地的民俗风情或者结合各种高科技手段	伦敦 Inamo 餐厅	对这一主题有感官的人	私营
民宿酒店	规模较小，能够突出当地的特色	“墟里贰号”“沿海山居”	来当地旅游的人群	私营
历史街区	街区有一定的历史性	湘潭窑湾、大唐不夜城	当地的人以及来旅游的人群	政府、资本、居民
主题公园	强烈的个性，普遍的适宜性。被动游憩形式。投入高，占地规模大。高门票，高消费主题公园的选择与定位	国家文化公园（广西段）、迪士尼公园	以青中年居多，老年偏少	政府、资本或二者协同
文旅小镇	融合、跨界、共享	湖南十大特色文旅小镇	来当地旅游的人群	政府、资本或二者协同
文旅公共服务空间	资源的使用不受限制，具有公共性	昆明市“悦读小屋”、杷山书院、兴化邵阳里、西泠书屋	当地的居民	主要是政府
元宇宙	具有较强的沉浸感，充分利用高科技	迪士尼“星球大战”主题公园	以青年为主	资本
文旅产业园	产业链较为完善，体验感较强，具有一定的科普性	文昌“椰子王国”	当地的人以及来旅游的人群	政府、资本或二者协同

二、文旅空间的构成

（一）物质空间、文化空间、社会空间①

物质空间：是指在旅游中可以被感知与认识的实体地理空间。如：山水、建筑、文

① 史晨旭 . 权力视角下元阳箐口村文化旅游空间生产研究［D］. 云南财经大学，2022.

物等。

文化空间：是一种社会现象的组合，是在人们长期的生产生活中创造出来的产物，是当地人信念和意志的精神空间，游客通过在当地的逐渐了解，知道事物背后所蕴含的精神，或者特定事物所代表的寓意。

社会空间：是特定地域中当地人之间交流互动、社会关系和生产实践行为的社会性空间，是居民的生活层面的空间，是居民和使用者体验的空间。如：历史老街中仍保存的部分可居住地。

（二）“点、线、面”与“古、今、将”

如物质形态的遗址古迹、院落村落聚落等，具有固定性、长存性的特点。非物质形态的宗教文化、民风民俗、饮食文化、建筑文化等，具有抽象化、可感知、可体验的特点。它们互相交融并存，构成主要节点。随时间推移，把各节点串联成“线”的空间形态应用，如营造不同的文化体验与旅游观光线路，点和线较多地交织在一起形成了区域，扩展成了“面”的空间形态发展，来提升区域乡村文化旅游空间营造的整体意象。此外，文化旅游空间基本形态的形成又由传统文化的历史空间、现实文化的多元空间和未来文化的伸展空间而组成。①

三、文旅空间的演变

文旅空间演化总路径是从文化旅游要素系统到文化旅游空间形态的过程中，各要素单元经过物质维度、时间维度、区域维度的三方面的演化路径，逐渐形成完整的文化旅游空间形态结构。从物质维度、时间维度到区域维度是一个逐步递进的从属关系，是一步一步升华完善的过程。如图 6-1 所示。

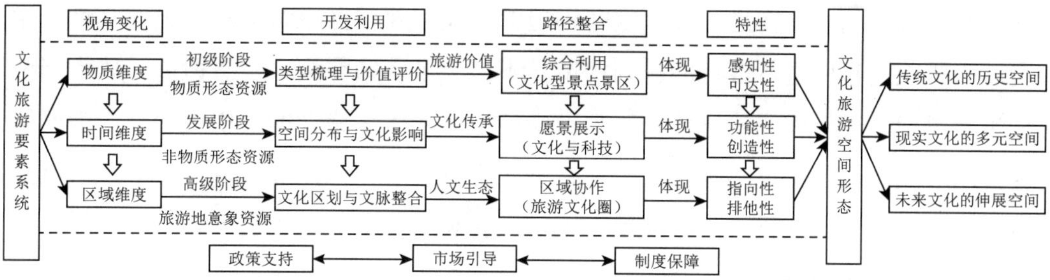

图 6-1　文旅空间演变过程图

① 王维康 . 基于世界自然遗产影响力下的衢州江郎山乡村文旅空间营造研究［D］. 浙江工业大学，2020.

四、文旅空间的营造

（一）文旅空间营造原则

1. 以人为本原则

人类是旅游活动的活动主体，旅游是人的一种行为方式，脱离人的旅游方式是不切实际的。要从游客的角度，去考虑旅游空间建造的模式。要坚持以人文本的原则从游客出发，在满足游客的物质与文化精神上，为游客营造充分的舒适感、亲切感、体验感。可以在景区增添公共厕所，公共 Wi-Fi，引路员、清晰的地图等一系列措施，来满足游客在景点的需要。还可以设置投诉信箱，鼓励游客积极提出景点的不足，对真正有用的意见给予一定的小礼品以示感谢，也能提高游客的积极性，早日完善景点。

2. 整体性原则

整体性原则是指既要保护文化旅游地的物质形态，也要保护非物质形态，如居民的传统文化、风俗习惯、生活方式。在一个地方进行文化和旅游的开发，可能会对当地的建筑、当地人的生活方式等发生一定程度的改变，这种改变在早期是无法判断出来的。可能会因为在当地的旅游开发，当地人会放弃自己世世代代的农耕文化，而转向投入收入更快的如民宿、景区里面开小卖店之类的赚钱方式。这样下去会丧失当地传承下来的农耕传统，变得商业化、模式化，风俗习惯也会变得天差地别，当地也会失去想要向大家展示的农耕文明。所以在对文化旅游地进行开发时，一定要考虑到是否符合当地的文化习俗，人们的生活状态这些非物质形态，开发时要进行及时的引导和维护。

3. 原真性原则

原真性原则是文化旅游开发的基础，一般包括文化旅游目的地的历史原真性、生活真实性和风貌完整性。在进行文旅空间构造的时候，要根据旅游地的历史原真性、生活真实性和风貌完整性进行合理的排列构造。不能为了营销噱头，故意捏造，放大当地历史、生活风貌，进行虚假的宣传，给来参观的游客注入了错误的历史观念。之前网络营销宣传的玻璃湖便是无良商家的噱头，在到了之后发现原来图片仅供参考。坚持原真性的原则，发展真实的文化旅游，展现真正的风貌和原生肌理，才是正道。

4. 可持续发展原则

文旅空间中有很多的地方是在遭到破坏后再也无法得到修复的。所以为了造福后代，在一开始时便要对文旅空间进行一定的保护。坚持可持续发展原则，绿色保护文旅空间里面的景点。如：在敦煌莫高窟里面，之前因过多的人流带来的二氧化碳气体还有敦煌恶劣的环境都加速了壁画的侵蚀，造成部分的壁画脱落和颜色暗淡。在发现问题之后，通过对游客限流，数字化敦煌莫高窟、修复壁画等一系列手段尽可能地保存好壁画，让之后的人也能够看到这绝美的壁画。还有，在对古物的修缮上面，中国坚持“修旧如旧”的原则。在修缮文物时，在原文物的基础上，利用高科技手段，找到最合适的匹配材料，经过多种手段修缮，做到让人们看不出来这是曾经破损过的物件。所以，在文化旅游中是禁止游客对任何东西造成破坏的，更不要说在旅游途中对看见的东西刻字留念，这是一种不好的行为，不利于文旅空间的可持续发展。

5. 善用科技原则

科技日益进步，在文化旅游空间构造中我们仍然要意识到科技是一把双刃剑。要在合适的地方使用，不要过度依赖科技。在空间构造的时候确立科技与景点的主次关系，在非科技主导的其他景点中仍要以景点为主，科技为辅。比如很多的旅游地都是依托于丰富的山水和古建筑，如果在其中添加过多的科技元素反而会觉得山水不够质朴、建筑不够古老，无法切实地感受山水的奥妙、古代建筑的智慧结晶。所以在构造空间的时候一定要把握好科技的度。让科技与文化旅游地互利共赢。

（二）文旅空间营造内容

文旅空间营造不仅是具体的物质空间营造，还是空间中社会关系、文化意义、社会权利的形成、生产、重构以及实现。

凯文·林奇提出运用通道、边界、区域、节点、标志五种元素可以在人们的主观与客观之间建立联系，创造积极的空间形态和空间秩序。

依据不同的标准对空间形式、空间功能、空间的象征意义、空间活动等一系列过程进行集体控制。

物质空间营造：自然禀赋挖掘、物质文化景观塑造、社会空间营造、文化活动开展、空间秩序建构、空间消费活动开展、空间主体身份再生产。

精神空间营造：空间文化符号的建构、媒介对空间的异化、神圣空间的借鉴、数字虚拟空间的构建、民族优良传统的表达。

第二节　文旅空间营造创意

随着人们生活水平的不断提升，旅游已成为大众休闲的最佳方式，因此旅游业得到蓬勃的发展，且发展速度非常迅猛，成为我国的支柱性产业之一。但是旅游业快速发展的时候很多的弊端便暴露了出来，而旅游业想要进一步发展，有些问题的解决是迫在眉睫的。而笔者认为创意能让文旅产业焕发新的生机，能为这些旅游业的沉疴奉上良药，是解决问题的重要组成部分。

一、创意在文旅空间营造中的作用

（一）解决文化旅游空间的同质化问题

文旅空间的同质化着重表现在以下几个方面：产品同质化、特色同质化和运营模式同质化。创意能够成为文旅空间的同质化问题的突破点。

首先是产品同质化、特色同质化。打破产品同质化，首先就要深挖当地的特色。卖只有当地才有的东西，即使是别的地方的特色，但是经过创意结合当地历史亦可成为自己独一无二的特色。比如：国家博物馆推出的云纹犀尊、说唱俑形状的冰淇淋。冰淇淋并不是当地的特色，但是在博物馆的创意下，将冰淇淋与自己有趣或者蕴含美好意义的文物结合在一起，即成为博物馆的一个打卡拍照的点。并且这种产品很难被别人替代，在一定程度上对文物进行相关的介绍，有利于中国传统文化的宣传。创意成为产品与当地特色之间的桥梁。

其次是运营模式同质化。很多地方会因为某些元素与一些优秀的地方相似，存在套用优秀案列，但是因为并没有结合本地的特色，而无法落实下去，始终吸引不到游客。如何创意地发现自己的特色，然后再发展具有创意性的运营模式是目前国内部分地方正在尴尬的点。桂林是一个优秀的案列。它先用“桂林山水甲天下”打出名号，接着又相继推出了《印象·刘三姐》《梦幻漓江》等作品，在逐渐稳定客源之后，又从桂林本地客源引流，广西其他类似桂林的地方推出“小桂林”，再次吸引客流。桂林山水并非无可替代，中国的名山名水不少，但是在桂林的创意营销模式下桂林山水成为第一并且这个观念逐渐深入人心，后续的《印象·刘三姐》的创作又拿下多个第一，是国内首个山水实景演出，种种创意的叠加，成就了桂林现在无可撼动的地位。《印象·刘三姐》以及桂林，即便其他的地方也存在同类型的山水或者民俗文化，但是人们第一个想到的仍然是桂林。优秀的创意成就了桂林。让桂林模式无可替代地解决相当大一部分的同质化问题。

（二）解决文旅元素与环境缺乏有机整合问题

文旅元素的长久发展离不开当地环境的支撑。尽管有些文旅元素可能不是特别符合当地的印象，但是创意能够解决文旅元素与当地环境缺乏有机整合的问题。

创意是沟通文旅元素与环境的桥梁。在故宫博物院里面曾经创意性地推出了《我在故宫修文物》系列纪录片、在元宵节推出了“紫禁城上元夜”，还推出了相关的文创产品，在故宫博物院里面还有印章集卡点，等等。故宫博物院的一系列创意性的推出让历史悠久的故宫博物院重新焕发年轻的光彩。故宫博物院本身并没有太多的娱乐价值，很多人来博物馆是为了看文物了解文物的历史，对于大部分人来说没有太大的吸引力。但是在博物院的一系列创意操作下，吸引到了更多的年轻人来到博物院，让顾客回流。这一些创意产品的推出也并没有离开博物院的本质科普，让这些文化元素融入每个人身边去，其实也是一种更好的科普，不会显得那么的格格不入。做到文旅元素与环境的有机结合。

而湘潭的窑湾是历史街区和文化旅游互相结合的主体。居民生活区与文旅元素需要达到一定的和谐才能让窑湾进一步得到发展。过度的旅游消费空间可能会侵蚀窑湾本地所具有的地域传统和乡土精神，使其陷入利益化的困境。我们可以对此提出创意性的做法。打造具有窑湾文化的创意文化字符，做出窑湾的文化产品，打造属于窑湾的系列产业链。不摒弃窑湾本地的居住属性，提出改造创意性民宿，立足当地的历史文化底蕴打出招牌，鼓励当地居民房屋进行改造成为创意性民宿。让窑湾的文化字符不仅仅停留在表面，而是根植在窑湾精神之中。最后达到城市生活的传统韵味和非物质文化遗产日常生活的有机结合。

（三）创意产业与文旅空间存在强互动关系

霍金斯对创意产业的范围划定是所有在知识产权法的保护范围内的生产活动。而且综合国内有名的对创意产业的相关研究，可以得出创意产业是现代文化产业的重要组成部分。文化旅游空间的形成需要现代文化产业，所以创意产业与文旅空间之间是存在互动关系的。

海南作为唯一的一个生产椰子的城市，本身就具有一定的不可取代性。海南的文昌市在原有的椰子种质资源库基础上打造出了“椰了大观园”，重点挖掘的是海南的“椰子”文化，充分利用当地的众多的椰子资源，从而衍生出一系列相关产业。如建造椰子文化馆、椰子工艺品展览区、椰子主题餐厅，是集种植、生产、观光、体验于一体的文化园，并且是全国首家。创意性的产业的形成，为当地吸引到了游客。椰子王国的设立让更多的人了解到椰子植物的作用，也让来参观的游客可以自己亲手制作与椰子有关的零食，体验游购娱一体化的大型椰子博物馆。在深度挖掘了椰文化后，椰文化的系列创意产业得到了发展，并且成为当地的旅游亮点，成为全国游客了解海南椰文化最直接的窗口。文昌市的文旅空间与“椰文化”形成了很好的互动，吸引到了众多游客，也为当地的经济发展贡献力量。

二、文旅空间营造的创意理念和方法

（一）创意理念

1. 传统再生

中华民族的优秀传统文化博大精深，在建筑方面也是一片辉煌，是我们宝贵的财富。在进行合理的安排后，仍能够供世人观赏而继续发光发热，甚至能够担任更加重要的责任。有很多的历史街区，传统古建筑秉持着“修旧如旧”的原则，致力于建筑的保存与传承。比如：故宫博物院，前身是明清两朝的皇宫，在中华人民共和国成立后，对经受战乱的紫禁城进行修缮，在做到修旧如旧的基础上，加入新时代的技术，更好地保护这座宫殿。重新对文物登记入库，让故宫博物院的职能再一次行使。如今的故宫博物院，除去诸多荣誉外，也是深受游客喜爱的观光之地，每年来故宫参观的人络绎不绝，更是肩负了传承中华优秀传统文化的重担。

2. 主客共享

发展当地旅游，除了让更多人能够来到旅游目的地享受美丽的风景、古老的人文历史，还要不影响当地居民的发展，为当地居民带来旅游的红利。只有达到这样的情况才是最好的主客共享的环境。卓克基土司官寨在政府的帮助下开展了一系列的旅游项目，增加收入来改变当地人的生活状况。当地是电视剧《尘埃落定》的取景地，电视剧的播出也让大家知道了美丽的卓克基土司官寨。当地深耕土司文化，成为马尔康嘉绒文化的重要展示窗口。当地政府多次在马尔康市组织举办嘉绒藏族原生态锅庄舞蹈比赛，显示文化的传承、促进文化交流，同时吸引了诸多游客来当地旅游参观，并且政府会对获得奖项的乡镇队伍给予物质的奖励。

3. 环境友好

旅游业基本上是以名山大川、河流湖泊、人文古迹等为舞台来进行活动，而这些都属于自然环境的范畴，旅游业应当成为“环境友好型”的先行者，毕竟只有留下了这些优美的环境，才会有旅游业的持续发展。株洲是有名的重工业城市，但是在近几年推出诸多政策，比如修建了沿江风光带，集防洪、旅游、休闲观光等功能于一体。有着河西、河东十景、四山、四水以及诸多的人文资源。沿江风光带成为株洲的旅游新名片，提升了株洲市的防洪能力，美化了株洲环境，是诸多旅客来株洲打卡的重要地点之一，当地的市民也喜欢在沿江风光带锻炼身体，走路散心。真正地做到了环境友好型旅游。

4. 可持续

可持续发展战略于 1995 年正式在中国提出。习近平总书记强调“绿水青山就是金山银山”。在旅游业得到了重视。黄河三角洲区域在近几年的发展下，湿地的面积飞速地扩大，成为诸多濒危鸟类的栖息之地，独特的环境造就了黄河三角洲“新、奇、特、旷、野”的美学特征。黄河三角洲遵循可持续发展的理念，不断拯救湿地资源，为后人谋福祉。并借助优越的地理环境，当地曾多次举办槐花节旅游活动。活动以花为媒，以节会友，借助独特的湿地和槐林资源，发掘丰富的文化旅游资源，让广大游客充分体验黄河三角洲独特的原生态湿地景观。在保护湿地资源的同时，也带动了当地旅游业的发展。

5. 价值导向

文旅空间营造需坚持正能量和积极向上的价值导向。东北雪乡曾被媒体曝出宰客问题，造成无法挽回的名誉损失。当地行业在管理上的漏洞让这种欺诈行为存在，造成雪乡游客量一度大幅锐减。利川、宜春推出的宣传口号“我靠重庆”和“一座叫春的城市”都将自身推入舆论漩涡。这些都是文旅空间营造中一些错误的价值取向，违背了中华民族的传统道德观和社会大众的精神审美，舍弃了文旅行业传递正向价值的责任担当，都是极不可取的。

（二）创意手法

1. 空间布局创意

在江南地区有一些很古朴的林园，在空间布局上是很有意思的。能够最大程度地借景，让游客在其中遨游的时候能够感受到超凡脱俗的意境，这是一种完全与繁华的都市截然不同的感觉，特色的创意建筑，增添了不少的可观赏性。苏州拙政园因地制宜，以水见长。在园林里面虽然没有湖泊但是在能工巧匠的技术下水池似湖泊，造成视觉假象，营造出疏朗典雅、天然野趣的氛围。前期的亭台楼阁较少，隐约的竹篱、茅亭、草堂与自然山水融为一体，可以尽情享受山水。庭院错落，曲折变化。在拙政园后期增加堂亭榭、游廊画舫等园林建筑，其次是建筑趋向群体组合，庭院空间变化曲折。游客在曲折变化中，一步一景为游客增添不少的趣味。园林景观，花木为胜。拙政园向来以“林木绝胜”著称，数百年来一脉相承，沿袭不衰。错落的花木景观，为拙政园更加增添了一些情趣。吸引游客沉浸，探索。

2. 空间功能创意

极大地利用空间，可以实现一个地方的转变升级。打破一些地方的桎梏，实现创意性的改造，可能会收获意外之喜。中国大部分地区的高速公路服务区都是非常简陋的，物价昂贵，所以一般来说路过的游客都不会愿意在这里多停留。但是阳澄湖高速公路服务区，打破了这些桎梏，将一个游客短暂停留的服务区打造成了兼具中转、休闲、旅游、购物功能于一体的场所。在这里有科技馆、巨大的非遗馆、购物中心、三大花园、众多的美食店铺，在这里能够获得物超所值的体验。将苏州有名的一些景点进行复刻加入了服务区，服务区整体是古朴温婉的苏式建筑，好似将苏州城搬了过来，被人赞为“小苏州”。它在空间功能上实现了创新。为阳澄湖高速公路服务区吸引到了大批的本地、外地游客，实现了高速公路服务区的转型升级。

3. 空间符号创意

空间符号来自一个城市的地标性建筑或者代表性的事物，包括美食、动物、植物甚至人物，都可以通过创意的转变成为一个代表地方感情的符号，代表人们对这个地方的精神寄托和依恋。而这个符号会成为这个城市的代名词，也能够成为人们旅游时的最佳记忆点。在四川成都，大家可能第一印象就会是国宝熊猫、川剧、火锅、麻将一系列琐碎的名词。但是在经过创意性的改造下，这些元素甚至可以汇聚到一起来。可以打造一系列的熊猫 IP 与这些元素相融合，在市场宣传下进一步巩固四川当地这些有名的特色，然后利用 IP 打造好城市建筑和文创产品。即便其他地方也有类似的元素，可是却无法取代四川在这些元素中的地位，这是游客旅游的第一想法。如此一来，四川的符号便确立了下来。

4. 空间活动创意

文旅空间能够吸引源源不断的游客，有较好的活动创意是一个极为重要的点。迎合近几年的国风风潮，以及中央对中国优秀的传统文化的宣扬。中国的优秀传统节日越来越受到大家的重视。在我国很多地方举办了与传统节日有关的活动。在春节的时候各个地方都推出了不同的活动，吸引游客在春节期间进行春节旅游。比如成都博物馆“富贵长春——中国传统财富文化展”等展览吸引人们“博物馆里过大年”，山东曲阜非遗传承人演绎古法拓年画，安徽宁国的“三灯”贺新春 古镇年味浓等。在全国各地都有活动共同祝贺新春佳节的来临，吸引了大批以家庭为单位的旅游群体，异地过年，满满的都是年味。所以文旅空间中的活动可以立足于中华优秀传统文化里，既能为中华优秀传统文化增光添彩，也能够拉动本地的旅游业发展，更进一步。

（三）新时代文旅空间营造的技术策略

1. 场景营造的科技支撑

通过科技对场景进行改造，让科技为场景提供更多的可能展示在游客面前，增添更多的新鲜感，也有更多不一样的体验。如玻璃栈道的出现便是充分利用科技的成果，双层夹胶玻璃与不锈钢龙骨架巧妙结合，让高山中凭空出现一条连接，漫步在空中，脚踩白云，腾云驾雾，让您感受凌空千米的神奇，千沟万壑尽收眼底，给游客除了爬山以外的刺激感与惊险感，也为这种相关景点设计出了新的出路来吸引游客。还有近年来海南在儋州市滨海新区第四组团人工打造出了海花岛。利用先进的填海造地的技术，在足够的技术支撑下中国在海洋上打造了一个旅游岛，岛上国际会议会展中心、博物馆群、童话世界、水上乐园、海洋世界、国际购物中心、现代酒店群、五国温泉城、华夏影视基地等28大业态一应俱全。是当之无愧的旅游集群，成为当今很多人去海南游玩的打卡点。

2. 空间活动的科技支撑

在科技的发展下，很多新奇的科技融入一些活动里，打破了以往一些活动的桎梏，用新技术为活动注入新能量。比如，在湖南博物院推出了3D投影，将一些元素投影在相关的展台上面，栩栩如生地将一些文物展示给游客，这样既保护了文物也能让更多的人详细观看到文物的细节；在山东美术馆中，文物与“电子朋克”结合，断臂维纳斯与机械手臂共舞，又土又潮，吸引了很多年轻人的目光。文旅空间的活动在电子技术的支撑下，更加与时代相融合，让古老的事物也焕发出了年轻的风采。在空间活动里面有大量科技支撑的还有带有科普性质的科技馆，除了是旅游点更是各种高科技的融合，在那里会举办各类活动，让人们亲身体验科技魅力。

第三节　文旅空间营造的分类创意

一、主题餐厅创意

（一）主题选择与表现

1. 主题的选取与凝练

主题构思、内核精神的提炼（如“莲五义”，方法：从传统生活文化、精神文化和佛教文化中提取精神奥义），通过对案例的分析，来阐明精神内核提炼的方法。主题餐厅的选定从定下一个特殊的主题开始，一个良好的主题会提高餐厅的格调，吸引更多的人加入。可以从以下四个大的方面着重思考：以怀旧或复古为主题、以田园野趣为主题、以地域文化性为主题、以文化艺术为主题。

假如一个餐厅从“荷花”着手定位，我们可以从以下几个方面着手，不断完善“荷花”的主题餐厅形象。首先，以荷花为主题的餐厅，本身便可以吸引喜欢荷花的人，主题餐厅内布置较为精美的荷花盆栽很容易吸引这一类固定人群。荷花几乎所有的部分都可以食用，可以在此基础上制造“荷花”特色美食。然后粗浅的便是从外观定义，中通外直，不蔓不枝，古人经常以荷花比喻美人。其次，从谐音字方面着手，“荷”通和，在主题餐厅里面便可以加入“家和万事兴”的相关元素，成为家族聚会的首选，成为主题餐厅里面的一个重要组成成分。荷花又名莲花，莲即“连”，从喜结连理的角度出发可以开拓爱情主题，扩大情侣市场。然后，追究荷花本身的精神内涵，古人赞美荷花“出淤泥而不染，濯清涟而不妖”表示荷花的纯洁高雅，近几年对传统文化的不断重视，荷花美好的寓意逐渐为人们所熟知，使餐厅的基调在一定程度上变得高雅，更容易吸引人群。最后，横向链接。荷花在中国宗教文化上占有很重要的定位。以荷花为主题的餐厅可以定位为超尘出俗，为快节奏生活下的打工人们，提供一个可以躲避烦恼，悠闲享受人生的地方。

主题餐厅主题选定与诠释是影响餐厅的一个重要因素，主题餐厅的管理者对主题的了解程度和精神内核的开发需要一定的过程，才会让主题餐厅的形象多样化，全面化，更好地吸引顾客。

2. 主题的表征与呈现

在符号设计（logo 设计、口号的设计）、场景、菜品、菜单、餐具、餐间活动、服务等方面皆要体现主题，且表现方式各自不同，且巧妙恰当，使得餐厅呈现文化空间的相得益彰。主题的表现与呈现是一个相辅相成的过程。场景提供最鲜明的招牌，极大程度上影响顾客的第一感官印象。如有名的和平饭店，外形大气且极其具有历史感，再结合饭店本身的中西结合给人一种愿意一探究竟的欲望。在合适的场景，选用合适的餐具更加有利于烘托餐厅氛围，给人一种新鲜感，此时再品尝特色菜品，即使菜品不会那么优秀却也给人极佳的感受。

主题餐厅的符号设计中，餐厅的 logo 宣传和口号设计等容易提高餐厅的宣传度，助力市场营销。进行严格的服务培训是极有必要的，以服务而占据市场的海底捞便是一个成功的案例，一个好的服务人员很大程度上是可以帮助餐厅增加印象分的，也更加便于餐厅进行统一管理。但是一个主题餐厅一定要立足于最基础也是最重要的菜品上，一个主题餐厅空间设计再好，营销再完美也只能欺骗一次消费者。当餐厅将一些菜品做得有创意又好吃的情况下，其他不完美之处只是次要因素，一定会有一部分人因为菜品优秀有创意而成为固定的食客。

（二）菜品、菜单及餐具创意

菜品、菜单及餐具创意是主题文化的呈现，也是主题文化的深化，是创意汇聚的主要集中点。餐饮业的创意最先从菜品开始，然后逐渐完善形成“菜品 + 文化 + 管理”的新模式。

国风风潮的兴起，在优秀的影视作品推动下，仿唐宴、古代糕点等这一类逐渐兴起，特殊的古代美食，巧妙的口感，特色的古代器皿，精湛的制作手艺在菜品和餐具的强强联手下，吸引了大批人的追捧。

众多影响因素之下，分餐制逐渐流行，出现了中式菜肴西式的做法，打开了菜品的新思路，也是形成一种主题餐厅的好方法。除此之外，一个菜肴为了在不同的地方获得不同的受众人群，务必在口味上进行改变。如，湖南的剁椒鱼头在杭州厨师的改良下，成为一道有名的杭州菜，让大家看见了不同的风采。

中国人喜欢讲究寓意，如：夫妻肺片里面没有夫妻，龙凤呈祥里面没有龙筋凤髓。但是在这种名字的加持下，我们会更愿意点这些菜名里面有这些吉祥寓意的菜，好像就能沾沾喜气，其实这些菜品也寄托了中国人民对未来的美好祈愿。在这种情形下，逐渐涌现出了各种主题餐厅：在以“游子归乡”的餐厅中，每道菜都与家人沾亲带故，让食客仿佛就在品尝家人制作的美食一样，给在异乡的游子以家的寄托。

还有一种较为猎奇的餐厅逐渐出现，将菜品餐具以及菜单与电子科技相融。在品尝不一样的美食的同时还能看见一场视觉盛宴，达到味觉和视觉的双重共赢。伦敦有家餐厅叫 Inamo。餐厅并没有纸质菜单，客人可以直接在桌面上看到投影出的餐品信息。在等待上菜期间，这张电子餐桌还能进行与菜品相关的投影。

总而言之，一个主题餐厅里面菜品，餐具，菜单三者是一个完整的整体。三者互帮互助之下，才能相得益彰，形成一个好的菜肴，源源不断地吸引顾客，经久不衰。

（三）场景符号创意

让人记住一家餐厅是离不开一些能让人一眼就记住的元素的。在四川的川菜馆大多商家会以川剧的脸谱、熊猫等一些具有当地特色的东西为元素，但是千篇一律特别容易让顾客没有记忆点。也有一些川菜馆将川菜搬进了仿古式园林，甚至还有将川菜带进酒吧里面变成一个川菜酒吧，就比单纯的川菜馆更加具有吸引力。如和平饭店有一个很著名的特点便是它的建筑装修风格好像带人回到了旧上海，低调奢华，这些元素加起来不仅成为酒店的场景符号，也让和平饭店成为上海的地标性建筑。

（四）餐间活动创意

用餐的仪式感成为餐饮服务重要的组成部分。在之前提到过的仿唐宴中，会有一些仿古的用餐仪式，甚至会提供古装给来用餐的顾客，顾客在用餐时甚至会请专人弹琴、跳舞等。全面打造一个让顾客可以身心愉悦的环境。还有在少数民族中比较盛行的唱跳形式，在客人用餐时在旁边“跳菜”，注重表现对客人的热情与客气。但是餐间的活动创意从本质上来讲是为了给客人提供更好的用餐感受，过犹不及的吵闹会影响客人的正常用餐。要从餐厅的机构上合理安排表演空间，不能主次不分，喧宾夺主。

二、民宿酒店创意

民宿酒店与普通酒店相比，更加会结合文化创意并且以知识经济为基础，具有一种文创气质。民宿是一个创意空间，坐落于不同位置的不同民宿都有自己的风采。“墟里贰号”民宿以梯田风光为特色，充分结合当地的特色景观，带人走进陶渊明笔下的“采菊东篱下，悠然见南山”的自在悠闲世界。服务设施可能比高星级酒店相差一些，但是带来的精神愉悦远高于固定化的酒店模式。

民宿酒店可以是一个很小的点，但是也可以构成一个面。引领乡村经济新业态，构筑新空间。“岩海山居”民宿项目，落地实施后，民宿经营者年收入超过 10 万元，盘活了整个村。让一系列的精品民宿成为当地吸引客人的重要手段之一，带动了乡村的正向发展。

情怀是民宿酒店前期的重要卖点。创意文化主题空间和营造自然的室内环境，是民宿主人讲好故事的重要体现，室内外空间的元素互动，结合当地的地域特色，自然而然地形成带有地域特色的整体文化风格。

三、历史街区创意

具有真实遗存历史信息以及具有一定规模的生动现实生活，能够充分反映一定历史时期、一定地方、一定民族的鲜明特征，它的特征和外观都有保护和修复的价值的叫历史街区。以湘潭窑湾为负面例子，当地人才辈出有诸多的优秀人才在这里留下过足迹，有丰厚的人文底蕴。却因为缺乏管理，当地的同类商业竞争严重，商业气息弱化了情感依恋，并不为人们所知。 由此可见，依托历史街区的文旅空间，要对街区的历史文化进行着重的开拓，融合创新发展，鲜明地表达自己的文化符号，吸引客人眼球。做得比较好的则有大唐不夜城，它是全国唯一一个以盛唐文化为背景的大型仿唐建筑群步行街。依托大雁塔构建了完善的文旅空间以及商业圈，大量古风元素的合理运用立足古代建筑形成了自己的风格。利用多方元素最终形成自身 IP 吸引客流。

四、主题公园创意

主题公园的开发，相较于主题餐厅、主题民宿更加有难度，涉及的面也更加宏观。主题公园需要考虑到的一个重要的点是公共性。公园一定要贴近居民的生活。以国家文化公园（广西）为例，当地以红色文化为基础修建了全州红军长征湘江战役纪念馆、湘江战役烈士纪念碑等景点，这些景观的建立让更多人知道了这段红色历史，也深深地加强了当地人民的自信心。除此之外，将那段历史从枯燥的书本带动出来，利用现代电子科技技术，如 VR 投影等技术还原了当时的历史场景，让人们更加生动地了解那段血和泪的历史。公园还积极与相关的红军长征、湘江战役等文艺作品进行联动，进一步扩大园内相关的景区的影响力。周围的居民在此发展基础上，在周围开始售卖相关的小商品以及广西富有特色的民族服饰。带动周边的旅游空间发展，居民也因此获得了可观红利。

五、文旅小镇创意

文旅小镇大致由四种方式建立。古建遗址依托型、产业文化依托型、田园文化依托型、民俗文化创新型。古建遗址依托型，比如永州的零陵古城依托当地的柳子庙建筑建立商业古城吸引相关客流。还有众多少数民族会聚的小镇喜欢以当地少数民族文化为依托，在当地政府的牵线搭桥下形成一个大型的带有当地特色的集市。湖南十大特色文旅小镇在 2020 年授牌，主要集中在少数民族风情方面，还有少量在黄帝的历史资源上，虽然有较多美食，可是知名度并不高。而且很多文旅小镇陷入了民族风情怪圈，一眼看过去分不清当地的特色，没有什么太大的区别具有很强的可替代性。文旅小镇的发展仍需要一定的创新性，打破一些元素的桎梏，才能将文旅小镇做得越来越好。

六、文旅公共服务空间创意

文旅公共服务空间有很多种类型，比如小剧院、图书馆、美术馆等。昆明市文化和旅游公共服务中心配备了图书和阅读设备取名为“悦读小屋”，配备了一系列的必备设施还举办过非遗体验甲马拓印活动。还有在重庆的枇杷山书院作为重庆考古类书院，打造了“我在山城修文物”系列文物修复课程，在重庆·西泠书房艺术综合体可以体验到金石传拓、篆刻、书法等文化活动。通过举办各种有趣的活动吸引当地市民积极参与。让当地市民既可以学到知识，也能够获得很多的乐趣，推动了中华优秀传统文化的发展。兴化打造的邵阳里文旅空间品牌，形成了一系列的相关产业，如文旅书房、文旅餐厅、茶肆等，打造了一系列的产品。

七、元宇宙空间创意

元宇宙空间中充分利用了虚拟技术等电子科技技术，是现在比较新潮的一种展现方式。在迪士尼中便有星球大战的主题乐园，迪士尼将影视 IP 搬到乐园中，延续部分影视粉丝的热情。身临其境是这类文旅空间的立足点，通过科技将现实与虚幻的界限模糊，做到目前现实生活中不可能做到的一些事情。之后还会顺势推出一系列电影中主角吃过的同样的美食，让自己和电影中的主人公形成一个互动，打卡同款。这种类型的文旅空间关键在于较高的虚拟技术，才能确保身临其境的效果，避免造成负面影响，所以这类空间创意的前期成本是较高的。

☞ 拓展链接

第七章　文旅新媒体营销创意与策划

第一节　文旅新媒体营销概述

一、新媒体助力文旅营销的应用实践

（一）新媒体助力文创品出圈实践

一切生意的本质都是流量，新媒体是当下最大的流量入口，没有之一。不同新媒体媒介平台间沟通与中转、媒介错配是最大的损耗。整合一手新媒体资源，才能更好主导流量。协尔餐创联合西瓜传媒、湖南都市频道、风驰文化、创研股份四大传媒公司组建了新媒体联盟，顶尖资源汇聚一处。新媒体作为新的媒介是内容的载体和渠道，通过各种形式触达受众，而内容的根，源于文创，文创是一个品牌的内核。文创中的 IP 形象是文化载体，通过各种形式的内容，代表品牌去传递价值主张。“IP 是一个餐饮品牌内容输出最好的载体。”这是业界近期的流行语。一个好的 IP 是一个品牌的灵魂，他能够自己玩起来，与用户玩起来成为朋友，同时将品牌文化延展、丰富和加深，衍生出更多好的内容。有了内容，就有了故事，有了故事就有了传播，有了传播就有了品牌。

（二）新媒体助力目的地传播实践

从 2017 年 7 月 19 日“十点读书”发布第一篇文章开始，在 10 天的时间里，上海秘游营销策划有限公司选择了不同类型的 18 家公众号进行相关内容的创作和传播，最后收获 200 万的阅读量，视频浏览人数达 10 万以上，分享、点赞和留言均远超预期。从相关指数看，相关文章的转载达到百余次，乌镇和刘若英的微信指数增长近一倍。很多网友的留言非常走心，讲述自己十年的成长、与乌镇的相遇和对刘若英的热爱，情真意切，感人肺腑。更重要的是，一时间，乌镇宣传片和刘若英心归乌镇引发一系列话题效应，“回到乌镇”成为网友心仪的年度愿望。

（三）新媒体助力景区营销实践

1. 做好定位

定位就像是定海神针，给所有的运营行为推广以方向和规范。一个海洋主题公园的景区，如果每天都发一些无病呻吟的情感鸡汤和日常活动的营销内容，想必难以获得成功。景区账号在注册之前就需与景区品牌、产品、用户完美契合，从名称、logo、介绍、关注回复、内容策划、文案设计等各个细节上体现你与景区的唯一关联性，这样才能更好地增加游客对旅游景区的辨识度。

2. 选择渠道

如今网络发达，自媒体渠道有很多，但景区并不是每个渠道都要覆盖，选择几个适合的集中运营即可。有 2 个小技巧帮助选择渠道：一是看平台流量，比如抖音就是流量巨大的短视频平台，日活超 7 亿，是一个合适渠道；二是看自己客源平时活跃在哪个渠道，比如是一家乐园景区，客源来自本地及周边的年轻人，假设他们活跃在某个社区、论坛，那么景区就要去覆盖这个渠道。

3. 确定内容

输出形式有许多种，包括图片、海报、长文、短评、视频等。为了使推广效果最大化，吸引更多流量，在不同平台要选择不同的输出形式。还要注意与自己的宣传内容相匹配。比如景区要展示园区内某一个景点的天然风光，就适合拍视频，如果要公布景区政策调整，就适合图文形式。输出的内容风格也很重要。现在很多官方账号都会做拟人化运营，塑造接地气、搞笑有梗、贴心勤快的账号形象，拉近与粉丝之间的距离，这样的账号也容易破圈，吸引更多流量。为了与账号形象匹配，内容风格也要一致，比如搞笑风格、土味风格、自然实用风格，等等。

4. 确定转化

景区在各个自媒体渠道做推广，目的就是获取流量并转化为客源。但有了流量并不一定就能转化，还需要使用转化工具，以及景区的策略引导。例如抖音渠道可以使用抖音小程序。抖音小程序可以在短视频、直播挂载，而且挂载形式高度自由，景区可以将小程序的首页、产品详情页、活动页等挂载上去，充分满足不同时期的运营目标，使得推广效果最大化。

二、各类新媒体平台的运营生态

1. 各平台的中部账号最活跃

这给了所有内容创作者机会——只要有一两篇内容实现数据突破，就很有可能占领属于自己的流量成为中部账号。而中部账号能保持高活跃，徐图进取，成为更大的账号。

2. 流行内容分化

这是一个相对数值，在各种平台里看到的内容数据都很高。这时候我们就要用逆向思维来思考这个问题了，比如正是因为视频号的生活化内容相对较少，如果用户有这方面的兴趣，机器识别用户的兴趣偏好后，就会为他推荐仅有的一部分生活化内容，所以我们的内容被推荐的概率也就更高了。

3. 大部分平台视频时长增加

相较以前的短视频玩梗，用户更期待中视频看手法、策划，长视频学知识等，所以现在的新媒体平台都注重高水平的视频剪辑以及尤为重要的视频策划。

4. 快手、B 站吸粉力强

快手、B 站吸粉能力强各有原因，快手是因为用户大多处于三四线城市，对内容的辨别、鉴赏能力有限，一句“老铁”就足够让用户关注了。而对 B 站用户而言，打动他们的点太多了，一个梗、精致的制作、感人的结尾等，都是他们 3 连的原因，且 B 站的二次元垂直性较强，二次元用户更易关注 B 站账号也不是新鲜事。

5. 直播带货场次增加

直播竞争的加剧让直播内容策划团队更注重精细化、体系化的高质量内容直播。

6. 商业价值公众号仍然最高

微信粉丝池的粉丝价值高于其他平台，原因在于微信的粉丝更易培养黏合度，通过粉丝实现新媒体号的变现，也就是说微信粉丝的平均价值更高。

三、文旅新媒体矩阵运营策划

（一）文旅新媒体矩阵的内涵与作用

1. 新媒体矩阵的含义、类型

新媒体矩阵是指一种多元化的媒体形式，它包括了传统媒体和新兴媒体两大部分。传统媒体包括广播、报纸、杂志、电影、电视台等，而新兴媒体则主要是互联网上的一些新兴平台，如博客、微博、微信、论坛、YouTube 等。

2. 搭建文旅新媒体矩阵的作用

新媒体矩阵是一个概念，指的是新媒体在现实世界中所处的位置。它是由传统媒体（如广播电视）、互联网媒体（如博客、微博、论坛）以及其他新兴媒体（如手机应用、游戏）所组成。新媒体矩阵反映了一个重要的事实：传统媒体已不再是人们获取信息的唯一途径。人们可以通过互联网来直接获取信息，而不必依赖传统媒体。随着新媒体的兴起，人们可以通过多种途径来获取信息。例如，当一个人想要了解全球气候变化时，他可以通过搜索引擎来直接寻找相关信息；当一个人想要了解最新的电影评论时，他可以通过微博或者其他社交媒体来寻找相关信息；当一个人想要去旅游的时候，他可以通过一些 App 去了解去获得一些旅游渠道。

（二）文旅新媒体矩阵的构建过程

1. 前期准备

首先是同类群体的细分，根据分类细分出年龄、性别、兴趣、需求等不同群体；其次是不同群体的细分，有些企业运营的人群不是同一类，需要细分出矩阵实现分类运营。比如“学霸君”和“千聊”都运营了三类群体（“学霸君”的运营对象是学生 + 教师 + 家长，“千聊”的运营对象是听课者 + 讲师 + 分发机构），需要单独建三个账号。

2. 平台选择

确定新媒体的目标及运营对象后，再选择相应的平台进行矩阵布局，这里的平台主要指可以入驻的媒体或电商平台。

首先，需要了解一些常规的泛内容平台，分析各平台的优势和差异，要养成看新闻稿的习惯，这样如果有新兴媒体平台出现，就可以第一时间知道。

其次，根据企业垂直领域业务初步选择平台。例如摄影类企业可以选择蜂鸟网、站酷、Pinterest 等网站；美食类企业选择豆果美食、大众点评等。可以参考各类 App 细分榜单或垂直网站名单，寻找这些平台。结合媒体平台的特点，以及自身的资源优势和人力情况，再进一步做筛选，以确定最后可实现的运营媒体平台名单。

3. 平台差异化打造

评估运营层面，评估标准包括用户的纯净度、运营的自由度、粉丝的价值以及平台对运营者的扶持力度，其中成熟度和平台成立的时间长短、用户活跃情况及商业化变现情况相关。根据评估结果，设计多样化平台，确保各平台风格独特，特色鲜明，从而使得平台矩阵间形成特色和优势的互补，以便构建矩阵的整合力量，包括人员配备、个性形象打造，等等。

（三）文旅新媒体矩阵联合策划策略

企业想要达到多渠道营销的效果，那就需要一个完善的新媒体矩阵生态链，联合各大新媒体平台、周密安排各介质渠道发布时段并利用自媒体矩阵作为多流量入口为企业的私域流量池提供大量流量，这样能为企业的品牌创造出多样化，多元化，多渠道的推广宣传条件，借助发布在各个平台如微博、微信公众号的内容信息等，更直观地把企业信息展示在消费者面前，为企业提供更多的营销渠道、宣传手段，最终达到成交的目的。

第二节　文旅新媒体营销核心创意

一、文旅新媒体内容创意

（一）“新奇 + 文化 + 情感”输出

“新奇 + 文化 + 情感”组合到一起的时候，这一项媒体策划无疑是成功的。

弗洛伊德认为：“一个群体是冲动、易变而且不安的……任何一个希望对群体产生影响的人，在他的论证中不必要逻辑的规则；他必须危言耸听，必须夸大其词，必须一再地重复同样的东西。”如果人群是木偶，情绪就是你手中的线，想要成功达到刷屏效果，就必须引起大众情绪的波澜。情绪是驱动人类行为最好的催化剂，当然并不是所有的情绪都易于推动，高能负面情绪是大众最易被激发并相互传染的情绪。虽然人人都向往美好，但无疑“眼前的苟且”更具有搅动人们情绪的力量。

（二）IP 打造

在旅游景区同质化竞争严重的当下，IP 是景区差异化发展的重要依托，景区必须拥有基于自身文化和特色打磨过硬的 IP 产品，以体现景区的真诚。同时从 IP 中衍生出新产品和新内容，通过跨界合作、创意营销，强化景区自身的“用户”黏性，形成“粉丝经济”效应。“红”可以为景区带来流量，但是要实现“流量”到“留量”的转化，靠的一定是景区的品牌力。网红景区的生命周期是有限的，IP 价值拥有持续的生命力。大唐不夜城遵循一个“唐”的主题，创新演艺形式，形成系列 IP，让文化传承成为潮流，就真正用活了“唐”这个文化 IP。如果说文化是景区的灵魂，品牌 IP 是传播景区文化的载体，那渠道就代表着景区营销的整体发力方向。因此，景区要利用抖音等新媒体传播渠道，精心策划营销活动，提升景区的品牌力、影响力和效果力，助力景区实现从线上的内容破圈到线下的产品转化。

（三）故事手法

“世界与你想象中不同”这个故事讲述了父与女之间的隔阂，同时也意味着两代人之间的不理解，但是，当女主终于有一天踏上与父亲一样的旅途，看过一样的风景，那一道横跨在两人之间的冰河终于得以释然。“有时候，不懂他选择的人生，是因为没见过他所见的风景”这一句简单的旁白，不知是否能够轻易地戳中你的心脏呢？作为一个外国品牌，他们拍了一个中国故事：关于亲情和成长。随着长大和视野的开阔，旅行，催化了两代人从误解到理解，利用微电影的表现方式表达了猫途鹰“不同视野看世界”的品牌观点。同样百事在官方微信发布微电影《把乐带回家之猴王世家》通过六小龄童第一人称叙事手法将品牌融入，用微电影的表现方式，拉近与观众的情感距离，引起观众的情感共鸣，从而达到了让观众认可百事可乐品牌形象的目的。

（四）活动创意

营销要有创意，就是要创造事件（围绕营销目的事件），让消费者围绕事件自主进行传播裂变，从而达到力拔千斤的效果。现在有很多企业采用一些所谓“奇特”的方式来做话题营销，比如一些企业会在一些人流量较大的地方，摆放一些新奇特的物料，设置所谓的悬念，然后过个几天再揭开悬念；又或者做一些快闪，冷不丁一帮人跑出来跳舞之类云云。他们寄希望于这种“搞怪”的方式来博眼球，让消费者因为新奇而进行传播裂变。

前些年由新世相所策划的“4 小时逃离北上广”就算是其中的典范。在北上广移民和暂住人口已经是当地人口两倍以上的当下，房价高涨带来一线城市生活成本和竞争压力的急剧增加，早已把很多人压得喘不过气了。人们渴望抛下一切，来一场说走就走的旅行，然而面对残酷现实的深深焦虑，让这种渴望只能成为梦想。而新世相正是准确地利用了人们这种挥之不去的焦虑情绪，几乎不费吹灰之力就获得了成功。甚至有营销人评价此活动为当年下半年最好的营销策划事件。

（五）本土网红培育

1. 明确正确的引导、培育原则

要符合社会主义核心价值观原则，经济效益与社会效益并重原则，民间力量为主，政府引导助推原则。

2. 以组织建设与资金支持为保障

建议在省、市级文旅部门，安排专人负责“网红”的引导、培育工作，对于县（区）级文旅部门，可根据当地“网红”的活跃程度、热度，酌情考虑是否安排专人从事此项工作。建议设立专项资金，支持“网红”的引导、培育，专项资金应重点支持短期内难以进行产业化对接、难以产生经济效益的一些优质“网红”项目。

3. 引导培育一批具有本土文旅特色的优质“网红”项目

对于已经产生了一定影响力，能体现本土文旅特色的“网红”人物、景点等，应予以重点引导、培育，既要提供及时的价值观引导，也要在媒体传播方案、文化特质挖掘、经济开发等方面，提供专家咨询介绍、文旅企业对接等服务，使其在文化深度上能

更进一步，在后续开发上能实现更及时、更科学的布局。

4. 做好人才、公共设施建设，打造“网红友好型”省份

可以说，各地对“网红”人才的争夺，亦是各地人才争夺的重要组成部分，各级文旅部门应进一步主动作为，积极通过各种方式，发现、吸引、激励“网红”人才，同时，根据具体情况，及时沟通协调配套相应的公共基础设施，努力将陕西打造成一个“网红友好型”省份。

（六）关联热点

对热点要懂得选取，我们蹭热点写的东西是用户想知道的东西，而不应该是你认为用户应该知道的事情，所以你的用户想知道什么东西，可以在做好热点数据的数据反馈后，根据数据做调整优化；借助新媒体热点平台对于新媒体小白来说，不知道该怎么去蹭热点，这里就可以借助一下新媒体热点平台了，类似微博的热门，百度排行榜，乐观号的热点追踪等去选择与自己相关产品的热点。

二、文旅新媒体文案创意

（一）文旅新媒体文案类型和特点

新媒体文案与传统文案的写作有共通性，但因为新媒体文案投放渠道的不同，读者阅读习惯的变化，所以，新媒体文案对写作也有不一样的要求。新媒体较传统媒体具有发布成本低、传播渠道及形式多元化、互动性强、目标人群更精准、文案易被用户再创作传播等特点。

1. 发布成本低

传统媒体广告成本动辄上百万，而随着新媒体的兴起，企业的广告信息发布成本逐步降低，并不断将品牌推广预算转移到新媒体上。很多企业已经将广告投放渠道转向新媒体方向。

2. 传播渠道及形式多元化

传播渠道及传播形式均多元化。新媒体文案传播渠道包括并不局限于 QQ 空间、微信公众号、微博、支付宝服务窗口等，很多企业为了占据多渠道，会将同一信息根据渠道人群的不同而运用不同的文案进行发布。传播形式的多元化，让广告不仅以文字的形式发布，更有图文、视频、游戏等多种形式，这让广告形式实现了多元化呈现。

3. 互动性强

相较于传统媒体，新媒体文案传播不再是单向输出，消费者可借助微信、微博等社交平台，直接与企业品牌方沟通互动，从而达到品牌传播或销售的目的，如通过游戏互动赠送优惠券，通过新媒体提供更好的售后服务等。

4. 目标人群更精准

一方面，新媒体各平台人群均有明显的特征，如“00后”常用社交媒体为QQ、QQ空间，他们常用的视频网站则为哔哩哔哩弹幕视频；而职场人群则更喜欢通过微信订阅号和朋友圈进行传播。另一方面，由于用户在新媒体上的各种行为均被数据记录，企业可根据自己的目标人群有选择地进行相关信息的推送及广告投放，如针对刚怀孕的妈妈则推送母婴用品。平台自身基于数据的处理，向不同人群推送不一样的信息内容。例如，今日头条新闻客户端根据用户往期浏览记录、往期购买服装的风格类型、所购买服装的价格段等推送对应的服装，以便更好地促成交易。企业也可运用对应平台与自身相关的数据对不同目标人群进行精准营销。

5. 文案易被用户再创作

凡客体曾在网络上掀起用户跟随自生产内容，以此带动了凡客品牌被大量地再传播。类似凡客体的这种用户跟风再创作的形成，被称为UGC（User-generated Content，也称UCC，User-created-Content）。新媒体文案更乐于让每一个目标人群都能够进行二次创造，并鼓励用户分享其再创作内容。基于以上特点，新媒体对文案的要求较传统文案更为平民化，更短、平、快。

（二）文旅新媒体文案标题写作策略

1. 前后缀标题

这类标题相对而言比较简单、“粗暴”和直接，比较适合初学者来学习使用。它主要通过在标题之前或之后增加一些关键词来提高阅读者的注意力，从而达到让用户打开文章阅读的目的。标题的前缀大多是一些带有情绪的感叹词或强调用语。标题常用语——两个字：刚刚；突发；最新；紧急；快看；定了；揭秘；必看；居然；竟然；震撼；震惊；惊人；崩溃等。标题常用语——三个字：笑喷了；哭晕了；惊呆了；出事了；超可怕；太恐怖；吓尿了；震惊了；笑疯了；逆天了等。后缀一般用来定位人群、加强推荐、解释说明、补充亮点和赠送福利等。具体案例见表7-1所示。

表7-1　前后缀标题举例

类型	标题
前缀式	突发！孔令辉被暂停教练职务，立刻回国接受调查 快看!2019高考作文题目汇总，你觉得哪个最难写？
后缀式	你不让孩子吃苦，这个世界会让他很苦（家长必看） 2019年版第五套人民币长啥样？我先睹为敬！

2. 数字式标题

数字式的标题也是一种很经典、很常用的标题模式，因为数字可以给人以具体、客观的感觉，并能准确、快速地抓住人的眼球，同时通过数字还可以很好地体现出稀缺、海量以及对比等作用和效果。具体案例见表 7-2 所示。

表 7-2　数字式标题举例

类型	标题
数字式	2017 年最难买的 10 支口红，我赌你一支都买不到！ 月薪 500 和月薪 5000 的人，究竟差在哪里？

3. 悬念式标题

大多数人都有好奇心理，如果在标题中提出一些疑问或制造一些悬念，这样可以更容易地激发阅读者的好奇心和他们立即阅读的欲望，从而提升文章的点击率。具体案例见表 7-3 所示。

表 7-3　悬念式标题举例

类型	标题
悬念式	那些贪图稳定的人，最后都活成什么样了？ 这个技能只有 1% 的人会用，学会让你事半功倍

4. 画面感标题

营销领域有“故事营销 " 这个概念。故事营销的本质就是把理念寓于故事中，加上细节与情感，用受众喜闻乐见的方式表达出来，以此来搭建品牌和客户之间的桥梁。故事营销不仅胜在故事更容易被传播，而且在传播过程中它能释放出情感能量，从而打动用户的内心。所以我们在创作标题时，如果能构造出一些画面感，就格外能吸引人的眼球。创作故事类标题的关键在于用一句话描述一段吸引人眼球的剧情片段，并且常常结合数字一起运用。具体案例见表 7-4 所示。

表 7-4　画面感式标题举例

类型	标题
画面感式	一个班 37 人考进清华北大，老师发来一则短信，家长都沉默了！ 29 岁辞职奥美总监，她开出不卖咖啡的咖啡馆，却让李宗盛竖起大拇指

5. 口语化标题

标题口语化的好处在于能够像我们平时说话那样亲切、有味儿，这样瞬间就可以拉近与读者的距离。做好口语化标题，需要我们平时多听、多看、多想，积累得多，一旦“熟”了，自然就能“生巧”了。口语化标题的选词标准是：鲜活、生动、有趣。具体案例见表 7-5 所示。

表 7-5　口语化标题举例

类型	标题
口语化	别扯了，这世上根本就没有怀才不遇 不好意思，你的努力不值钱 “我是为了钱和你在一起的”“我知道"

6. 锦囊式标题

锦囊式标题需要先描述清楚用户的痛点，并给出解决方案。这相当于给用户制造了一个可以圆满解决问题的预期。选用锦囊式标题可以有效降低用户的阅读门槛。对于一些诸如金融、经济等专业类的文章，如果加上这些降低门槛的关键词，例如“三大捷径”“十分钟搞定”“小白也学得会”等，这样更能激发用户的阅读兴趣。具体案例见表 7-6 所示。

表 7-6　锦囊式标题举例

类型	标题
锦囊式	没关系学历低的普通人职场不如意？靠这 5 个技巧就够了！ 每天只需十分钟，带你轻松入门视频剪辑！

7. 哲理式标题

哲理式的标题往往短小精悍，且让人一看就有一种茅塞顿开的感觉。想做好哲理式标题就得多动脑筋，多琢磨问题，还得善于提炼，将生活中的哲理用最简单的话语概括出来。具体案例见表 7-7 所示。

表 7-7　哲理式标题举例

类型	标题
哲理式	世间所有的吵架，都是因为男人不会说话 所谓情商高，就是要有分寸感 你不是迷茫，你只是浮躁 所有不谈钱的老板都是耍流氓

8. 颠覆式标题

如果哲理是人们所发现的生活中的真理，颠覆则是否定生活中那些约定俗成的所谓“真理”。颠覆式标题大多用一些颠覆常人认知的标题字眼来引起阅读者的好奇心和求知欲。用户会对这类颠覆式标题有一种心理反差感，所以有急切想知道其具体内容的迫切心理，这样就使文章的点击率得到了保障。具体案例见表 7–8 所示。

表 7–8 颠覆式标题举例

类型	标题
颠覆式	失败是成功之母，这种屁话你也信？ 我是如何成功地把一家公司开垮的 别人吃是为了活着，我活着是为了吃 有钱就可以为所欲为？马云说，是的！

9. 蹭热度式标题

蹭热度式标题一般有两种，即通过热点新闻事件和名人效应来借势取标题。蹭热度的原因在于文章可以结合最新热点新闻来蹭热度，而在标题中加入名人姓名可以达到吸引人眼球的目的。名人、名牌和名企等相关的标题可以给人以权威和靠谱的感觉。这类标题比较适合热点事件发生时，顺势用到文章标题中蹭一下新闻事件的热度，所以追热点一定要快。而名人效应基本不存在时效性，但需要找到文章内容和名人的契合点，否则会有违和感。具体案例见表 7–9 所示。

表 7–9 蹭热度式标题举例

类型	标题
蹭热度式	《叶问 4》：化解偏见和歧视的最好途径，就是让自己强大起来 《哪吒之魔童降世》：所有的恶，都源自爱的缺失

综上所述，一篇文章或者营销文案，影响用户是否会打开它的第一要素，就是标题是否足够吸引人。如果文章选题、构思和行文都做得非常好，但是在取标题时非常草率、不够重视，则容易让自己辛辛苦苦写的文章埋没在海量资讯中。如果实在是拿不定主意，可以拿出几个备选题目，让同事和朋友帮忙对比后给出选择建议。总之，文章的标题不得有半点马虎，多模仿多学习，建议尽早分门别类地建立起自己的常用模板标题库。

（三）文旅新媒体文案内容创作策略

1. 文案吸引力提升法

擅长运用反套路，利用大众常规的逻辑思维和心理特征来做文章，趣味化颠覆或是强化用户对原本事物的认知；富有洞察的文案，不仅能够构建出画面感，让静态的文字在荧幕上“活”起来，同时也能助推品牌形象打造，赋予品牌以有温度、有价值的主观感受；一句好文案大多不是单方面发力，而是画面中全部元素一个共同作用的结果，关键就在于变相地突出元素，元素突出了画面感就有了，如此就能在读者心智中留下深刻记忆烙印。

2. 文案可信度提升法

（1）利用权威：权威，包含权威的个体或组织，比如老师（对于学生来说，老师就是权威）；权威标识，比如绿色食品认证标，有机食品认证标等；权威的认证，也就是由权威机构发布的相关证书，如中国质量认证中心。

（2）适当运用反权威：也就是我们日常所说的真实的客户故事，客户口碑等内容，这些信息的运用，也能让产品可信度大大提升。

（3）利用细节：俗话说“细节决定成败”，在我们文案创作中，也不例外，细节说得好，更能让消费者买单。

（4）用数据：比如“充电 5 分钟，通话一小时”，又如“每晚低至 1 度电”。数据的运用，将抽象的概念具体化了，说服力就更强了。

（5）示范效果：就是让客户亲眼看到效果的真实性。当然在文案写作中，我们可以通过视频，或前后对比图来示范给客户看。

3. 文案感染力提升法

在标题加一些前缀，比如“最新消息、友情提示、紧急提醒、刚刚、今天、据说、号外号外”等；以第一人称写文案，“与我相关”肯定是一个不错的选择，人们永远都会关心与自己相关的事情，但是讲其他内容可就未必了；卖点集中，突出卖点要放大，其他卖点也可以说，但一定是协同。

三、文旅新媒体风格创意

（一）文旅新媒体排版创意

1. 标题排版

（1）文章标题

公众号文章标题文字的大小、文字颜色由公众号平台系统默认，我们无法进行个性化调整。它的排版也没有什么特别的技巧，只要注意标题字数，确保文章发布出来后标题能完全展示在粉丝面前，建议字数尽量控制在 26 字之内。

（2）等级标题

这里说的等级标题是指的一篇文章中的一级标题、二级标题、三级标题以及其他等级标题。这些标题的文字字号（大小）在排版时没有特别硬性的规定，可以自定义字号。但是，需要记住以下 2 个原则：一是同一级别用同一种排版方式；二是一级标题字号＞二级标题字号＞三级标题字号＞其他更小等级标题字号。

在排版等级标题时除了设置字体大小，还可以通过其他形式做区别。例如，对不同等级的标题用文字加粗、加颜色、加底色、借助排版编辑器加样式等形式进行区别。

2. 正文排版

（1）正文：建议设置成 14px~16px。太大的字号会缺乏美感，太小的字号粉丝看起来会比较吃力，费眼。我个人通常会使用 14px 或者 15px。

（2）重点：文章中的重点内容可以将其设置得比正文大 1px~2px；用显眼的颜色突出；将其加粗等。个人常用的方式是在正文字号上对重点内容进行加粗的同时用其他颜色突出。

（二）文旅新媒体字体创意

1. 字体大小

字体的大小不同，所带来的视觉效果也不同；针对不同的人群也要选用不同的字号。有调查显示，40 岁以上人群表示对阅读移动端 14 号字有点吃力，呈现排斥心理。而 40 岁以下人群表示 14 号字和 16 号字对他们来说没有什么区别。这就是年龄差异会影响到的细节。比如以文字为主、图片为辅的文章，一般用 16 号字排版，但有的文章内容分配介于两者之间，就可以选择 15 号字，数值不是绝对的，可以自行调整数值来和自家公众号进行匹配。公众号设置的参数为：比如以文字为主、图片为辅的文章，就可以设置正文字号为 16px、文章内部标题字号为 18px、注解字号为 14px，数值也可以自行调整来和自家新媒体内容平台进行匹配。推荐参考字号设置：正文：14~16px；标题：16~18px；注：12~14px。

2. 常用配色

整篇文章的颜色最好不要超过 3 种。如果你具备较强的颜色搭配能力，可以适当增加，但建议不要太花哨。另外，不要选择饱和度太高的颜色，也就是日常所说的鲜艳的颜色。这些颜色看起来比较廉价，可能会对阅读者的情绪造成影响。

推荐配色方案参考：正文首选深灰色，其次选纯黑色（略显刺眼）；标题和重点内容用暗红色；注解和举例内容用浅灰色。

（三）文旅新媒体视觉效果创意

1. 公众号封面首图

品牌型：在封面图片上添加品牌 logo 或者是公众号的名称等标记性元素，强调品牌、IP；图文型：图片上配文章中的内容关键词，用于吸引对关键词感兴趣的用户打开文章；其他型：用自己喜欢的图片，可以是小清新、童话或者其他类型，能体现一定的风格特色即可。

2. 公众号封面小图

公众号封面小图指的是非头条公众号文章的封面配图，封面比例是 1∶1。希望每次推送多条消息，那么在设计此条公众号封面小图的时候可以考虑将其设置成统一的风格，如统一采用圆形或者是方形，这样看起来会更美观、更有特色。

3. 配图

头图：很多公众号会设计自己的头部引导图。头部的引导图可以是公众号的 slogan，也可以是号主个人 IP 相关的图片。图片可以是静态、也可以是动态，一般都有强烈的风格特色；插图：插图可以起到缓解阅读压力、进一步帮助读者理解文章内容、烘托气氛等作用。进行配图的时候主要需要注意插入的位置，不破坏阅读体验；图片风格、色调、大小尽量保持一致；分割线：分割线的作用主要是将文章内容分开，增加文章排版的舒适感。它从某种意义上来说也可以看作一种插图。分割线可以是线条形的，也可以是图片形的，还可以是小图标形的，可以是静态，也可以是动态的。分割线可以通过第三方排版编辑器添加；尾部引导图：公众号常见的尾部引导图可以是作者介绍图、公众号品宣图等。通过在文章尾部添加引导图，引导读者关注公众号，或者是加深读者对作者、对公众号的印象，起到宣传、引流作用。

（四）文旅新媒体音乐创意

未来我们可以以中国传统音乐为切入点，通过建筑、艺术、音乐、光影、科技的交互，创新呈现方式，以最大的可能实现民乐文化和建筑光影的交互融合。

1. 日游 + 夜游、演出 + 游览

为探索文旅融合新模式，打造上海文旅新地标，2022 年 10 月 20 日，在上海音乐厅推出了国风音乐现场“海上生民乐”驻场演出、“光音故事”大型 3D Mapping 墙体秀、新民乐沉浸艺术特展。这是上海音乐厅在文旅融合的一次创新探索，以中国传统音乐为切入点，通过建筑、艺术、音乐、光影、科技的交互，打通上海音乐厅室内外各个空间，呈现驻场演出、艺术展览与大型 3D Mapping 墙体秀，建构文化空间，维系市民和游客的文化记忆与认同感，打造上海的文旅新地标。未来，音乐厅将会成为“日游”和“夜游”结合，演出和游览融合的城市会客厅。

2. 科技 + 文化融合赋能文化地标

由上海音乐厅、上海幻维数码创意科技有限公司联合打造的“光音故事”大型 3D Mapping 墙体秀作为文旅品牌其中的一个板块，通过交互式视听体验，充分发挥新媒体技术，利用虚拟光影和真实光影结合，打破上海音乐厅建筑墙面空间限制，让音乐厅化身流动的字节和音符。通过观众在现场互动、艺术家和影像的互动，将音乐故事，上海音乐厅故事与上海城市故事，中国故事娓娓道来。墙体秀主要通过建筑、艺术、音乐、光影、科技的交互，用序章、回响、变奏、新生、华彩五个篇章，讲述曾经发生在上海音乐厅以及这座城市的文化故事，展示这座值得被一再阅读的历史建筑的无穷魅力。

3. 秀出唯美“国潮范儿”——驻场演出

《海上生民乐》是上海民族乐团近年来演出率最高的经典品牌。自 2016 年首演以来已上演了 80 余场。无论是多媒体版本还是音乐会版本，海派民乐的当代气质和国际表达，深受海内外观众的喜爱，获得了无数好评和掌声。此次驻场版《海上生民乐》在延续原有特色的同时，更注入了科技感和未来感，八首风格多元的原创作品经过重新创编，挖掘海派音乐的新生魅力。该演出打破视听边界，创新呈现方式，实现了民乐文化和建筑光影的交互融合。

第三节　文旅新媒体推广传播策划

一、文旅新媒体粉丝获取与留存策划

（一）文旅新媒体粉丝获取策略

1. 巧用多平台引流

重点运营微信公众号、今日头条、微博、搜狐号、知乎和企鹅号来大范围推广宣传。微信公众号平台作为新一代的图文创作新媒体平台，聚集了大量的优质内容创作者，现已成为众多个人和企业的宣传主阵地，其用户黏性好，用户变现价值高。今日头条平台最大的特点是采用算法智能推荐机制，只要文章写得好，推荐量也会很高，阅读量相当可观。该平台最大的特点在于有智能推荐算法的加持，所以每个人的内容都有被推荐分发的机会。新浪微博是最早一批自媒体公众平台之一，它是基于用户关系的社交媒体平台，用户可以通过 PC、手机等多种移动终端接入，以多媒体形式实现信息的即时分享和传播互动。网易号是集高效分发、原创保护、现金补贴、品牌助推于一体的依托于网易传媒的自媒体发展服务解决平台。网易新闻有态度，尽人皆知，这个平台适合打造针对高端白领人群的阅读内容。知乎是一个网络问答社区，它很像一个社交论坛。用户围绕着某一感兴趣的话题进行相关的讨论，同时可以关注兴趣一致的人。知乎大 V 拥有明显的影响力优势。大 V 的粉丝忠诚度、知友信赖度要高于其他社交渠道，所以大V们能有效影响粉丝的购买决策。企鹅号是腾讯旗下的一站式内容创作运营平台，也是腾讯“大内容”生态的重要入口。它致力于帮助媒体、自媒体、企业、机构获得更多曝光度与关注度，持续扩大品牌影响力和商业变现能力，扶植优质内容生产者做大做强，建立合理、健康、安全的内容生态体系。

2. 巧用权威助阵

第一，打造新媒体人才队伍，为智慧文旅发展的传播提供高质量内容。在新媒体时代，作为新媒体运营者不仅要有媒体人吃苦耐劳的职业精神，还要有一定的媒体运营知识，同时，要拥有文章撰写、摄影摄像及简单的图片处理、视频策划、拍摄剪辑等综合类的专业知识。如此，才能生产有质量的内容，为智慧文旅发展提供有力支撑。

第二，打造新媒体矩阵，为智慧文旅发展的传播营销提供有效平台。媒体矩阵，可以是区域内文旅机构之间的，也可以是省内外文旅同业之间的，还可以是与权威媒体之间的，它们之间可以达成内容共享机制。一方面，达到新媒体运营的不间断性和内容充实性；另一方面，可达到最大化的扩散性。

第三，加强自媒体运营能力，为智慧文旅发展提供强有力的支撑。自媒体是组织、行业或企业自己的宣传阵地，在传统媒体式微的情况下，打造属于自己的媒体，是政府部门机构、行业组织对外树立形象的宣传窗口。就文旅行业来说，如果有高度的认知，加强自媒体的运营能力，无疑将为智慧文旅的发展带来意想不到的巨大助力。

第四，开发应用功能完善的软件，是智慧文旅发展的抓手。一款完善的软件，可以将组织管理、景点景区宣传营销、订购支付、农特产品销售、导航导览，甚至受众的云端体验等多功能集于一体，达到全方位的闭环服务。

综上所述，对新媒体来说，当前产业中，智慧文旅是最具有实用性的行业，从智慧文旅来说，新媒体能提供信息资讯的传播发布、多种管理、商品交易、订购支付、展示展播等全方位的闭环服务。

3. 巧用活动催化

网红打卡、事件营销、团购达人分销、造节日（例如跨年演唱会）等形式，竭力挖掘周边市场。甚至可以通过线上或线下讲课的方式来吸引用户听课，也可以实现涨粉目的。知识付费现已成为一种被大众认可的消费行为，如果作为创作者的你做一场免费的旅游宣传讲课，这样会很容易得到一些铁杆粉丝的支持和反馈，以及新增用户的关注。

4. 巧用奖励激活

可以采用问答的方式获取粉丝的建议。

常见的问答平台有百度知道、知乎问答，这两者是在PC端非常流行的问答平台。

现如今移动端也出现了很多问答平台，比如头条系的悟空问答，还有以知识付费为主打的知识星球。这些问答平台都已经做得非常智能化和精准化，所以只要你能够找到和自己所创作内容相关的问题，进行翔实的解答就可以了。此外，优质的问答具有长尾流量的优势，会帮助你很容易获得源源不断的新粉丝关注。

（二）文旅新媒体粉丝留存策略

1. 构建粉丝社群

创建粉丝社群的目的和操作要点因群的类型不同而不同，具体情况见表 7-10 所示。

表 7-10　粉丝社群分类和构建要点

群类型	建群要点
观察群	以社区的眼睛看：广告效果、营销活动、渠道铺货
反馈群	倾听粉丝消费经历，还原消费场景；寻找消费者痛点；挖掘产品故事
智囊群	以粉丝的智慧：寻找机会、激发灵感、贡献创造力
分享群	以铁杆死忠粉之力：传播及营销，吸引更多的粉丝

2. 为社区注入文化和价值

第一，社区营销针对性强。社区营销既可以作为普遍宣传活动手段使用，也可以针对特定目标组织特殊人群进行重点宣传活动。广义的社区概念已经拓宽了，不再局限于居民小区，包括具有相近思想意识或活动的社会团体与组织，可以是有意识的、无意识的、有形的、无形的，甚至包括了网络社区，但某一社区必定具有相似的生活形态认知与消费形态、人口特性等，所以社区具有很强的针对性，结合产品的定位更加具有穿透力。

第二，口碑宣传比例高。社区宣传活动比较直接，可信度较高，目标人群集中，有利于口碑宣传扩散。社区营销传播更加丰富的知识，甚至直接与消费者形成一对一的宣传教育，沟通的知识更多更深，而传播的知识更加通俗易懂，如果有疑问可马上解答，使消费者得到确切的明明白白的信息。同时，社区是消费者的主要集散地，也表现出相对统一的认知习惯与消费习惯，因此口碑宣传的影响力十分明显。

第三，投入少，见效快。社区营销由于尚处于开发阶段，社区的敏感度较低。在开发费用上不算高，而且可以依托社区精神文明建设、健康教育等推广公司产品与品牌，针对每一个社区容易让消费者接受。

第四，培养典型消费者。社区营销能够迅速扩大试用人群，不仅有利于集中收集目标消费者名单，为回访提供详尽资料，还能将负面影响消除在无形之中，从而培养典型消费者，进而进一步开展市场扩大宣传活动。社区营销的影响面小，仅针对一小部分人群，但这样能够集中有限资源，充分向少部分人推荐产品，从而使得产品尝试率也有所提高；同时社区营销在于厂家与消费者面对面的沟通，有利于构建双方相互信任的纽带，便于厂家获得更加详细准确的消费者信息，使消费者认识更加清晰，愿意进行尝试，再通过回访就能为公司的产品树立典型消费者，扩大产品在社区内的影响力。

第五，掌握消费者反馈信息。针对消费者需求及时对宣传活动战术及以后的产品研究进行调整。因为社区营销是与消费者面对面的沟通，所以通过社区活动不仅宣传我们的产品知识，也能了解消费者对产品、对渠道、对价格、对营销手段、对广告等各种营销要素的认知和建议，为下阶段制定切实可行的符合消费者需求的营销活动奠定基础。

第六，社区营销常规化、规范化、系统化，使各个点成线，线成面，相互呼应，形成一定的轰动效应。社区活动的确只是针对一个小点，而且并不是仅仅一次活动就能在这个小点上留下深刻印象，还要有后续的活动，将每一个社区活动看成一个系统的工程，不仅要重视活动本身，更重要的是进行后期延续，让消费者真正记在心里，所以社区活动需要系统化、常规化、规范化，不要做社区活动奴隶，而要学会驾驭社区。通过长期开展社区活动，在区域内的许多社区都开展了社区营销活动，自然而然地点成线，线成面，区域内的消费者都能够受到教育，陈旧的观念会打破，漠不关心产品的人也会变成知心朋友。

第七，社区营销促进药店终端销量、提升客情关系。一般健全的社区周围都会有终端药店，70% 以上的社区群众都会就近购买药品，因此社区的宣传教育也拉动了消费者购药。在如今大媒体广告拉动不力的情况下，社区营销不失为一项有效的手段，药店配合厂家搞活社区营销，消费者增加了对产品的理解度，方便地购买到放心的产品，药店的受益也增加了，当然客情关系也得到了提高。

第八，品牌效应越做越大。社区营销需要有品牌知名度的支撑，否则消费者会不信任你宣传的知识，随着社区活动的开展消费者得到了更多的益处，实实在在地解决了消费者的一些问题，因此，品牌的美誉度也得到了提高，品牌影响力大大增强，又促进了社区营销的开展。

可见社区营销的优势很多，并不是无效的营销手段。如今营销手段越来越同质化，越来越单一化，社区营销尚有待开发，只要具备一定基础条件的企业，完全可以依托资源优势打造特有的社区营销模式，成为市场开发，树立知名品牌的一把利剑。

3. 营造社群情感氛围

社区营销氛围好，宣传就能够达到一定的深度，甚至引发现场的购买高潮。宣传有一定深度，真实可信，更容易激起消费者的认同，在心理上引起共鸣，从而采取购买行动，一个人的购买行为又能迅速感染周围其他人，形成小范围的购买高潮。这也是社区营销的基本特征，而获得短期的销售利益只是初级社区营销的主要目的。真正的社区营销是通过消费者的深层教育，改变或培养消费观念，从而尝试产品，同时提供社区内的便利服务，增加产品与品牌的附加值，形成很强的品牌忠诚度，而销售盈利自然水到渠成了。

二、文旅新媒体联名营销推广策划

（一）联名营销的含义

联名销售（joint marketing/co-marketing），又称“联名营销”，是指两个或更多品牌联合发布融合型产品并赋予其“联名款”的一种市场行为。这种方式通过制造陌生感和新奇感来吸引受众的注意力，以此形成新的营销卖点，最终起到品牌优势互补、互相背书及品牌 IP 互相渗透的作用，使参与联名的各品牌知名度、影响力等得到提升。

（二）联名营销的优势

1. 提高品牌知名度与话题度

适当的曝光和话题营销，才能让用户被持续地吸引，让品牌可以有更好的传播度，也能让用户对品牌有更多的了解。做联名款能让两个产品产生碰撞，也能让产品有更好的名人效应，让品牌有更好的流量，促进门店的业绩提升。

2. 跨界互补，提高溢价

公司的品牌产品达到了“一品两色”的效果，使产品有了更大的溢价空间。此外，联名款产品覆盖了双方的目标受众，在用户群体上形成互补。

如今，很多品牌都希望辐射出更加多样化的消费群体。这种跨境合作品牌是直接接触潜在消费者的方式之一。商家还可以使用新零售系统，对门店的会员进行短信营销，激起用户的消费欲望。

3. 衍生功能

联名款产品不仅追求传播声量与 PR 效果，更在于限量发售。以此来激发消费者的购买热情。品牌通过所谓的“饥饿营销”来制造一种稀缺感，从而催生了许多非产品功能：赠送礼物、收藏等。

4. 新增 SKU，满足消费者对新品的需求

SKU 是最小库存单位，可作为跟踪库存的特定产品或物料的唯一标识符。商家希望自己一直都有新的 SKU 丰富产品线，以满足消费者的审美疲劳，而联名款更多在形式上进行创新，非核心功能，是技术成本最低的创新方式，这对研发能力不足的品牌而言是非常好的丰富 SKU 的方式。

以上就是对品牌联名营销的策略分析，做联名的本质除了业绩本身，更在意的还是关于对品牌影响力和知名度的作用，这样才能让门店的经营有效地进行循环改善。

（三）文旅新媒体联名营销的策略

1. 品牌牵手品牌，长长久久一起赚关注

品牌和品牌之间的合作数不胜数。比如潮牌 Superme，合作 LV 出了联名款。Superme 和 LV 虽然都是服饰类品牌，但是两个品牌的主要受众是不一样的。LV 是奢侈品，面向的高端人群；而 Supeme 是潮牌，面向的是潮人、喜欢街头文化的人群。看似两个不相关的品牌，通过联名合作相互吸引对方的受众群体。

2. 品牌 +IP 突破次元，碰撞更激烈的火花

品牌和 IP，顾名思义就是品牌和群体或者知名度的 IP 合作。比如肯德基（KFC）和《恋与制作人》联名推出套餐，ofo 小黄车和小黄人推出的小黄人 ofo 车，Vans 则与美国花生漫画《Peanuts》合作推出史努比和它的朋友系列产品等。

3. 品牌约会名人，你我都是赢家

品牌和名人的联合顾名思义就是品牌和有名气有影响力的人一起合作出联名款。比如 PUMA 与英国视觉艺术家 Shantell Martin 推出联名系列，阿玛尼（Armani）旗下分支品牌 Prive 联合韩国偶像边伯贤出相关联名等。“名人”分为两种：一是明星流量，二是知名设计师、艺术家。

三、文旅新媒体多维传播策划

（一）多场景的推广

整合品牌建设、口碑塑造、全链传播、节点引爆、线下引流、粉丝聚集等营销动作，同时注重与文旅板块联动，形成“多位一体”格局。

（二）举办线下活动

新媒体运营线下活动是一种利用新媒体技术举办的线下活动，旨在提升品牌形象、拓展消费者群体、增加品牌知名度和提高品牌粉丝数量。新媒体运营线下活动的策划要素包括：活动主题、活动内容、活动形式、活动场地、活动规模、活动时间、活动投入等，要结合品牌定位、活动定位、活动目的等因素，确定活动主题，以更好地满足活动目的。

（三）引导社群传播

1. 做好社群定位

只有把社群定位做好，才能有效聚集一群有共性的人，这也是建立群员互动的基础。毕竟互动带来的好处是彼此的了解和信任。而信任是做好任何营销的基础，没有信任就不会有交易行为。

2. 体现社群的价值

想做社群营销，就要让大家知道这个群的价值所在，这也是维系客户不退群的关键。同时群内有价值的内容也会被大家自动转发。如果这个时候在这些内容中嵌入一些隐含的推广链接，那么就会在无形之中完成了裂变推广。

3. 正确地引导消费

商家必须要做一些引导，让粉丝了解产品性能，并认同这一产品的价值，从而实现消费。毕竟吸引粉丝入群的目的就是促进成员消费。

4. 巧借工具

可以适当地借助一些像 webot 社群助手这样的社群管理工具来辅助管理。智能化帮助我们管理社群的一些日常事务，如：关键词自动回复、定时发送消息、定时发送微信朋友圈、自动发送入群欢迎语、群发信息、自动踢人，等等。目的就是在于提高用户体验度的同时更能让我们的工作效率得到大幅度提升，实现价值最大化。

☞ 拓展链接

第八章　文旅创意项目的策划与运营

第一节　文旅创意项目可行性分析

一、文旅创意落地之困

（一）文旅创意落地难的现实困境

1. 文旅创意产业不仅所需投资规模较大、投入资金多而且投资周期长、回收期长

一个可持续发展且获利的文旅创意项目需要较优质的配套基础设施建设及后期运营所需的无形资产和软件投资，并且文旅项目投资周期长，大部分需要 8~10 年，在前期阶段文旅项目基本都是靠门票、配套服务等获得微薄收益，不仅收益低后续还需要大量资金不断投入，收支极不平衡，这些都对资金周转能力有极高要求。

2. 目前大部分文旅创意项目还处于初级阶段，缺乏规划意识，缺乏专业且经验丰富的运营团队运行周转项目

文旅创意项目缺乏专业人才指导，文旅创意项目在运转的过程中往往会遇到资金链短缺、融资难、项目初期实施效果不佳、资源遭受破坏无法可持续发展等问题，这就需要专业的运营团队做好项目前期规划及融资计划，判断项目的可行性及社会资本的运营能力。

3. 文旅创意项目同质化严重，缺乏创新意识

一部分文旅创意项目开发粗糙，并未充分挖掘本地文化，未将当地的地方特色及地方优势与文旅项目相融合。旅游景区活动项目单一，大部分直接照搬热门景点活动，相似的建筑风格、雷同的购物品、大同小异的节事活动造成游客审美疲劳，文旅项目模式固定化，依然以“资源＋地产”模式运行，缺乏创意亮点。

（二）阻碍文旅创意落地的因素

1. 经济实力是基础

经济是支撑文旅创意项目稳健发展的重要支柱，一个能落地且持续运营的文旅创意项目，从前期配套基础设施等硬件资产到运营期间无形资产和软件资产都需要大量资金支持，投入周期长见效慢，没有足够的经济实力显然难以支撑庞大的文旅创意项目。

2. 缺乏专业的指导和规划意识

专业的指导和全方位的规划是文旅创意项目落地的保证。目前部分文旅项目创意、策划连篇累牍，缺乏针对性与现实性。前期规划不当导致融资困难，后期规划不当导致资金链短缺，产业破坏，项目无法可持续发展。因此，文旅创意落地必须有专业的团队、专业的策划来进行全方位、全过程的规划。

3. 传统模式僵化

文旅项目依然贯彻着“资源 + 地产”的固定模式，一部分项目仍在以卖房来获取利润，造成项目处境被动。因此创新发展模式是文旅项目脱颖而出的重中之重。

4. 忽视社群力量，缺乏群体智慧的聚集

社群是文旅项目发展的重点。目前文旅项目忽视社群营销，没有深入挖掘当今时代群体的真正需求，没有深刻分析大众的价值观，所以项目难以形成更大的聚集效应。

二、文旅创意项目的政策法律分析

（一）政策利好与制约环境

随着人们的消费升级，对文化素质内涵的要求日益提升，文旅创意项目不仅能增强人们对中华优秀传统文化深刻内涵的认识，还能提高大众的文化认同感与自信心。因此政府抓住机遇出台了一系列文旅项目相关的扶持政策，为文旅创意项目提供专项资金支持。如文化产业发展专项资金、科技创新专项资金等，同时还出台了一系列促进社会资本投资文旅产业的政策，拓宽了文旅项目融资渠道。在文旅创意项目开发建设过程中，要注意顺应国家政策，注重对资源的合理开发，走可持续发展道路。

（二）法律保障与限定因素

近几年国家鼓励文化产业与旅游产业相融合，大力支持文旅融合、文化科技创意融合，以此拓宽文化产业的深度与广度，彰显文化在国家经济、社会发展中的重要性。因此国家为促进文旅融合制定了相关法律制度。如《中华人民共和国非物质文化遗产法》《中华人民共和国旅游法》等，这为文旅融合发展提供法律保障，有效避免文旅产业遭受破坏；法制人员运用法治思维和法治方式深化改革，用高水平的法治建设为文旅项目高质量、健康平稳的发展提供坚强保障。

三、文旅创意项目的技术支撑分析

（一）技术可能性

1. 技术可实现

（1）数字化

对于文旅行业来说，传统的以文化内涵为载体的旅游形式已无法满足人们日益增长的对旅游的需求，而科技创新是突出重围的关键手段。文旅创意项目要借数字化等科技手段，打造与当地特色相关、游客体验感强的项目。例如，利用虚拟空间技术生成逼真、动态的文物虚拟场景，实现游客与文物的可互动性，提高参与感，使游客沉浸式体验当地文化。这进一步实现了科技与文化艺术的融合，为发展文旅数字化注入了新活力。

（2）IP 化

文旅 IP 代表着个性，是以项目的价值观、特色内容、独有的创新力为核心打造的 IP，使其在众多文旅项目中脱颖而出。当前的文旅创意项目就要紧抓 IP 化理念，从不同角度打造极具特色的，满足游客日益增长的多元化需求，顺应时代潮流文旅 IP，拓宽文旅产业链，为文旅产业的发展提供新思路、新方法、新模式。

（3）信息化

项目依托 5G、人工智能、大数据、物联网的高新技术，结合项目内容形成一系列线上线下信息化产品及服务，如智慧服务，游客可通过“云端”在网络上就能提前了解景区情况，欣赏景区的美景，观看景区演艺活动，仿佛置身其中。

2. 技术可获取

（1）项目在初期规划阶段就要构建项目活动大框架，提前将整个项目中所需要的技术支持罗列出来，这样在寻找相对应的技术公司与人员时就具有目的性，可节约时间成本。

（2）顺应政府对文旅科技创新的政策，获得政府支持。有了政府的支持，则有利于项目的市场化运作，也能让技术公司和人员更快地看到该项目。

（3）构建技术平台或在已搭建的平台上发布文旅项目所需技术的所有信息，包括技术要求、技术达到的效果等，方便技术公司和人员与项目线上线下双沟通。

（二）技术成熟性

1. 技术效果稳定

世界正处于一个科学技术高速高质量发展的时代，我国也越来越重视科技的发展，不断拓宽技术的深度与广度并已取得了一定的成就。VR 技术在经过我国专业人士的开发、运用、升级等阶段的转化下已实现技术成熟。目前文旅项目也兴起 VR 技术，通过“取景—3D 建模—赋予材质和特效—模拟动画和程序”的 VR 手段给予游客沉浸式的感官体验。同时 VR 应用于文旅场景，打破时间、空间的限制，使游客有穿越千年与古物互动的身临其境的体验感。项目将在保持 VR+ 文旅原有优势的基础上，继而进行更加高端的技术研发。

2. 后期维护服务可持续

在技术注入项目内容运营之后，由专家建立实时监测系统动态跟踪技术运营效果，并派遣专业人士按时实地检测技术是否能正常运行，若技术出现漏洞则请专业团队对漏洞进行修复，顺应时代科技发展趋势，利用新理念不断研发更高端的技术，推动技术的升级转型，实现技术支撑可持续性。

四、文旅创意项目的投入产出预估

（一）文旅创意项目的投入预估

1. 成本估算的方法

类比估算法，也称自上而下法，通过对已完成的类似的文旅创意项目的历史数据进行分析对其成本进行对比，估算出新文旅创意项目的各项成本，可信度较高。

工料清单法，也称自下而上法，通过将项目所需的工料清单中的各种物料和工作包的成本进行估算，再向上滚动合并汇总得到项目总成本，它比其他方法得出的结果更为精确。

参数模型法，利用特性参数建立数学模型，通过这些关系式对整个项目或其中占较大部分的费用进行准确精细的计算来估算项目成本，经过模型校验后能达到较高的精确度。

软件工具法，以人为主导，利用高新技术计算机成本估算软件来估算项目成本，功能较强大。

2. 文旅创意项目成本估算的特点

（1）可预见性

文旅项目成本估算能预测整个项目开发所需的大概资金，有利于项目负责人提前较精准地筹备投融资，解决投融资难的困境，保证项目开发有足够的资金支持。

（2）计划性

在文旅项目成本估算过程中需要确定项目开展所需的资源信息及发展过程，项目在罗列过程中进一步明确发展的计划。

（3）专业性

文旅创意项目的成本估算是由专家根据项目的真实情况选择合适的模型经过核验定案后才会进行成本估算，最后还会使用项目成本估算工具实时跟踪预算，具有一定的专业性。

（4）不确定性

文旅创意项目成本估算只是在一个假设条件下对整个项目开发做出一个大概的预测，充满不确定性。在项目正式实施过程中会存在很多不可控因素，项目最终成本可能会与成本估算具有一定的误差。

3. 文旅创意项目成本估算的原则

（1）根据项目实际情况选择适合的估算方法

为确保成本估算结果的可靠性，在进行成本估算时，企业必须提供项目全面真实的数据及发展规划，估算时必须由专家通过对项目的特点进行分析选择合适的估算模型进行成本估算。

（2）以项目目标为导向，以项目需求为基础

整个文旅项目是一个庞大的复杂体，在进行成本估算时无法每个细节点都计算到位。因此，应以项目最终或每一个部分的目标为导向，以项目的实际需求为基础，打造一个成本估算框架，根据目标、需求去确定项目真正需要运行的部分再进行成本估算。

（3）成本估算方法及内容需符合法律法规要求

法律法规是项目开发的底线，在项目中，任何内容包括成本估算的方法都不能违背法律法规，损害国家利益，任何条款都必须经过严格的审批后才能实行。

（4）在初次估算结束后需对所有估算进行全过程的验证核验

由于项目成本估算任务庞大，过程复杂，包含了项目的各个部分内容，所以难免在初次估算中会出现无法避免的小错误，影响最终估算结果。所以在初次估算后需要对估算过程进行一次全方位的验证，以此减小估算结果的偏差。

（5）项目成本预算需具有一定弹性，为项目发展留有余地

项目成本估算是在假设的一定的社会条件下进行估算的，而在项目实际运营过程中难免会遇到不可抗力因素，对项目造成经济损失，这些都是无法提前预知的结果。所以在进行成本估算时要具有弹性的计算结果，通常要预留 10%~15% 的不可预见费。

4. 文旅创意项目成本估算过程

第一步，建立文旅创意项目的估算目标，确定项目开展所需的所有资源。

第二步，根据实际情况选择合适的模型形成估算策略和计划来估算项目成本。

第三步，对估算方法全过程的验证定案。

第四步，利用已确定的估算方法对项目的所有成本进行计算汇总。

第五步，使用项目成本估算工具实时跟踪预算。

（二）文旅创意项目的产出预测

1. 收益预测的方法

（1）投资回收期法

投资回收期法又称投资返本年限法，是一种静态分析法。通过计算项目投产后在正常生产经营条件下的收益额和计提的折旧额、无形资产摊销额用来收回项目总投资所需的时间，与行业基准投资回收期对比来分析项目投资财务效益，该公式为投资回收期 = 初始投资额 / 一期现金流量。该方法易于理解，便于计算，但只关注项目回收投资的年限，具有一定局限性。

（2）净现值法

计算项目超过投资者最低要求利润（最低吸引力收益率）的利润额，通过计算文旅投资项目每年的营业净现金流量及未来回报的总现值最后得出文旅项目的净现值，该公式为 $NPV=\sum It/(1+R)-\sum Ot/(1+R)$。该方法涵盖了项目发展后所能预测到的所有的现金流量，但不能揭示项目真实本身的报酬率。

（3）内部收益率法

内部收益率法又称财务内部收益率法或内部报酬率法，通过计算资金流入现值总额与资金流出现值总额相等、净现值等于零时的折现率得到项目收益率。该方法将项目整个过程的收益与其投资总额相联系并进行对比，但计算结果只是比率并不是确切的数字，还需综合其他方法进一步考虑。

2. 文旅创意项目收益预测的特点

（1）动态性

由于文旅创意项目在实际发展过程中会出现战略变更或不可控因素等突发情况，收益预测需要具有灵活性，持续动态变化预测。

（2）真实性

为减少预测的偏差，确保收益预测结果的可靠，在进行收益预测时，企业必须提供项目全面真实的数据及发展规划，估算时必须以项目的真实情况去预测未来收益。

（3）科学性

在收益预测过程中专家会根据项目真实情况进行调查研究选用合适预测方法，计算预测都在大量的统计资料的基础上进行。

（4）不确定性

收益预测结果是在某一假设条件下计算得出的结果，但在项目实际发展中存在着大量不可抗力因素。例如出现洪水、火灾、地震等自然灾害现象，这些突发事件都会对项目收益造成一定的影响，所以收益预测结果可能会与真实收益结果有误差。

（5）局限性

任何收益预测方法都有自身无法避免的缺点，都无法精确地预测到项目最终的真实收益，无法预测项目发展过程中的风险，它得出的结果只是一个近似值，只能作为参考。

3. 文旅创意项目收益预测原则

（1）客观性原则

在预测收益过程中，企业必须提供全面真实的项目数据，专家也必须根据项目的实际情况选择切实可行的预测方法，实事求是地计算，不可带有主观臆断的想法。

（2）系统性原则

在收益预测过程中应将项目中的所有重要部分看成一个整体，将较复杂的预测对象看作一个系统，以获得系统整体收益结果为目标，利用多种预测模型进行整体分析。

（3）动态性原则

收益预测不是一时而是需要动态持续跟随的。由于项目实际发展过程中存在着许多不可抗力因素或出现后续发展战略变更等现象，这都会直接或间接影响到项目发展，专家需要跟踪检测，随时根据变化因素灵活变更预测方法与数据进行数据分析并进行新的收益预测。

4. 文旅创意项目的盈利模式

（1）政策性资金盈利

文旅创意项目发展需要良好的外部环境支撑，现如今政府提出一系列利于文旅发展的政策，在制订文旅项目规划并在实际开发过程中必须要顺应区域经济发展趋势，紧跟政府的政策导向以此获得政府资金支持。

（2）特色产业盈利

特色产业盈利是通过开发当地所具有的特色文化及资源，打造属于本地特色的独一无二的本地产业以此来获得收益。

被誉为“老晋城民俗印象基地，新晋城美食旅游地标”的司徒小镇就是利用发展特色产业盈利模式年收入近亿元。司徒小镇深入挖掘本地特色与传统文化，以晋城市独有的“泽州打铁花”为核心，发展民俗巡游活动如舞狮、舞龙、踩高跷等，将民俗民风及属于当地的非物质文化遗产技艺展现给游客观赏。吹糖人、剪纸、画脸谱、泥塑等昔日传统民间技艺在司徒小镇轮番登场，游客不仅能亲手参与到制作过程中增强体验感，更能体验到司徒小镇的深厚文化氛围。司徒小镇近几年不断发展，收益屡创新高。

（3）“旅游+”产业盈利

近几年国家大力推崇“旅游+”发展模式，充分发挥旅游的拉动作用，将康养、文化、体育等相关产业与旅游相结合发展，拓宽旅游发展领域，推动全域旅游发展。随着社会进入知识经济时代，人们有意提高自身文化素质，再加上人们文化自信心的不断提高，文化地位越来越高。作为文旅创意项目更应将“旅游+文化”作为核心，以文化为载体丰富旅游内涵。在文旅项目中打造文旅IP，深入挖掘丰富的历史文化资源，依托文化内涵打造文旅产品，丰富文旅活动以此吸引游客获得收益。

宋城演艺成功地将文化与旅游真正结合，打造了“主题公园+文化演艺”的经营模式，这种模式不仅有利于传播优秀的传统文化，提高人们的文化自信心，更是形成了一种新型的成熟的商业模式。宋城演艺融合当地的历史文化底蕴，举办千古情大型现场演出，前来观赏者络绎不绝。它用最小的空间，最短的时间打造出强大的IP，实现年利润破亿。

5. 文旅创意项目的收益预测过程

第一步，设计文旅创意项目的收益预测表。

第二步，确定项目开展所需的所有资源并按照收益预测表分析预期时间内可能会出现变化的因素。

第三步，根据项目实际情况选择合适的模型形成具体的收益预测策略和计划。

第四步，对收益预测方法进行验证定案。

第五步，利用已确定的预测方法进行项目预测，将各部分预测值进行汇总。

第六步，通过项目收益预测工具实时动态跟踪预测结果。

五、文旅创意项目的潜在风险预估

（一）安全风险

在项目发展过程中存在着不可抗力因素，例如地震、台风、洪水等自然因素导致文旅项目受到严重损害；还包括难以预料的突发事件，例如2020年突如其来的全球性新冠疫情对文旅行业发展造成了重大的打击，文旅发展因此停滞不前，大部分文旅项目都以亏损告终。这些突发安全风险通常不会出现，这都是出乎人意料、令人猝不及防的，对文旅项目发展造成严重危害的突发事件，因此缺少应对方案，一旦出现将对文旅创意项目造成难以挽救的后果。

（二）负面舆论风险

文旅创意项目附有文化属性，对文化创意高度依赖，在活动开设过程中很容易发生知识产权侵权的行为，例如文旅项目所依托的文旅 IP 中的重要构成元素涉嫌抄袭，文旅演艺项目涉嫌侵犯著作权，文创产品频出盗版并大肆销售，这些人为的不良事件不仅违反了法律法规的规定，还极易引发网络舆情舆论风险，为文旅项目造成极大的负面影响。

项目主要负责人、项目高级管理人员、文旅演艺活动主要演职人员或者相关方一旦陷入吸毒、家暴、出轨等舆论丑闻就极易引发群众舆论，容易出现舆论发酵现象，这将会对整个项目的发展造成不良影响。

在宣传项目、接待游客的过程中，涉嫌过度宣传、虚假宣传、服务态度恶劣、违规收费等行为，游客人数超过最高可容纳人数而造成景区扎堆、踩踏现象、游客滞留现象等问题，都极易引发景区网络舆情风险。

第二节　文旅创意项目运营要素与模式

一、文旅创意项目运营要素

（一）目标

制定目标是文旅项目发展的基础。目标是对项目预期结果的主观设想，也是项目的预期目的，它为项目发展提供向导作用，也有利于维系组织项目各个方面关系构成系统组织方向。没有目标便没有动力，在项目开展过程中应结合外部环境与内部条件全方位综合考量制定恰当准确的主要目标，再围绕主要目标进行细分目标制定，如关注度、访问量、销售额等。在项目发展的不同阶段也要以最终盈利为目的灵活制定与阶段相符的目标，使管理者、工作者凝聚起来，朝着目标做出最佳策略。

（二）任务

任务是项目能够顺利进行的一个重要组成部分。在市场经济中，每个项目在经济运行过程中都无法避免扩张和收缩的波动，即经济周期。项目要经历繁荣、衰退、萧条、复苏这四个阶段，为了缩短衰退、萧条阶段时间，项目运营要把握好项目周期内的任务的进度。相应的管理者也要聚焦近期目标，确定最近 1~2 周的任务，战线不宜拉太长，并将任务进行细分，按照各部门优势分派到具体的负责人手上，负责人再将任务进行再次细分再次分派，层层递进。这将使团队在项目运营过程中配合得更有默契，便于总目标的完成。

（三）主体

文旅创意项目运营主体主要由外部动力主体与内部动力主体两大主体构成，在项目运营过程中起主导作用。在这两大主体的共同作用下，文旅创意项目业态、模式等得以创新发展，发展结构得以优化，服务体系也在不断完善，从而推动文旅项目的可持续发展。

外部动力主体主要是指政府、旅行商、营销媒体、社会组织。政府具有权威性，可以作为文旅旅游形象的营销者、文旅信息推广的传递者。政府通过在官网、电视、抖音等大众媒体或参与、举办与文旅相关的节事活动以此来刺激人们对文旅创意的消费，营造浓郁的文旅氛围，为文旅创意项目发展营造良好的外部环境。再者，顺应政府政策能够得到资金支持，这有利于项目顺利运营。旅行商在项目发展过程中发挥桥梁作用，传递市场信息及人们的旅游需求给文旅项目管理者，以使项目更快更精准地找到定位。营销媒体能够及时迅速地将文旅项目的发展动态、特色产业等信息通过人们喜闻乐见的方式如电视、网络、报纸传递给公众，引起公众对文旅的关注度以此增加人们对文化旅游的需求。社会组织通常是指高校、科研机构、旅游协会等，这些都能为文旅项目输出专业人才、创意新模式及创新思维，为文旅项目运营提供动力源泉。

内部主体主要是指运营企业、文化创意企业、旅游企业、创客、创意旅游者，这些都为文旅项目运营中的发展规划、品牌设计、活动策划等项目重要组成部分做出了不可估量的贡献。例如运营企业，它是作为项目运营主体负责整个文旅项目的开发、管理、经营包括配套基础设施的完善及工作人员的素质等，全过程全方位地对项目运营进行管理，推动文旅项目的顺利发展。如果缺少内部主体，整个项目就只剩下空壳，根本无法开展、运营。

（四）平台

平台能为文旅创意项目提供良好的资源，是项目不可或缺的一部分。在项目投融资时，缺少平台就会导致管理者无法迅速精准地找到与项目真正相契合的投资者，可能会出现资金链短缺或融资成本过高等现象，无法保证项目的可持续发展。再者文旅项目做得再好，内容再丰富，如果缺少一个好的平台去宣传展示项目的亮点、特色之处，大众不会了解到项目的真正内涵，项目最终也只能是无人问津的结果。所以寻找到一个好平台是至关重要的，它会使文旅项目拥有一个更好的起点，帮助项目绕过不必要的挫折与难题，推动项目快速且健康地发展。

（五）环境

环境为文旅创意发展运营起推动作用，其主要分为内部环境与外部环境两大部分。营造良好的环境氛围能够推动项目模式的更新换代，有利于项目的创新性发展、创造性转变。

内部环境是指项目组织内部的环境。在项目运营过程中，团结友爱的内部环境氛围能够提高团队之间的凝聚力，各部门、各位组织成员会各司其职朝着同一个目标迈进，为项目运行出谋划策，提出新思路、新方法、新模式，推动项目的发展运营。

外部环境则是指组织所处的社会环境，影响着组织的整体发展方向。近年来随着市场经济的发展，项目运营面临着复杂多变的动态性环境。在项目运营过程中，项目必须要明确国民经济发展计划，深刻分析党和国家的方针政策，顺应旅游发展规划，这才能有计划、有组织地进行管控、协调好项目的各个部分，找准项目定位，获得政府资金支持，保证项目的可持续运营。

二、文旅创意项目运营模式

（一）IP 化品牌化运营

IP 化品牌化能使项目在百花齐放的市场中脱颖而出，更具有辨识度与创新性。以品牌 IP 为纽带进行项目运作经营，深入人性售卖人文关怀引发情感共鸣以此拉近游客与产品的情感关系，增加用户黏性，推动项目点、线、面、体的全方位战略发展。在品牌 IP 塑造阶段要侧重挖掘游客需求及市场爆点，找准定位和发展方向，通过对文旅信息的聚集，打造出契合品牌定位的个性化的 IP 产品，尤其是文旅 IP 的打造要富含丰富的文化内涵与精神属性。在品牌 IP 运营阶段，根据品牌 IP 的定位聚焦市场目标客群，通过“持续 + 密集”的方式围绕 IP 主题有目的地不断向大众渗透 IP 形象，将被动宣传转化为主动宣传，挖掘潜在客户。同时以文旅 IP 形象为核心打造一系列衍生品，增加用户多元化体验。在品牌 IP 扩张阶段，基于塑造与运营阶段形成的品牌效应，不断新增文旅 IP 产品实现规模化扩张，使文旅 IP 得到市场认知度最大化，以此来拓展文旅项目的规模，延伸文旅产业链，最终实现商业价值。但在建立品牌 IP 时要特别注意品牌与 IP 之间的关系，把控好两者间的相关性。

（二）可持续创新运营

文旅创意项目根植于文化内涵，繁荣于创意创新。针对文化内容丰富，文化底蕴深厚的文旅项目，通过核心文化引导，深入挖掘具有传承性及可持续性的文化旅游资源。如民风民俗、古代建筑、民间艺术等宝贵的文化遗产，结合新时代潮流加以创新融合，扩大其辐射范围。即使随着时间的推移，游客的文化需求日益增长，文旅项目依然可以在合理范围内根据新的时代内涵对项目产品进行再创造，提升文化旅游资源的深度，实现项目的可持续创新运营。

（三）产业链运营

文旅创业项目针对文化旅游资源、科技产业、特色产业、文旅核心产业及配套基础建设与相关服务打造文旅产业集群，构成产业链基础。在满足游客文化需求的基础上，在一定区域内聚集相关产业形成一条完整的产业链，构成完整的文旅商业体系。在后期，较成熟的产业链朝纵向、横向延伸，不断加深产业的深度开发，拉长文旅产业链，不断扩大产业链规模，从而获得更高的经济效益与社会效益。在产业链运营之中，通过建立各种协调机制保证产业链的运转，如效率提升机制，加强产业链间的联系与合作，降低交易成本，这有利于分工细化产业链，提高其专业程度，实现产业升级。

第三节　文旅创意项目投融资运营

一、文旅创意项目投融资概述

（一）文旅创意项目投融资大环境

1. 政策环境

政府出台相关的文旅资金鼓励政策，进行政策支持性的信贷融资，包括：旅游国债项目、扶贫基金支持、生态保护项目、文物保护项目、世界旅游组织规划支持、国家及省市旅游产业结构调整基金等，帮助文旅项目解决投融资难的问题。

政府出台了一系列以纾困为核心主旨的扶持政策，以各省市发展改革部门和文化旅游部门为主导，并联合各个部门为文旅创意项目提供全方位的支持。具体表现为税收减免、金融支持、刺激消费、行业补贴、审批管理等多个层面多个角度，积极为文旅创意项目发展排忧解难，提高文旅行业对投融资问题的信心与积极性。

2. 服务体系

我国为文旅项目不断建立全方位、多层次、多领域、多元化的投融资服务体系，推进完善以规划、政策、金融为主的三位一体的文旅项目投融资体系。这些服务体系利用政府出台的相关的投融资政策，为文旅项目的资金问题纾困解难，同时深化与银行的合作，提供信贷等金融服务加强金融支持，跟随潮流积极创新举办投融资对接活动，拓宽投融资渠道。

3. 平台搭建

（1）川南渝西文化和旅游投融资服务平台

该平台利用文旅企业、金融机构、政府行业多方联动，提高文旅企业融资成效、拓宽投融资渠道、降低融资成本与信贷风险。

（2）新疆文化和旅游产业投融资服务平台

该平台主要以重点项目推介、金融产品介绍、案例分享等为主，促进文旅项目与金融机构对接，解决文旅项目投融资难的问题。

（3）广西文旅产业投融资对接服务平台

该平台打造投融资项目与投资企业线上虚拟匹配对接、线下交流沟通服务，更加精准地寻求与项目相契合的投融资渠道，提供高效、高质量的投融资服务。

（4）文旅投融资平台

该平台专为文旅项目寻找资金，为文旅项目找资源与合作，通过线上线下渠道发布文旅项目供求信息，切实解决文旅项目投融资问题。

（二）文旅创意项目投融资特点

1. 投资规模大、资金要求高

一个优质的文旅创意项目需要满足游客食、住、行、游、购、娱的基本需求，这就使得项目的投资规模很大，从酒店的开发建设包括酒店中的餐饮、娱乐服务到景点资源开发、景点景区建设，这些都需要大量的资金。无论是项目配套基础硬件设施还是编排实景演出，这些投资成本都是比较大的。再加上在前期阶段文旅项目基本都是靠门票、配套服务等获得微薄收益，而且后期仍需大量资金不断投入维持项目，收支极不平衡，这使得文旅项目对资金周转能力有极高的要求。

2. 资金回收周期长

文旅创意项目要经过建设期、运营初期和市场培育期、项目成熟期的项目周期阶段。在此阶段过程中，无论是景点门票收入还是酒店住宿、餐饮、娱乐等服务收入抑或是项目配套服务的收入都是资金回流规模小且比较微薄漫长。

3. 轻资产型投资偏多

文旅创意项目在前期主要投资于硬件设施，而后期以无形资产、软件投资等轻资产占据了主导地位。文旅项目带有文化属性，对文化创意高度依赖，一个优质且能够可持续发展的文旅项目后期需要大量的轻资产投资，通过品牌授权，输出 IP，结合当地独特的地域文化进行特色开发，走轻资产路线，例如对旅游演艺的投资。所以在整个文旅项目过程中轻资产型投资占据了较大比例。

（三）文旅创意项目投融资趋势

1. 投融资关注领域发生转向

当下人们越来越重视健康问题，休闲度假、健康养生和户外运动都将会成为未来投资关注的重点。近几年国家政策与规划都指向乡村振兴，习近平总书记多次强调要全面推动乡村振兴，况且城市中的人们在高压的环境下学习、工作，苦不堪言，需要寻找惬意、绿色纯真的环境去抚慰心灵，乡村旅游也将会成为未来投资关注的重点。

2. 投融资日益强调项目创新属性

仿制项目、低端项目由于商业模式雷同，项目内容大同小异，缺少对文化内涵的深入挖掘，没有独特的特色产业；而烧钱项目由于需要大量的资金且所需资金支持周期长又见效慢，一般的企业根本无法支撑，所以这些项目得到融资会越来越难。而跨界项目、体验类项目、智慧科技或者是数字技术类项目等都是与现代科技相结合的创新项目，顺应了发展潮流，满足了人们日益增长的对创新的需求，从众多项目中脱颖而出，那么获得融资的概率会越来越大。所以普通的仅仅包含浅显的文化的文旅项目会出现同质化严重的现象，很难得到赏识，在这个快速更迭的时代，唯有不断创新才是王道，才会有投资者投资项目。

二、文旅创意项目投融资规划

（一）投融资原则和目标确定

以项目利益最大化确定投融资目标。文旅项目的开发和运营最终目的就是获得利益，本着利益最大化的原则通过项目的成本估算与收益预测确定是否进行投资及投融资的规模和方式。再者就是分析项目出现风险时的退出方式及条件，确定退出交易条件，这些都会影响最终收益和投融资规划。

客观性原则，以客观的事实为基础，对整个文旅创意项目进行真实的分析、评价，充分了解到项目所具有的优势、资源、运营模式等全面信息，根据客观成本估算与收益预测全方位综合考虑选择具有高匹配度的投融资目标。

对投融资对象进行全方位的认识。根据项目的定位寻找投融资对象，全面了解投融资对象的特征、要求偏好、价值观等信息，初步确定相对准确的目标，再根据项目的整体规划与成本估算，明确融资的渠道与范围，找到真正与项目发展规划相契合的融资对象。

（二）投融资影响因素分析

1. 项目进展阶段

从全生命周期角度来说，一个完整的项目可分为筹备期、建设期、运营期、成熟期四个阶段，每个阶段所具有的特征与重点都不同，所需的资金也就大不相同，选择的投融资模式也有所差别。在项目筹备期与建设期时，现金流会出现为零或为负的情况，此阶段就该选择以股权融资及贷款为主，为项目筹备充足的资金支持；在项目运营期时，现金流较稳定，此阶段要选择不稀释股东权益的债券融资；在项目成熟期时，项目已拥有充沛且稳定的现金流，此时选择流动资金贷款和资产债券化更为合适。

2. 盈利模式和收入规模

盈利模式和收入规模无论是对投融资的安全还是收益都是十分重要的。盈利模式就是项目开发后赚取利润的途径与方法，它决定了项目的收入来源和盈利能力，对项目收入增长速度和空间具有重大影响，是投资项目所看重的关键点。收入规模与项目盈利高度相关，一般对融资规模的选择确定就取决于收入规模。

3. 项目资产性质

项目按照耗用期限长短分为流动资产和长期资产，长期资产是指企业拥有的变现周期超过一年或一个营业周期以上的资产。资产流动性越强，融资渠道就越宽泛，融资方式就更多样化，融资对象有更多的选择性，那么融资就越容易，融资成本也相对低下。而根据具体形态长期资产按照是否有实体形态分为有形资产与无形资产，即重资产与轻资产。对于重资产来说，由于它有实物存在可以把控住，所以它会更受债权融资机构的欢迎，如银行；而轻资产会影响净资产收益率，净资产收益率又与股价高度相关，所以轻资产更适合股权融资，溢价更高。

4. 项目开发价值

投资者在投资项目时首先关注的就是项目是否具有开发价值，如果一个文旅创意项目连开发价值都不具有，那么这个项目根本就不值得开发，就算强行开发了最终也会很快破产，不会有好的收益结果。开发价值不足或开发价值微小的项目会出现获得融资认可难，融资渠道少，融资方式单一或根本找不到资金支持的融资困难现象。

5. 企业自身条件

企业自身条件包括企业的规模与实力、企业声誉与市场地位、企业的经营管理能力和营销能力等，企业自身条件越优越，越能帮助文旅创意项目获得更优质更健康长远的发展，盈利能力也越强，因此项目投融资方式选择面更加宽泛，融资能力也更强。

6. 投融资潜在对象

投融资潜在对象是指它有意投资此文旅创意项目但还未明显公开，可能对项目投资还处于犹豫状态。那么文旅项目管理者应充分了解潜在的投融资对象如它的偏好特征、价值观等，对其有个全面的认知后进行对症下药充分展示与投资者所需相契合的内容与优势，使投融资潜在对象成为项目投融资的一员。这不仅拓宽了投融资渠道，项目获得的资金支持也会越多。

（三）投融资模式选择

1. 投融资模式分析

（1）银行信贷融资模式，这是文旅项目最常见的投融资模式之一，通过向银行、信托等金融机构申请贷款进行融资，要求企业在约定的期限内还本付息。伴随着文旅行业的兴起，文化旅游相关主管部门对文旅项目的审核逐渐严格，国内的金融机构对文旅项目融资条件和审批也有了越来越高的要求，因此目前企业选择这种投融资模式的也越来越少了。

（2）PPP（Public-Private-Partnership）融资模式，也就是公共部门—私人企业的合作模式。政府通过事先公开的收益约定规则，引入社会资本参与文旅项目的投资和运营，实现双方利益共享、风险共担。这种模式一方面能减轻政府的财政压力，另一方面投资的多元化为项目提供了更多的资金与技能，提高办事效率；风险分配合理，有了政府的参与承担一部分风险，降低了融资难度。目前越来越多的企业乐意采用PPP融资模式，它已成为投融资模式的主流。

（3）PE融资模式，也称私募股权融资，通常以基金作为融资的载体。它的融资成本和融资速度相对较高但投资周期更长，风险也是比较大的。一旦项目出现风险，PE可能会随时中断投资导致项目资金链短缺，无法继续正常运营。

（4）股权或产品众筹模式，文旅创意项目可以运用众筹模式来进行融资，也就是通过出售股权、体验项目产品及服务等方式进行众筹。众筹的门槛低、力量大，但如果宣传不做到位很难被大众所知晓那么众筹难度也会很大。

2. 投融资模式选择

（1）文旅项目所需投资规模较大、投入资金多而且投资周期长、回收期长，在项目后续发展中，需要持续融资。所以在项目开发过程中，要注意长短周期兼顾开发，设计好使项目能全周期运作的投资组合。

（2）以项目的成本估算和收益预测这两个基础方面为核心对整个项目运营规划进行全方面、多角度的分析，多与经验丰富的文旅投资运营商沟通交流并请专家验证项目是否能成功落地，论证项目投融资模式的可行性，将各个模式进行对比，选择利益最大化的投融资模式。

（3）文旅项目是一个综合性产业，涉及众多产业，具有复杂的属性。在未来开发过程中，既要重视项目的收益性也要打造文化公益内容，重视项目的公益性。注重统筹规划实施经济性项目与公益性的项目，将经济性与公益性相协调，实现整体开发建设，推动项目的可持续发展，确保项目效益最大化。

三、文旅创意项目多渠道投融资策略

（一）积极争取政府政策扶持资金

利用好“乡村振兴”题材，拔高项目立意，争取享受政策红利。

1. 凝练项目特色价值，对接政府专项资金

随着近几年疫情的好转，政府出台了一系列文旅资金支持政策带动文旅行业的复苏发展。例如文化产业发展专项资金，它主要在培育骨干文化企业、构建现代文化产业体系、促进金融资本和文化资源对接、推进文化科技创新和文化传播体系建设、推动文化企业开拓国际市场等方面为相关项目进行政策资金扶持，并对获得补助资金的项目实施跟踪管理；乡村振兴战略专项资金，重点支持乡村第一二三产业融合示范项目、现代农业产业园、农业现代化示范区等有利于乡村振兴的项目，特别是向承接脱贫地区产业发展的项目进行资金倾斜；交通专项资金，主要是对旅游交通基础设施建设、旅游标识标牌、旅游公路、漫游交通网、旅游驿站、营地等领域进行资金扶持；水利建设专项资金，对江、河流、湖泊、水库的维护建设，开发水利工程，水利风景区运营等领域给予政策资金支持；科技创新专项资金，对具有较强创新力，拥有核心技术并能产生良好社会效益的科技型项目包括文化数字化、智慧景区、智慧旅游系统、VR/AR 虚拟游等给予资金支持；养老机构建设专项资金，包括养老服务机构建设补助资金、养老服务业贷款贴息资金和养老服务体系建设项目配套资金，对居家社区机构养老服务网络、智能养老服务、普惠养老服务进行资金扶持；生态环境导向的开发（EOD）模式资金，要求项目确保生态环境治理与产业开发项目有效融合、收益反哺、一体化实施，对生态建设保护治理如森林生态、草原生态、湿地生态、乡村生态等多种类型的生态规划与开发领域给予优惠政策，进行资金扶持；融合产业政府引导基金，支持文化产业和旅游产业相融合，通过由政府出资吸引金融、投资机构或社会资本等，以股权或债权等方式投资于创业风险投资机构，或新设创业风险投资基金来获得资金支持。项目应全面分析政府优惠政策扶持的主要领域和具体要求，顺应政策发展，以此来寻求资金支持最大化。

2. 谋划重点举措，确保实现投融资目标

实现项目中所有内容的开发建设是一个庞大复杂的过程与任务。首先要明确项目的投融资目标，其次要根据项目发展规划分清重点建设与次要建设，确定重点举措，紧盯重点部分融资需求，优先发展投资较小、收益较快较多且受大众欢迎的重要项目部分，确保投融资目标的实现。

（二）大力开拓多渠道组合投融资

（1）文旅创意项目的主要融资渠道有银行、风投等金融机构、地方政府旅投平台公司、转型文旅的房地产企业、地方民营文旅企业、国内传统文旅企业、文旅服务商、战略投资者等。在融资过程中不能只紧盯一个融资对象，要全面了解市场潜在的投融资对象，根据项目不同阶段的不同需求制定多样的融资体系，拓宽融资渠道。

（2）大力挖掘文旅项目的资源潜力点，分析该项目的盈利能力、未来前景与可能性，寻找该文旅项目与其他普通项目相比的特别优势所在。在合法合规的前提下，注重对融资产品、融资模式、融资结构的创新，以此来拓宽投融资的选择面。

（三）创新投融资模式和偿还方式

传统的投融资模式与偿还方式无法为文旅创意项目提供多渠道的投融资主体，导致项目的投融资选择面不够宽泛，从而出现项目局限发展或在项目开发过程中资金链短缺的现象，并且连本带息的偿还方式使企业压力巨大，稍不注意就容易导致项目破产。因此为保证项目的投融资主体选择多元化，资金支持可持续化就要突破固有的传统投融资模式，创新投融资模式和偿还方式，扩大有效投资。例如扩大民间资本的投入，鼓励当地居民对投入小、风险小、回报稳定的项目领域进行投资，这样不仅可以聚集群众力量来带动当地经济的发展，也为该项目降低了融资成本；采取 ABS 融资模式，以项目所拥有的资产为基础，以项目资产可以带来的预期收益为保证，通过在资本市场发行债券来募集资金，并使用经营性资产如酒店、乐园、商店等产生的现金流收入作为偿还渠道，这样不仅投融资风险小、融资成本低，还款压力也会相对较小；PPP+REITs 融资模式，这种创新的融资模式是将原来的 PPP 融资模式与 REITs 融资模式相结合，REITs 能解决 PPP 模式融资难的问题，降低投资风险。同时 PPP 项目要求严格，其质量都较高，因而更符合 REITs 对底层资产的高要求。二者的创新结合不仅使项目运营更加规范，更是形成了“投资—退出—再投资”的良性循环，有利于回笼资金。

拓展链接

案例研究篇

第九章　国内外文旅创意策划案例

第一节　国外文旅创意策划案例

一、星球大战·银河边缘

（一）案例背景

Star Wars·Galaxy Edge是迪士尼目前最大的单一主题区，占地5.7公顷，投资10亿美元，分别落户于洛杉矶迪士尼公园及奥兰多迪士尼的好莱坞影城，2019年正式向公众开放。

（二）案例体验内容

接受绝地武士训练，驾驶千年隼，和暴风兵对战，与星战电影系列中的所有角色互动，包括接受一些针对个人的任务来积累乐园中的积分。

客人进入后会换上星战电影中的行头，并获取一个暴风兵的ID来进行身份验证。随后进入选角色环节：如果你选择的是光剑训练，那么你就是绝地武士，会有机会与达斯维达对决；如果你选择的是驾驶千年隼，那么你就可能是汉梭罗船长或卢克遭遇疾风暴兵的追杀，而自己在乐园积攒的积分，可以用来消费。

（三）市场开拓

为适应市场变化和文旅创意产业新趋势，迪士尼整合旗下的国际和媒体业务部门以及全球消费者直接对接业务部门，向消费者直接提供由迪士尼旗下影视娱乐和媒体网络集团创制的世界级文旅创意内容，直接提供迪士尼创造性的文旅品牌产品和独特的文旅创意体验。

（四）案例创意点

（1）沉浸式体验，身临其境，游客可以全身心投入，从感官上充分体验星战文化。

（2）IP本身的故事完整性并有所延伸，不仅保留了原汁原味的星战故事，园区项目设计亦紧密围绕星战主题，还融入了许多新的创意点，完善并延展了故事性，丰富了故事内容和游客体验。

（3）重视玩家的精神体验，独特的星战文化内涵融入，让游客不仅是从感官上体验星战主题，更是从精神上进入星战的背景和故事中，让自己成为星战这一故事中的参与者。

（4）星战不仅仅是战，园区内不仅保留了星战的战争内核，同时也保留了星战中日常生活的各种细节和体验，让游客体验更加真实，并且增加了游客的体验项目，在紧张刺激的游玩中增加了休闲放松的时间。

（五）案例成功原因

（1）精准地把握目标客户群体，特别是对标星球大战的观后观众和cosplay爱好者。

（2）强大的IP，依托迪士尼的强大IP在动漫影城主题乐园中的建设中，迪士尼强大的影响力，加上星球大战故事本身的影响力也是成功的重要因素。

（3）不计成本的投入，对迪士尼来说，拥有足够的实力和经验，对星战主题乐园进行细节打磨，使游客达到沉浸式体验。

二、布雷达监狱

（一）案例背景

近20年来，荷兰犯罪率下降，布雷达监狱关押的犯人也越来越少。政府出于节省开支考虑，将有130年历史的布雷达监狱关闭，在2016年转交给相关机构进行改造重新利用，自此，历史悠久的建筑被改造成了娱乐、办公场所。监狱占地3.3万平方米，逃脱密室游戏可容纳350人同时参与，10条路线可以逃生。

（二）案例内容

（1）逼真的场地与环境：根据真实的监狱进行相关的创新性设计改造，同时利用100条警犬、80名演员、真实的枪声、相关的技术人员提供特效来渲染氛围，从而打造真实性、逼真性、体验性强的越狱逃生游戏的密室，这种沉浸式实景娱乐可以给游客提供深层次的身心体验。

（2）独特的体验方式：布雷达监狱在进行密室逃脱体验时采取封闭式模式（例如：每位参与者素不相识、在参加体验需要签订保密协议、参与逃生时不能自行携带任何工具）、还原最原始状态（例如：穿上囚服、与狱友合作逃脱等）

（3）多类型资源的灵活利用：不仅是世界上唯一的一个以真实监狱为场景的密室逃脱场地；同时也是各类音乐节、艺术展览的场所；整个监狱综合体还被分为儿童创意、文化创意、创新与可持续发展、体育旅游、医疗福利和城市与环境等不同区域。

（三）创意点

（1）古典建筑艺术与现代科技碰撞，贴合娱乐新风向，满足高层次、新鲜感的消费渴求；

（2）以真实监狱为场景的密室逃脱游戏带来的沉浸式体验，保留利用原本功能与特色，利用产业融合促进发展；

（3）激发人性深处的反抗与叛逆因子，满足现代人的猎奇与寻求刺激心理，满足游客多维度的情感与体验需求；

（4）闲置资源与休闲娱乐相结合，主题与定位明确，成本低，既是对资源的再利用，也是对沉浸式娱乐的创新发展。

（四）成功原因

（1）满足了人们探新猎奇、冒险、刺激的需求，为想体验、敢体验、爱体验越狱过程的游客提供全真场所。

（2）盘活闲置资源，将多余的监狱进行空间改造，通过改造创新、回收再利用使原本闲置的资源有效转变为现实的经济收入。

三、幻光森林

（一）案例背景

阿寒摩周国立公园位于东京以北数百英里处，拥有独特的自然风光和文化财富，阿寒湖则位于北海道阿寒麻树国家公园的西部，因原始的火山口湖泊，古老的森林和温泉而闻名。2019 年，结合该地区丰富的自然风光与北海道土著阿伊努人的文化，Moment Factory 在阿寒麻树国家公园的阿寒湖森林打造了一场沉浸式的体验　　“KAMUY LUMINA”。

（二）案例内容

此次在日本的 Lumina 多媒体夜间旅游颠覆了北海道传统的故事形式，让游客能以全新的方式和视角在日本的阿寒摩周国立公园，进行一场奇幻森林冒险旅程。多媒体夜间之旅以当地传说中的森林幽灵——Kamuy 命名，游戏讲述了关于猫头鹰通过寻找使者来拯救陷入困境中人们的故事。通过全息投影技术、互动装置……在树林中将诸鸟类和鹿之类的动物投影在森林之中，还原出原本充满生机的森林的样子。

日本北海道是众多旅游者的胜地，拥有优良天然的环境，绝佳的土壤、空气和河川令它成为许多野生动物的栖息地，除了多元化的生态环境，北海道的原著居民爱努族更是让这个地方披上了一层神秘的面纱，本次著名的光影艺术团队 Moment Factory 便以阿寒湖作为舞台，创作了最新的光影艺术旅程，打造一个多媒体夜间漫步体验，希望大家可以和守护神猫头鹰一起拯救森林。

（三）案例创意点

1. 生态经济效益兼顾

为了尽可能地降低对当地动植物的影响，项目团队结合了当地环境和旅游的需求，专门定制了一系列的技术来维护当地的生态环境。

2. 沉浸式场景打造

游客沉浸在一个充满奇幻景色的光影森林世界中，从当地的传统歌曲中汲取灵感，通过用棍子进行有节奏的敲击，与森林里的光影和多媒体视觉进行互动。他们踏上的不仅是奇幻的冒险之旅，更是充满音乐与互动的旅程。

3. 富有研学教育意义

观众可以扮演人类的角色，并通过现场灯光、声音、场景和视频投影，在故事的情感中产生互动配合，体验一场沉浸式的灯光秀，一路上将会遇到许多光影艺术和音乐创造的画面等待大家寻访，更有机会遇到阿寒湖独特的生物，例如绿球藻，可以充分认识生态美景。

四、不眠之夜

（一）案例背景

不同于普通的话剧是在一方舞台上演出，这部剧是在麦金农酒店的上下 5 层 90 多个房间中进行的，你不是一个简单的观众，而是一个参与者，你可以在酒店自由穿梭。没有座位、没有舞台，甚至连对白、旁白都一律没有。20 多个角色可能随时出现在 5 层酒店的 90 多个房间中，观众通过自主的探索，在 3 个小时内得到包罗万象的感官体验。

该剧上海版于 2016 年 12 月 14 日在亚洲开始首演。2023 年，《不眠之夜》荣获由文化和旅游部颁布的国家级沉浸式文旅名录推荐。2024 年 8 月 1 日，《不眠之夜》上海版正式开放了“Lounge M”的全新体验空间。2025 年 4 月，《不眠之夜》在上海全新改版，推出了全球只此一站的“特别版”，以独特的“双幽灵”体验模式，为观众带来个性化沉浸之旅。

（二）案例内容

《不眠之夜》以莎士比亚经典悲剧麦克白为故事内核，讲述了一个阴谋与人性的经典故事。

苏格兰国王邓肯的表弟麦克白为国王平叛立功归来，路遇女巫，预言麦克白将晋爵为王，但由于他没有子嗣，最后可能无法继承王位，麦克白回家后和夫人说了女巫的预言，夫人怂恿麦克白害死国王邓肯，夺得了王位。登上王位的麦克白生活在恐惧和猜忌之中。一步步害死了很多人。最终麦克白夫人精神失常而死，麦克白则在邓肯之子请来的英格兰援军的包围之下，众叛亲离，走向死亡。

《不眠之夜》是一部安静的《麦克白》。除了工作人员偶尔轻声细语引导观众，全剧所有演员都没有台词，完全依靠演员的舞蹈表演，推动戏剧的情节，观众则戴着白色面具扮演幽灵的角色。

（三）案例创意点

中国传统文化元素，被糅入从莎翁麦克白故事灵感而来的西方浸入式戏剧，《不眠之夜》上海版不同于世界各地其他版本的《不眠之夜》，拥有独一份的文化标识。走入空间的中国观众，在西方故事脉络中，亦能找到“似曾相识”的熟悉感。

与寻常剧场观演经历大不相同，鼓励观众主动走进开放的空间，探索演出情节，从视觉到听觉、触觉、嗅觉都浸入创造的戏剧世界中，让观众在超近距离观赏中获得“身临其境”的体验。

（四）市场拓展

2016 年至今，在演出之外，还孵化了包括浸入式派对、节日卡巴莱等各类特别活动，并在 2020 年正式开启线上演艺，包括通过“白日梦沙龙”及“抖音戏剧节”直播，与超过 20 万在线用户见面；在与天猫共同打造的沉浸式带货直播间中，互动数量达到 384 万人，总观看人次超过 100 万，全网曝光数破 3 亿，给演出业带来新“玩法”，向人们展示了演艺行业拓展边界的另一种可能。

《不眠之夜》打开了商业想象的空间，象征着体验感、参与感的沉浸式演艺，在中国开启了“狂飙突进”的 5 年。 在全国各地，各类沉浸式演艺井喷涌现，形式和题材十分多样，如今已经成为文旅产业中的重要组成部分。

2021 年，上海文广演艺集团与广州太古汇联袂打造沉浸式新作《十号礼铺》，与奢侈品牌联手呈现浸入式秀场《梦入新生》及沉浸式珠宝展等，以沉浸式体验赋能，实践“演艺 +”与商业、地产、零售之间跨界共生的新思路。

（五）成功原因

1. 形式新颖，开创了中国“沉浸式”浪潮

2016 年，由英国戏剧先锋 Punchdrunk 和上海文广演艺集团 SMG LIVE 联合制作，上海尚演文化投资管理有限公司运营的浸入式戏剧《不眠之夜》（Sleep No More，

Shanghai）在沪未演先火，不到 100 小时之内，1 万张预售票全面售罄。这种介于真实性与戏剧性之间、重塑观演关系的戏剧体验，在全国范围内掀起了一股“Immersive”（沉浸式）的先锋浪潮。经过优化改良后的上海版《不眠之夜》，连续演出超过 1400 场，观演人次高达 44 万，平均上座率高达 95%，总收入达到 3.8 亿元，彰显了沉浸式戏剧的独特魅力。

2. 故事内容精彩，每个角色都有自己的特色和运动路线

故事本身基调诙谐、黑暗，打破了人们以欢愉为主题的刻板界限。《不眠之夜》有着超过 10 条故事线，在一栋 5 层楼的建筑中同时上演。20 多个角色进行穿梭表演，他们的路线是经过精心设计的，A 什么时候要去哪里碰到 B，该走什么路线，又得在过程中完美闪避 C，这种运动路线如钟表式精细地运转。

3. 现场没有固定的座位，观众体验感十足

观众可以有各种各样的体验方式：从始至终都跟着其中的某一个演员，也可以跟随不同的演员穿梭交错。演员的表演融合了戏剧与现代舞，他们几乎没有台词，而是会在各种家具间灵活跳跃，充分利用各种道具，用肢体和动作传递情绪，完成叙事。除此之外，现场有专门佩戴黑面具的工作人员，会对观众进行指引，但更多时候是通过演员的流动和表演引领观众前行。舞台置景和道具，不仅仅只是摆设，更是值得细细探寻的线索及细节。

（六）案例总结

《不眠之夜》作为高人气文化内容的标杆，成功吸引了一大批高消费水平的顾客，依靠沉浸式的戏剧表演让观众参与其中，给人以惊喜，思考，其丰富的剧情线又让人百看不腻，令人留恋。酒店里舞台布置十分真实细腻，完美还原了 30 年代的建筑风貌，给人新奇的体验。观看戏剧时，观众没有固定的座位，有极大的自由，面对演员沉浸式的表演，甚至给人一种身临其境的感觉。而且，《不眠之夜》上海版作为中英双方紧密合作的产物，有着上海文广演艺集团和英国团队创意的融合，资源和专业技能的支持。再加上戏剧是中英文化交流的一种方式，得到了两国相关部门的支持，可以说它的成功是必然的。

五、柯南小镇

（一）案例背景

日本作为动漫的发祥地，近年来，动漫文化开始陆续渗透至区域旅游发展中去，形成了一系列的“圣地巡礼”旅游体验产品，催生了一批以著名动漫“圣地巡礼”为主体和本底的动漫主题小镇，日本动漫将“圣地巡礼”元素包括动漫作品人物、场景、动漫衍生品、动漫作家等与旅游产业相结合，成为日本旅游重要吸引物，吸引世界各地游客参观体验。

位于鸟取县北荣町的“柯南小镇”，依托动漫作者或作品带来的人文资源优势和当地政府的政策支持打造的柯南旅游小镇，是日本“动漫圣地巡礼文旅小镇”发展模式的代表。

在北荣町，大街小巷都可以看到柯南的身影；全长1400米的主干道取名“柯南大道”，路上的标志牌、浮雕、铜像、井盖全以柯南为主题。同时开发设计动漫衍生文创商品，游客还可以到专卖店购买纪念品，从玩具到标签、笔记本、手机挂件等十分齐全。

柯南博物馆是一座独特的白色建筑物。门口有一台黄色的小轿车，这是动漫人物阿笠博士的“专车”，他专为柯南制作各种特殊道具。该馆以《名侦探柯南》作为中心，铺设出青山刚昌绚丽的作品世界。博物馆有6个分区，除了青山刚昌的个人介绍、漫画作品和动画作品的展示区，自助餐厅和大量的动漫工艺品店也被设立其中。

致力于“柯南的村落”建设的日本鸟取县北荣町，力图大胆创意缩短梦幻与现实空间。当地政府在户口簿的证明书上面采用柯南的形象设计，居民卡、户口簿等各种证明也都被印上了本地出生的青山刚昌作品《名侦探柯南》的主人公“江户川柯南”形象。甚至连当地道路上的窨井盖、路标、邮筒都还原了《名侦探柯南》漫画里的场景。

鸟取县不但将柯南邮票的发售作为主动力，还以该县出生的漫画家为中心，开展了“漫画王国鸟取”活动；北荣町推出了有趣的“名侦探竞赛”，参加者将在柯南大桥上捡到一部照相机，然后根据目击证人提供的线索找出真正的失主，答对者将得到一套每个漫画迷都梦寐以求的柯南邮票。

很快，以漫画兴县的鸟取县，不仅构建了一个动漫衍生品的全球性超市，还通过内外景拍摄地图的制作、县内书店漫画角的设置等活动逐步推进，以漫画巨大的力量来振兴当地的旅游产业。

（二）案例目标人群

主要是对《名侦探柯南》等动漫文化感兴趣的群体，同时也包括对旅游、田园风光和动漫周边收藏有需求的消费者。

（三）案例创新点

日本柯南小镇的创新点主要在于利用了动漫文化资源，将其与旅游业相结合，打造出一种全新的旅游模式，创造了独特的旅游体验。在柯南小镇中，游客可以身临其境地参观各种道具和情境，感受到走进柯南的世界。此外，柯南小镇还利用柯南资源打造出了主干道“柯南大道”等景点，以及柯南咖啡馆、商店等，为游客提供更加丰富的旅游选择。除此之外，当地政府还为该小镇提供了政策支持，鼓励和引导民间资本的投入，推动柯南小镇旅游产业的发展。

（四）案例盈利模式

日本柯南小镇的盈利模式主要是围绕着旅游、文创、餐饮和住宿四个方面展开。

首先，该小镇的主要盈利来源是旅游。作为一个以动漫旅游为主题的胜地，柯南小镇吸引了大量的游客前来观光和体验。游客可以通过购买门票进入柯南剧场、柯南博物馆等景点中参观，同时游客也在旅行团、交通、餐饮等方面产生费用，使得柯南小镇在旅游方面获得了不少的收入。

其次，文创周边产品也是该小镇的盈利点之一。该小镇拥有多家柯南 -themed 的商店和咖啡馆，出售各种与《名侦探柯南》相关的周边商品和纪念品，例如手办、卡通画、文化衫等，这些文创产品的销售也为柯南小镇带来一定的收入。

最后，该小镇的餐饮业和住宿业也是其盈利模式中不可或缺的一部分。在小镇中，游客可以享受到各种美食，例如柯南主题餐厅、甜品店等。同时，该小镇还拥有多家酒店和民宿，游客可以在这里获得优质的住宿服务。

总之，日本柯南小镇的盈利模式基于旅游、文创、餐饮和住宿四个方面，并且充分利用了《名侦探柯南》这一知名动漫 IP 的优势，通过提供全方位的服务和产品，使得该小镇成为一个较为成功的文化创意产业示范点。

（五）总结与反思

创意和 IP 的价值：柯南作为一个具有高度影响力和知名度的 IP，能够为小镇带来巨大的经济效益。这表明了创意和 IP 的价值，可以为一个地区带来巨大的社会、文化和经济效益。

旅游产业的重要性：柯南小镇之所以能够成功，离不开旅游产业的支持。旅游产业是一个发展迅速的行业，可以为地区带来就业机会和经济收入。

整合资源和营销策略的重要性：柯南小镇之所以能够成功，离不开整合资源和营销策略的高效执行。地方政府和旅游企业需要共同合作，整合物质资源和人力资源，制定营销策略，打造品牌形象，提高知名度和美誉度。

文化自信心的重要性：柯南小镇的成功，体现了日本人对自身文化的自信心。在推广旅游产业的同时，也让外国游客更好地了解日本的文化，增强了国家的文化自信。

可持续发展的重要性：柯南小镇的成功，离不开长远眼光和可持续发展战略的坚定支撑。只有在保持清晰的发展目标和可持续发展的前提下，才能更好地推动旅游业和当地经济的发展。

第二节　中国文旅创意策划案例

一、知音号

（一）案例背景

《知音号》是长江首部漂移式多维体验剧，由武汉旅游体育集团，联合著名导演、跨界艺术家樊跃等共同打造。以知音文化为灵魂，以大汉口长江文化为背景的实景大剧，故事取材于20世纪二三十年代的大武汉。导演团队在武汉市两江四岸核心区打造了一艘具有20世纪风格的蒸汽轮船和一座大汉口码头为漂移的剧场，并采取国际顶尖的艺术表达方式和独创的观演模式，活现大武汉当代文化。同时，该项目打造全国独有的文化和服务双IP，已成为武汉城市文化旅游新名片和中国文旅产业新地标。《知音号》的故事发生在船上，然而演出和观看的过程，从上船之前就开始了。

（二）案例内容

名伶、记者、地皮大王、小鞋匠、醉酒大汉、报童、商贾……一一登场，108个角色身份各异，包括桥梁学家茅以升，地皮大王刘歆生，承建武汉大学的沈祝三，著名歌唱家周小燕……船票分为A区、B区、C区三种。

出发前的甲板：这一部分就像是整部戏的引言：游客们还未登船，身着旗袍洋服的演员，却已经三三两两从各个舱门走出。

一楼舞厅和酒吧：第一个故事点是一层的舞厅，所有的关键人物都在这里出场。然后曲终人散，带着各自的故事四散开来。作为观众的你就要跟着他们走起来，自己去寻找故事。

二楼：二层客舱有10余个故事同时上演。比如在角落蹲着的鞋匠，你只要走近他，他便开始向你诉说他的人生。

三楼：每个人对应船票上的房间号找到自己的房间，同时会有陌生的船客成为你的室友。

四楼区域及顶层平台：接近演出的尾声时，所有人都将登上四层甲板，现场还有爵士乐队演出。

（三）案例创意点

1. 活态博物馆

与以往任何演艺形式不同，《知音号》旨在打造两个博物馆：一个是大武汉的城市记忆；一个是人们心中久违的灵魂情感。踏上这艘满载故事的“知音号”，人们将融入其中，与表演者共同完成关于城市、人生与爱的碰撞，直击心灵。

2. 漂移式多维体验剧

第一重，戏剧舞台是漂移的。《知音号》的表演载体是一艘同名的真实轮船，它以20世纪初民生轮船公司的“江华轮”为原型，船体长度为120米，有着钢铁的惊艳质感和经典的复古外观。它将载着游客在长江上漂移，在两岸变换的高楼与灯光之间，完成观众和过去年代的一种艳遇。

第二重，观演关系是漂移的。观众并不是旁观者，你可以打破表演的约束在剧场里自由穿梭，你的角色、身份也相应为之变换，在“多维体验”的规定情境下，一切行为表现也就趋于自然、合理了。

第三重，剧场理念是漂移的。《知音号》彻底打破了传统戏剧的“第四堵墙”概念，打造了互联网云剧场，消除既定疆域与界限，颠覆既有的剧场理念和戏剧思维。这个理念，实现了水、陆、空的立体全方位多维覆盖，形成了崭新的观演关系，从过去惯常的“我去看你”悄然变成了“你去看我看你”的多重交互关系。

3. 剧场式特色演艺

“知音号”除具备演艺剧院功能外，“知音号”演艺船及码头将成为武汉最美亲水休闲平台，长江上最具特色的社交新空间，将是长江盛会、知音婚典、亲子互动、婚纱摄影、体验式生活艺术品购物展示、高端沙龙等公共生活的平台。4层甲板的城市记忆博物馆，将长期展出武汉老物件全球征集活动征集而来的老物件、老故事等。

（四）思考与不足

知音号是一个创新型文创产品，它和传统的演出不同，改变了传统的坐在台下的观剧的方式，让观众可以自己探索故事和剧情。

总的来说，时间很赶，不能让观众看到一个完整的剧情。赶场式的表演很难让游客得到真正沉浸式的体验。主线剧情的话基本没有。游客体验起来感觉都是小支线，只有形没有魂的。成本与效果不成正比，知音号在前期投入了大量的成本，请了很多的演员。但是最后最让人难忘的反而还是两岸的夜景。仍然有值得改进的地方，让剧情更加的连贯，让观众可以更加体验背后的文化底蕴。

二、重庆光环购物公园

（一）项目简介

重庆光环购物公园是国内首个将自然与商业融合，具有开创性的城市商业空间新形态，也是其商业品牌“光环”的首个亮相项目。

重庆光环购物公园总面积达 42 万平方米，其中 17 万平方米为购物中心，11 万平方米为超 5A 甲级写字楼，以及 7 万平方米室内外城市绿色公园，集国际轻奢、都会潮流、亲子家庭、环球佳肴、百变社交等商业业态于一体。纵跨七层高达 42 米的绿色植物景观、动静交互主题社交空间、多元化创新的业态分布，构建起人与自然、商业与生活的连接。2022 年 4 月，被列入重庆第二批市级夜间文化和旅游消费集聚区拟命名名单。

（二）设计思路

随着互联网的迅速发展及全球气候恶化，人们对新空间的诉求持续变化。光环购物公园重新定义了公共商业空间模式，即城市自然共同体，为市民创造更多美好瞬间和体验，并缓解城市生态环境的压力。在重庆这样一座人口密集、规模庞大的城市中，如何让自然以充满想象力的方式回归城市生活空间成为景观设计师们亟待突破的难题。景观设计从深海中汲取灵感，游客从抵达的那一刻起就开启了一段多维度的神秘探索旅程。

（三）项目特色

国内罕见的购物中心恒温热带植物、18 米全景玻璃梯田式开放阅读空间、潮流运动百变试炼场等。

重庆光环购物公园 IP 为松鼠闪闪（永久性艺术装置），总长 15 米，尾巴 10 米高，由 16 500 片特制的彩色金属片组成，在不同的光线下会折射出不同的光芒。

室内植物园“沐光森林”：生命之树凤凰木、花之瀑谷、悬浮森林。3 大网红主题打卡场景及 18 处互动打卡场景。

沐光森林区别于传统的植物温室。除热带雨林中常见的树木、小溪、瀑布等自然场景外，7 棵悬浮树像太空中的奇幻山、二十米高的临空光影水幕瀑布、犹如过山车一般的空中连廊呈现出如阿凡达电影中奇幻星球的梦幻场景。

前广场台阶模拟海洋生态地形的有机曲线，台阶和铺地选择了天然的石材，颜色由浅至深随之发生变化，模拟海底的光影变化，仿佛引导着人们在一步步地探索下潜到“海洋”深处。铺装的设计方式则采用了矩形与平行四边形穿插搭配的方式，远远看去创造出一种海水折射的 3D 错视效果。

（四）项目总结

重庆光环购物公园是购物广场与悬浮森林的结合，也是商业领域的一大突破，它主打立体式城市森林设计，贯穿绿色、开放、共享等发展理念，是对传统商业空间形式的创新型改造，克服了商业空间与植物之间物理环境不同造成的困难。在当下体验经济时代，为游客提供了休闲娱乐空间，满足游客物质与精神双需求，置身此地仿佛进入现实版潘多拉星球。但重庆光环购物公园商场设施、品牌等无突出特色，地理位置较偏僻。

三、国民公路 G318 文旅盲盒活动

（一）案例项目概况

国民公路 G318 被称为“中国人的景观大道”。在这条线路上，不仅有高楼大厦、繁华都市，也有小桥流水、青砖黛瓦；更有从横断山脉到青藏高原，横跨中国广袤版图的两级阶梯。这些截然不同的自然景观——冰川、草原、高山、峡谷——在 318 国道线上汇聚，构成了 G318 的惊险与绝美之景。为了让广大游客近距离感受 318 国道的魅力，2021 年 1 月 4 日至 7 日，由成都创意设计周执委会办公室、成都市文化广电旅游局主办的“318 文旅盲盒活动”在线上线下同步举行。本次活动以 318 国道为主线，采用“文旅+盲盒”的形式，精心设计制作318个文旅盲盒，不仅有措普沟、德格印经院、墨石公园、西岭雪山等景区门票，也有安吉竹编艺术品等文创产品，还有国内任意目的地免费到林芝、稻城亚丁、杭州旅行的往返机票等特大惊喜。广大网友均可通过搜索关注新浪微博话题 #318 文旅盲盒 #，根据 @ 成都创意设计周与 @ 川派好风光微博发布的抽奖规则，带话题 #318 文旅盲盒活动 # 转发和关注，均可获取抽盲盒的机会。各大网络达人、资深旅游博主积极参与、助力宣传，一时间掀起宣传推广 318 国道旅游资源的高涨热情。可以说，这是创新探索文旅行业新动向、新需求和突破文旅融合瓶颈的一个完美缩影，也是创新宣传 318 国道线重要节点城市和景区的一次生动践行。

（二）目标人群

（1）山系旅游爱好者：随着经济生活水平和民众精神文化的需求层次的日益提高，精致露营、房车生活、户外运动等山系生活逐渐兴起，成为越来越多人向往的旅行方式。318 国道是这样一条非常典型的山地旅游公路，其地形起伏、海拔高差、地质地貌构成、生态自然环境都为开展山地旅游提供了绝佳条件，开展“国民公路 G318 文旅盲盒活动”有利于吸引以爱好户外运动、自驾旅游的方式出行的山系旅游爱好者兴趣，激发旅游消费欲望，发挥主体活力，从而带动其社会经济发展。

（2）年轻化男性人群：从 2021 年 318 国道年度人群特征来看，该类人群区域年轻

化，以 20~29 岁的男性群体为主导，加上 318 川藏线的驾乘体验具有挑战性。这条高速公路穿过世界上一些最困难和最危险的地形，公路上有许多陡坡、急转弯和狭窄的桥梁。高速公路上的天气变幻莫测，更吸引年轻、活力、热爱自驾旅游的男性群体挑战。

（3）中等收入人群：前往川藏线自驾游的游客大多选择 6~10 天的行程，旅游消费时间长，且在旅行的过程中追求体验感与参与感，主要是来自京津冀、长三角、珠三角以及具有地理区位优势的川渝地区的人群，这类群体普遍月收入高，有着较高的消费能力，是中等收入阶层代表。

（三）创意亮点（产品、服务、营销活动）

1. 文旅盲盒 解锁新玩法

318 文旅盲盒活动是以“文旅 + 盲盒”的形式，共准备 318 份文旅盲盒，鼓励游客解锁更多 318 国道景点。在这众多盲盒中，不仅有各个景区门票、景区项目游玩券等旅游福利，更有机票等出行礼包，以及竹编艺术品、手账本等文创产品，且活动采用线上微博以及线下现场两种方式分阶段抽取盲盒。线上网友可通过带话题 #318 文旅盲盒活动 # 转发、关注抽奖微博及博主，从而获取一次抽奖机会，线下盲盒游客通过现场拍照打卡 318 文旅盲盒活动，并分享朋友圈积赞 50 个，或带话题 #318 文旅盲盒活动 # 发布微博的方式，即有机会参与抽奖。解锁更多玩法，掌握文旅新发展的财富密码，释放出更大的社会、经济效应。

2. 整合资源 凸显核心优势

318 国道途经八省，集自然与人文景观于一体的大道，打卡式旅游景点丰富。

本次活动通过邀请广大游客抽取、拆解盲盒，盲盒中不仅包含各种景区门票与文创产品，还有价值千元的三份特别大奖——国内至（林芝 / 杭州 / 稻城亚丁）往返机票，这不仅有利于带动沿途景点的资源发展，同时拉动相关产业的发展，强化突出人文历史优势、山水资源优势，同时采取“网红”宣传方式，如四川省文化旅游宣传推广大使理塘丁真助力宣传，吸引大量网友积极参与，扩大宣传力度，带动 318 国道文化旅游发展。

3. 创新模式 激发消费需求

G318 瞄准“盲盒经济”对文旅行业的带动效应，在旅游活动中，盲盒营销的关键在于体验，其核心价值在于创造和引导新增需求。对此创新销售模式，将盲盒与旅游业的结合，通过线上线下抽奖派发的形式，试图用这种新奇方式抓住消费者的心。其核心是盒子里的内容，这种营销方式也得到了广大景区和节点城市的大力支持。成都、甘孜、林芝、安吉等节点城市以及措普沟、德格印经院、墨石公园、西岭雪山、虹口等景区也纷纷响应，共同助力本次活动的成功举行，共同探讨 G318 "文化 + 旅游" 深度融合的创新发展路径。极大程度地盘活现有资源，构建以旅游为载体、文化为核心的国民公路，推动文旅深度融合发展。

（四）盈利模式

1. 产业联动模式

G318 不仅是一条国道，也是一条风景道，是以 G318 为轴，多产业融合发展，融入自然风光、基础设施、民俗风情、人文精神等多个方面，充分挖掘和利用当地资源发展相关产业，如"国民公路 G318 文旅展"创新了成都文旅农融合发展的合作模式。通过文创旅游产品展会、城市文旅推介会等多种形式，加深文旅农融合发展，为乡村振兴赋能。以"文旅共生、农旅融合"为乡村振兴的发展思路，大力推动成都旅游产业的快速、多元化发展，从而助力乡村振兴战略的实施。

2. 综合收益模式

该活动实际上打破了以景点门票为主的收益模式，主要采用"盲盒"激发游客消费欲望，吸引游客内在需求，因此盲盒中有各种景区门票、文创产品或者是往返机票，而其更主要的是依托于 G318 的风景资源、人文资源等旅游资源而产生的食、住、行、游、购、娱等综合消费，不仅可以增加游客量，同时也扩大了知名度、提升了美誉度。

3. 资源联合模式

旅游资源的开放往往是一个集合体，而非旅游单体。318 文旅盲盒活动巧妙整合了区域内各个景区、酒店餐饮、旅游运输、购物中心等相关资源，统一打造旅游精品线路，并实施统一宣传营销。通过聚力抱团，互惠互赢的方式，实现各地资源整合、客源共享、互惠互利。

四、大唐不夜城

（一）案例背景

大唐不夜城位于陕西省西安市雁塔区的大雁塔脚下，北起大雁塔南广场，南至唐城墙遗址，东起慈恩东路，西至慈恩西路，街区南北长 2100 米，东西宽 500 米，总建筑面积 65 万平方米。

大唐不夜城首先以盛唐文化为背景，以唐风元素为主线，建有大雁塔北广场、玄奘广场、贞观广场、创领新时代广场四大广场，以及西安音乐厅、陕西大剧院、西安美术馆、曲江太平洋电影城等四大文化场馆，大唐佛文化、大唐群英谱、贞观之治、武后行从、开元盛世等五大文化雕塑，是西安唐文化展示和体验的首选之地。其次，以体验消费为特征，着力打造集购物、餐饮、娱乐、休闲、旅游、商务于一体的一站式消费天堂。耗资50亿打造，是全球20个热门旅游目的地之一。

2019年4月29日，大唐不夜城步行街被列为全国首批11条步行街改造提升试点之一。2020年7月，大唐不夜城步行街入选首批全国示范步行街名单。

（二）目标人群

周边居民以及爱好历史文化的年轻人。

（三）案例创意点

（1）整体布局围绕盛唐文化，集合夜间观光游憩、文化休闲、演艺体验、特色餐饮、购物娱乐等五大产业形成旅游集群。具体如下：

一轴："大唐不夜城文化商业轴"；

两市："贞观新风韵唐市、创领新时代都市"；

三核："大雁塔广场景观文化核心、贞观文化广场时尚艺术核心、创领新时代广场休闲时尚核心"；

四区："大雁塔盛唐景观人文风貌展示区、中华传统美食文化生活品鉴区、贞观国际艺术文化交流体验区、创领新时代都市休闲文化区"；

五内街："慈恩镇——陕西风情小吃文化街、新乐汇——中华传统美食文化街、欧凯罗——潮流音乐酒吧文化街、温德姆——品味生活咖啡文化街、阳光城——SKP时尚青年艺术文化街"。

（2）通过叙事性的表现手法，将西安历史文化的发展脉络和重要内容做成主题雕塑群，串联起三大广场，形成景观节点。

（3）常态性舞台与街头小演艺节目结合，增加街区文化节点。

例如：街区南北端点的大雁塔北广场和开元广场分别设立《再回大雁塔》《再回长安》两大常态驻场实景演出外，步行街上还分布了许多小型舞台。还有最近火爆的"盛唐密盒"。

（4）国际品牌与百年老店、商业综合体与特色小店、传统文化与现代潮流，各种形态商业在此相融合。

（四）案例营销模式

（1）依托超级IP，打造新IP。大唐不夜城的灵魂是大雁塔和盛唐文化，而通过对传统文化的创新挖掘，大唐不夜城巧妙地培育出"不倒翁小姐姐"等行为艺术表演，再依托网络平台实现裂变传播，逐渐形成了新的IP。发展方向，包括不限于手办、电视节目表演、文艺演出等。

（2）打造顶级的体验式旅游体验。旅游2.0时代，传统的逛景点的旅游项目已无法满足游客，尤其是年轻游客的需求。大唐不夜城汇集的创意表演、歌手驻演和网红景点深受年轻游客喜爱。自媒体时代，拍个“不倒翁小姐姐”的视频就可以获赞十几万，这对喜爱社交媒体的年轻人来讲几乎是致命的吸引力。

（3）发挥个体最大化价值。大唐不夜城除了有花费几十亿的大手笔，还对只需几千月工资支出的演出项目极为重视。去过大唐不夜城的游客都会被那里形形色色的表演吸引，那些表演不是传统的歌舞，它们更年轻、更具传播性。这些表演正是网络喜欢的，抖音等自媒体平台是它们传播的最佳载体。

结语：大唐不夜城以“夜游经济”为主，研究年轻人的生活方式，深耕盛唐文化，依托高科技手段进行景观节点和网红打卡点的布置；创作高质量的演艺节目，将传统文化用现代化的方式表达，增加互动环节，丰富游客的体验。

提供给游客的是一段“梦回唐朝”的沉浸式游览体验，深得当代年轻人的喜爱。

五、只有河南·戏剧幻城

（一）案例背景

只有河南·戏剧幻城，位于河南省郑州市中牟县平安大道与广信街交叉口西北角。只有河南·戏剧幻城项目总占地622亩，项目核心区是一座单边长328米、高15米的幻城。景区总投资近60亿元，是中国规模最大、演出时长最长的戏剧聚落群之一。2021年6月6日，只有河南·戏剧幻城正式开城纳客。

景区以沉浸式戏剧艺术为手法，以独特的“幻城”建筑为载体，通过讲述关于“土地、粮食、传承”的故事，让更多人感受戏剧文化的魅力。

（二）案例特色

只有河南·戏剧幻城内拥有21个大小不一的剧场、近千名演员，分为3大主剧和18个小剧，剧目总时长近700分钟。景区项目以黄河文明为创作根基，以沉浸式戏剧艺术为手法，以独特的戏剧“幻城”为载体：“56个空间，每一个空间4道门，每一个空间里面又有不同的场景，21个大大小小的剧场，就埋伏在这56个空间里。”用棋盘式的格局，把622亩地方格化，同时也戏剧化。

在这21个剧目中，时间跨度是从夏商开始，既有河南唐宋时的繁荣，也有民国三十一年（1942年）的苦难，还有河南精神的传承；其广度从绘画、音乐、服装、诗词歌赋到农业文明。一方水土养育一方人，只有河南·戏剧幻城打破了历史的空间维度，以人物群像的方式展现了中原文化的广博与兼容并包，让受众更为客观地认识河南。

只有河南·戏剧幻城项目实现了文化与科技的深度融合，经过大量的创新实验寻求最佳视觉表达。其中“声”“光”“电”“画”等高度集成化与智能数字系统发挥了巨大作用。8个升降台，5个旋转升降台为主要载体的遗址剧场，勾勒出“幻城”独特的建筑形态；车站剧场智能翻板配合56道机械麦穗吊杆，通过智能控制呈现波澜壮阔的滚滚麦浪。

（三）案例创意点

1.“戏剧”不再是景区配套，而是消费主体

当乌镇、阿那亚戏剧节成为中国文艺中青年奔走相告的内容，当沉浸式表演几乎成为很多景区的标配和获客利器之时，戏剧消费已经由高端、低频悄然走进大众生活。然而从剧院走进主题公园，《只有河南·戏剧幻城》捕捉到了这个风口，成为行业首例，不仅集成了中国最大规模的戏剧表演场地和剧目，更重要的是，在这里第一次将大体量的“戏剧”作为被消费主体，而不是景区配套，颠覆了旅游受众直观面对传统“旅游演艺”产品的审美体验和文化感受。《只有河南·戏剧幻城》与上述演艺项目最大的不同在于，它并非一部戏、一个剧场、一个景区配套，而是一个以戏剧覆盖一切的主题公园。《只有河南·戏剧幻城》作为戏剧聚落群，每一个空间都经过了整体优化，每一个剧场都是不可缺失的部分，每一条行进路径为观众带来的都是高浓度的戏剧体验，全景化地展现了河南的过往与当下。

2. 采用世界前列声光化电技术，造21个幻剧场

园内设有《李家村剧场》《幻城剧场》《火车站剧场》3大主剧场，以及散布在周边的18个小剧场，共21个幻城剧场。近千名专业演员在此轮番上演不重复的表演，没有固定的座位，没有限定的舞台，所有表演都是与观众对话交流，这就是沉浸式戏剧艺术表演。

其中，大剧场中《幻城剧场》是将技术运用得最炉火纯青的剧场。通过亦真亦假的光影效果，舞台的骤起骤降，让相隔千年的多个朝代从地下慢慢升起，和现代对话。千年来的历史名人，罕见地都在幻城同框了。小剧场中，红庙学校是让人重回少年时代的一个剧场。本还在津津有味地看青春男女打打闹闹，突然就开始正儿八经地上课了。如果你坐在前中排，很有可能会被点名。

（四）总结与思考

《只有河南·戏剧幻城》打开了商业想象的空间，象征着体验感、参与感的沉浸式演艺，在中国开启了“狂飙突进”的5年。在全国各地，各类沉浸式演艺井喷涌现，形

式和题材十分多样，如今已经成为文旅产业中的重要组成部分。

当下，密室、剧本杀等以“沉浸式”为概念的线下体验，成了95后Z世代人群的“社交新宠”。沉浸式演艺拥有日渐增长的文旅属性，沉浸式的跨业态融合发展将是未来文旅产业发展新热点，不断拓展“沉浸式”边界，联动展览、商旅、时尚、零售、音乐节等多元场景，以沉浸式体验赋能，实践“演艺+”与商业、地产、零售之间跨界共生的新思路。

随着文旅融合新时代的到来，文旅演艺、沉浸式旅游产品、互动体验旅游产品、光影水秀、夜游等新业态层出不穷，对科技应用、科技与文化融合提出了越来越高的要求。《只有河南·戏剧幻城》拥有坚实的文化内核，以厚重深远的中原文化为题材，极具文化内涵。从千城一戏到千戏一城，从旅游景区到戏剧聚落，《只有河南·戏剧幻城》无疑是全新的演艺概念和模式，它带给人们新的思考：高雅、严肃的戏剧艺术形式也可以这样被作为“被消费主体”，而不是景区配套的文化旅游“目的地作品”。它具有超前的、引领性的艺术价值和社会价值，启示文旅从业者将演艺与城市深度链接，由此提升城市形象和文化认同感，并拉动区域经济增长。未来文旅产业可以在文化基础上创新概念，突破以往模式，开发新业态，多场景联合，主题式建设。

☞ 拓展链接

第十章　大学生文旅创意策划案例

第一节　市场定位 + IP 注入①

一、策划背景

（一）策划对象

新华联铜官窑古镇是一个典型的“古 + 今”模式的旅游地，它以唐代铜官窑陶瓷文化为核心，融合海上丝路文化、大唐城市文化、忠孝文化、红色文化等文化形式，形成集文化体验、高科技娱乐和休闲度假于一体的综合型文旅古镇。其产品有着巨大的市场魅力，主要表现在以下方面。

1. 内涵多元，兼顾大众不同口味

就整个景点而言，产品元素综合性程度高，集合了众多类型的旅游产品，如各类博物馆、演艺秀、人文景点、各地美食、特色购物、参与性项目、客栈、温泉酒店等，可以较好地满足游客的不同需求。

2. 文创领航，科技增辉

新华联铜官窑将传统文化与现代文明充分融合，打造各类文创产业街区，吸纳各种文创、手作、民间手工艺人，实现文创与文旅、文创与非遗的融合，结合飞行体验馆等多种科技体验，打造湖湘罕见、长沙仅有的最具情调的“旅游 + 文创”“旅游 + 科技”一体的多功能创意旅游景区。

3. 以休闲、度假为内核，精心营造旅居体验

新华联铜官窑特色服务全配套，升级旅居新体验，综合星级酒店、文化演艺中心、休闲商街以及水上运动、丛林运动、陶瓷论坛、艺术家创作基地等业态，打造集文化博

---

① 本案例来源于第五届湖南省大学生旅游综合技能大赛一等奖作品《行“铜”一家之铜官灵陶记》。

览、美食休闲、娱乐演绎、亲子游乐、高端旅居、特色商业等于一体的国际文化旅游休闲度假区。

（二）策划起点

分析新华联铜官窑古镇当前营销存在的问题，解析策划诉求。

1. 游客对景区主题形象认识模糊

在对新华联铜官窑古镇家庭旅游市场问卷调查和景区现场访谈中，被调查者对铜官窑的形象认知会存在差异。问卷调查显示，被调查者访前普遍能够识别出铜官窑的“陶瓷主题小镇”的主体形象。但实地访谈中，被调查者对景区的“陶瓷”主题印象却渐趋淡化，反为多元化的产品内容所替代。景区产品体系缺乏对陶瓷主题的表达，使得“陶瓷”没能成为一个凝聚所有产品的核心文化代表，容易让游客失去游览的重点。

2. 缺乏明确的市场细分和有针对性的市场拓展动作

新华联铜官窑旅游产品虽然综合性程度高，可满足不同细分市场的差异性需求，但这并不能决定其营销的立足点就定位于整块市场。强行定位于整块市场便是对细分市场的特殊需求、特殊行为特征的忽视。这样做的后果就是不能凸显自身产品的个性化差异和魅力，营销手段不适合细分市场的使用习惯，营销方式不对受众胃口，难以唤醒人们的消费欲望，达不到预期的营销效果。

3. 缺失情感氛围营造，软品质不足

在旅游需求转向的新形势下，新型景区的竞争力不再能完全体现在无声的建筑、展馆和被动的娱乐以及无情的商业消费上，而应更强调互动性、情感性氛围的营造。新华联铜官窑的硬件环境营造尽显精雕细琢，但其软品质塑造却有所欠缺，表现在：景区内巡游活动不专业、不敬业、缺乏情境化互动设计；景区内互动角色（徐昭佩等）设置缺乏吸引力和感召力，缺乏统合景区文化、代言景区形象的能力；景区内游客可参与的创意设计性活动较少。

二、灵感来源

（一）家庭旅游市场崛起

随着大众旅游时代的到来，人们的旅游需求快速增长，家庭式集体出游已经成为一种生活常态。带薪休假制度的落实，婚假、产假的增加，各类家庭生活真人秀节目的热播，以及 80 后、90 后父母对孩子教育的重视，家庭旅游正在从市场自发的成长期开始走向市场培育期，发展契机增多。

（二）强烈情感价值诉求 + 静态资源的逆向思维

在当今旅游需求趋于体验化的时代，更应关注与旅游者的情感互动，更应重视参与体验的给予。陶瓷是冰冷的器物，是沉寂的历史，是静止的符号，但古镇却应该是鲜活的，有温度的，充满人情的。同时，古镇多元的产品也需要一条极具包容性、文创性，又兼具情感、闲逸精神的主线来统领，实现内容的主轴聚融。

三、创意亮点

（一）市场定位

中国旅游研究院数据显示，2017 年我国国内和出境旅游中家庭旅游的出游比例达 50%~60%。可见，家庭市场已然占据中国旅游市场的半壁江山。长沙的家庭亲子游乐场所虽多，但它们的性能较单一，而铜官窑中的旅游产品类型多样，能较好满足各个年龄段家庭成员的需求，一地多享，这无疑是提升了家庭旅游性价比。基于此，本方案选择家庭旅游市场作为目标市场，便于展开进一步的营销策划。

（二）IP 注入

根据前述分析，人们对铜官窑的认识都与陶瓷文化有关，而现阶段的新华联铜官窑恰恰缺乏一个富有内涵、便于人们记住的旅游象征，陶瓷文化本身又具有较强的静态特征。为吻合本策划的家庭目标市场定位，我们团队构思一组发源于陶瓷、可活化陶瓷、代表陶瓷之魂的精灵般的人物（命名为“灵陶樊家”）和故事，并基于此设计了“行铜一家”的形象定位理念（见表 10-1）。

表 10-1　灵陶樊家人物形象设计

姓名	人物源自	身份	性格
樊窑主	家姓，黑石号出土长沙窑青釉褐绿彩题记碗，书有“湖南道石渚草市孟子有明樊家记”	陶瓷匠人，樊家窑窑主，陶铜、瓷官呼之“爷爷”	老顽童、乐天、慈祥，做陶瓷一丝不苟，精益求精
祝融离（阿离）	祝融氏：火神 离：八卦之一，代表火	火之精灵，陶瓷之母	单纯、热情、善良又经常闯祸
石云母	云母：瓷石 铜官山又名云母山	瓷石之灵， 陶瓷之父	质朴坚韧， 对生命充满热爱
樊陶铜	樊姓：樊窑主养大 陶铜：陶之属性， 铜官之首字	陶之精灵， 火石之子， 瓷官的哥哥	观察力敏锐，顽皮大胆，对妹妹瓷官十分温柔

续表

姓名	人物源自	身份	性格
樊瓷官	樊姓：樊窑主养大， 瓷官：瓷之属性， 铜官之次字	陶之精灵， 火石之女， 陶铜的妹妹	秀外慧中，略胆小，总是照顾粗心的哥哥

1. 人物

陶瓷是以火烧制瓷土而成，由此将陶瓷的生产过程演绎为：火之精灵（女）与瓷土（石）之精灵（男）相爱后的“结晶”，即陶与瓷则为他们的子女，再加上陶瓷匠人的代表“爷爷”，便构成了一个完整的家庭，恰好符合家庭市场的形象特征，也能对情侣市场、休闲市场、亲子市场构成营销吸引。

让他们成为铜官窑的灵魂，成为景区的代言，成为景区的精神内核，成为与游客互动和拉近情感的载体。

2. 故事

为天地所钟的火精灵，化身人形，名为阿离，因天生带烈焰，所到之处皆成焦炭，只得立于岩巅。阿离滚烫的泪珠浸润了脚下的石头，经天日久，石头便幻化成形，是为云母。他将衣袍赠予阿离，烈焰偃息，两人游历世间大千，唯钟爱他们相识相知之地：铜官。可一天，湘江水怒、浊浪翻空，铜官即将淹没。阿离与云母誓死要护其周全。云母独自以身围堵湘水，化成团泥，禁其成湖，终成石渚。阿离伤心欲绝，纵身投入泥湖，烈焰昼夜焚湖，最终湖底仅剩一陶一瓷两个娃娃。铜官樊氏百姓感念他们的父母，为其取名陶铜和瓷官，并从中领悟到了制陶的方法。数年后，铜官樊家记远销海外。

3. 融合

（1）静态体验环境设计：灵陶家庭人物“随处见”

灵陶家庭元素的大环境营造：景区大门及主要道路路面、景区代表性标志建筑、整体建筑物风格、景区内装饰（小雕塑、园艺造型、艺术创意墙、路灯、喷泉）、景区背景音乐、景区内设施（游览车、游船）。

灵陶家庭人物标志的细节运用：景区餐厅纸巾的 logo、餐具、各类指示牌、垃圾箱、景区休憩节点（长椅、厕所、观赏点）当中的运用。

（2）动态体验环境设计：灵陶家庭人物不定时情景表演与周期性巡游

“不约而铜”不定时情景表演：包括阿离戏水、云母翻江，陶铜、瓷官瓷纹变装秀，樊窑主制陶及各分身沿街巷分布，与游客互动。

“大有可官”周期性主题巡游：灵陶家庭激情巡游可设计为定期更新主题、风格、形式，时长较长，具有夸张表现力和感召力的周期性街演产品。

（3）灵陶樊家分身设计

为契合人物身份与性格，保持人物的独特性与神秘性，景区内维持1~2组真人扮演。作为景区形象代言需与游客亲密互动，搭建情感桥梁，所以还需要大量真人扮演的其他形象来实现该效果，因此设计了灵陶家庭的分身形象，分别为火宝（阿离的火分身）、萌石（云母的石分身）、陶淘（陶铜的陶分身）、瓷乐乐（瓷官的瓷分身）。他们既可作为景区灵陶樊家主题氛围“随处见”的体现，又可参与动态表演，还可成为与游客互动的“萌友”。

（三）活动策划

1. 灵陶樊家人物形象“一家绘”活动

活动目的：通过征集活动，一方面可以让大众认识陶瓷人物，提高其知名度和了解度；另一方面，可以知悉大众的喜好特点，获得人物多版本形象的设计灵感。

活动内容：提供灵陶家庭人物初始人设（名字、性格、故事、外形特征等图文信息），供社会家庭参考绘制。画像可为一家五口合像、单人像等，社会家庭可任意根据自己喜好绘制画像风格，如Q版、萌版或大唐版、清宫版，最好能融入铜官陶瓷元素和湖湘文化符号。

2. 灵陶樊家动漫短剧“传奇再续”活动

活动目的：在公众中掀起新一轮的关注热潮，让灵陶家庭人物形象深入人心，以参与创作发动网友，挖掘更多有趣的情节，以连载的、扣人心弦的故事使大众产生情感依赖。

活动内容：①根据灵陶家庭初始人设及故事制作动漫短剧，开篇设悬，利用抖音、快手等短视频平台传播出去，邀请大众通过评论区文字、自拍短视频、语音口述等方式共同续写故事，筛选优秀情节，制作下一集动漫短剧，形成动漫短剧连载的效果。

②根据连载短剧，吸收各方优秀创意，制作动画电影大片，甚至改编成电视剧，进一步提升影响力。

3. 灵陶樊家动漫短剧“别开声面”动画配音

活动目的：以娱乐化的动画配音，开辟另一条吸引力十足的大众参与途径，使灵陶家庭人物的传播范围进一步扩大，进而有前往铜官游玩的冲动。

活动内容：剪切灵陶家庭动漫短剧经典片段，发布在“抖音”等大众娱乐平台，邀请家庭为动漫短片再配音，表现出色家庭获得高点赞量，满足其表现欲。同时，根据点赞量，官方评选出“最佳配音家庭、最幽默配音家庭”等奖项，给予门票折扣奖励。

4. 灵陶樊家人物“脸谱比对”，寻找转世代言

活动目的：以参加真人秀节目为吸引点，以脸谱比对相似度为参与门槛，娱乐的同时又有获得与明星同台的机会，从而达到病毒式营销的效果。

活动内容：①制作微信 H5 小程序，家庭参与者可与灵陶家庭人物进行脸谱相似度对比，反馈其相似度，并给出其时代身份或风格类型（如唐朝版阿离、总裁版云母等），以及相应的有趣评价。相似度达标者（如 90%）将受邀参与综艺节目，其家庭成员皆可以获得景区免费门票。

②联手电视台打造铜官窑品牌综艺真人秀节目（铜官窑现场录制），脸谱比对相似率达标者可参加，并与明星嘉宾同台 PK，获胜者将成为景区代言（可定期更换）：灵陶家庭的扮演者，并以主角身份参加景区巡游。

5. 灵陶樊家实景参与性演艺活动

活动内容：利用全息投影技术和 AR 技术，空中悬浮成像，将舞台移至整个石渚湖上空，将陶瓷人物家庭的故事以真人 + 声光电虚拟幻象的形式演绎出来，让景区所有游客都能够仰视即观，恢宏壮观。演艺情节中，插入光柱定位盗匪、逃跑路线、铜官宝藏遗落方向等，给出游客参与线索，引导游客参与寻找铜官遗宝活动。

活动亮点：全员可视性、视觉冲击力、广泛参与性。

6. 灵陶樊家“秘密地图”互动参与活动

活动目的：通过秘密地图的不同线路设计，增加趣味性和情感性，为游客家庭找到适合的游览线路，提升满意度，同时分散景区客流。利用门票抵价券和景区内消费抵扣券的奖励设计达到吸引重游和刺激消费的效果。

活动内容：①设计“秘密地图”微信小程序，内含多条游览线路，由二维码连接启动，二维码印制在风格不同的书签式“秘密地图”卡片上。此外，小程序还具有计步器、开启照相机功能。

②根据游客家庭结构、成员年龄段，以及不同景点的开放或上演时段，设计多方喜好、安排合理的游览线路，如小学生家庭可将线路设计为含机器人馆、黑石号剧场、冰雪世界、童梦王国、飞行影院在内的科幻奇梦主题线路。

③线路插入如“灵陶家庭照模仿秀”（魔性摄影屋内）、“灵陶人物抱抱抱”等灵陶人物互动环节，但只有扫码后，才可开启互动。

④当游客家庭完成秘密互动环节，小程序都会进行记录（方式为扫码 + 照片上传），

并自动生成踪迹图、互动照，只要游客分享至朋友圈，即可获得门票抵价券或商铺消费抵扣券。

（四）衍生品创意设计

随着灵陶家庭人物逐渐被大众接受并喜爱，景区可以不断开发相关衍生品，延长产业链，既可进一步强化游客与灵陶人物的情感，又可以特色化景区纪念品，增加增值领域。

1. 灵陶樊家主题陶瓷制品设计

灵陶家庭衍生品设计可首先从陶瓷制品入手，设计带有灵陶樊家人物图案、形状或者是灵陶人物会使用到的（灵陶家庭故事动画或电视剧中出现的）各类陶瓷制品。设计富含创意，兼具美感与品质、可实用和可收藏等原则，并结合铜官陶瓷自身特点，在超越中传承，再塑铜官陶瓷的辉煌。

2. 灵陶樊家主题非陶瓷制品设计

突破陶瓷材质限制，将灵陶人物、铜官釉彩风延伸至各类材质品中，如服饰、家居生活、文创、玩具等。利用灵陶人物与铜官釉彩本身的美感，抽象成变幻的纹理、花样、图案，成为一些装饰元素。

3. 灵陶樊家主题私人订制品设计

衍生品既有铜官元素，又融入游客的个性化内容，如名字、照片等。例如，通过喷漆打印技术将一家人温馨的照片喷漆打印在灵陶家庭陶瓷制品上，实现个性与专属。

4. 灵陶樊家主题科技创意品设计

注重与现代科技相结合，注入文创思想，不断创新形态、款式、用途，甚至将遥不可及的梦以科技形态逼真展现。如 3D 打印灵陶人物摆件，或在陶瓷器物中植入芯片，实现陶瓷图案、颜色的变化，还可研制开发“有声”陶瓷，从根本上改变陶瓷的静态属性。

第二节　价值重塑 + 场景营造①

一、策划背景

（一）策划对象

我眼中的未来酒店——可持续发展的科技酒店

（二）策划要求

目前科技在酒店中的结合主要集中在客房、前台等对客环节，但对于一个完整的酒店产品，其他设施部分也应该相应引入科技使之成为一个有体系有特色的完整科技酒店产品。虽然科技蓬勃发展，但是生态、环保、自然的字眼依旧在国家战略层面被屡屡提及。使用科技必定会造成能耗的增加，在生态环保大前提下，未来酒店无论在城市中心还是景区目的地，都将是一个可持续发展的公共建筑物。

从“新建筑材料”视角切入，任意畅想，进行可持续发展的科技酒店选题编写。

二、灵感来源

（一）Z 世代消费偏好特征

1. 消费水平

根据 95 后消费研究报告，发现 95 后倾向于高消费和超前消费。据相关统计，95 后人群占中国线上奢侈品消费者的比例高达 59%。成长环境优渥，可支配收入较高，95 后更敢消费。95 后和 00 后更注重体验式消费，更有可能在酒店发生高消费。有数据显示，55% 的 Z 世代认同花钱是为了开心和享受；54% 的 Z 世代愿意为此支付更多的费用。娱乐消费的意愿比其他年龄段群体高。

2. 对待未来酒店的态度

（1）认同“未来酒店”会向着科技智能方向发展。注重体验和有人情味的服务，希望未来住酒店会像在家里一样自在温馨。爱玩，认同酒店未来会成为一座“娱乐小城”。环保意识强，并且认为新建筑材料将会发挥较大的作用。

（2）经调查发现，吸引该群体入住酒店的主要因素是更便捷的入住方式、科技感的环境体验以及有趣好玩的项目，并且特别注重睡眠、VR 游戏、手工创作以及用餐等方

① 本案例来源于湖南省酒店管理创意策划大赛一等奖作品《OUTER & OUR SPACE 轻休酒店》。

面的体验。

（3）酒店应该着力提高入住效率，借助科技、游戏创新去提高酒店各项产品和服务的质量，给予该群体的客人足够的体验感。

（4）认为太空充满神秘感，并且对体验太空生活充满向往。这也是我们太空主题酒店的一大优势。注重视觉体验效果，对观星活动、星际主题影视很感兴趣。酒店可以借助全息投影等技术来满足这类群体的视觉感官新需求。

（5）喜欢太空 VR 虚拟体验，并且想要参与太空旅游当中，虽然具有挑战性，但也乐意参与，还可以得到放松。由此看出这类群体乐于挑战，注重先进性的体验，酒店应灵活应用，不应仅仅把重心放在客房服务上，还要做好适合这类群体的新型的极具娱乐性的产品。

（二）新材料与功能融合

新材料以其“生态、环保、节能、健康”的特性，成为酒店未来升级不可或缺的资源。但值得注意的是，“新材料”在未来酒店的运用，应兼顾新性能与年轻群体的特色化、个性化、情境化心理需求。本项目立足于新材料，以“新材料”+“新科技”打造“外太空”场景，瞄准 95~00 后群体的社交化、娱乐化、圈层化的需求特点，赋予酒店“轻休”新理念，突破传统“以住为主”的界限，坚持“反客为主”，为年轻群体提供集结兴趣、实现精神休闲的新空间。

三、策划亮点

（一）价值重塑

1. 品牌价值

Outer & Our Space 轻休酒店：捕捉独特的 95 后社群生态，他们在面对城市生活与工作压力时，渴望与志同道合者进入一处精神家园，循着兴趣与热爱，营造独属于他们的理想世界。

Outer & Our Space 意为外太空・我们的空间，命名理由之一是本酒店选择了对年轻人而言极富幻想与异域色彩的、象征着“未知与未来”的外太空环境为主题元素，另一理由是酒店将供给一处属于年轻人自己的家与工作以外的“第三空间”，这里有他们所爱的天文、宇宙、科幻影视与动漫话题，有年轻人钟情的星空浪漫，有所爱的国家航空、航天事业，有超燃的星际游戏、太空剧本杀与外空间社交派对，以及发挥无尽想象的“异文化”手作空间，这里是兴趣集结地，是志趣相投、打怪升级的友圈，是共同演绎热爱新生活的场景，是一种精神的休闲，故以“轻休”名之。

同时，为营造不一样的“第三空间”，酒店应用各种新型材料烘托环境，结合巧妙艺术设计充分彰显材料性情，极力塑造“另一种”体验可能。

2. 功能价值

（1）兴趣发展功能：致力于创设一处太空主题的文化圈，追随95后群体的相关兴趣点，源源不断地注入原创素材、体验与设计，唤醒年轻顾客的创造欲望，提供展示与共享平台，以顾客自我驱动带来酒店文化内容与作品表达的裂变，同时锁住顾客需求。

（2）社交体验功能：以兴趣为支点衍生社交圈，借助情境体验游戏App“星运”、变装社交派对、互动VR游戏、组队剧本杀等，实现线上线下协同社交，扩展交友体验，强化酒店体验功能。

（3）休闲娱乐功能：突破酒店传统住宿功能，强化休闲娱乐属性，倡导“不只是住”的新理念，结合当下年轻人热衷的新玩法，以自主创造、互动参与、虚拟技术支持与新材料支撑的极致体验为号角，为年轻人献上发现新休闲的打开方式。

（4）实用功能：以增强传统酒店模块功能、提升服务品质为目标，应用智能入住、智慧睡眠、智享SPA、智慧餐厅，升级酒店传统功能效用。

3. 情感价值

（1）异域空间：太空生活圈，相处模式不同，将某些社群的交往方式运用其中。不同于传统酒店的存在，酒店以休闲、娱乐和不同寻常的生活为主要功能，住宿功能退居其次，倡导“不只是住”，立意于打造一种全新的体验环境和生活方式。

（2）反客为主：太空不是谁的领地，而是属于每一个人的，酒店方也不能主导或以主人自居，而是制订公约，共同遵守；客人自主探寻，创造着空间、氛围、圈子，导演着太空生活剧情；客人能够找到自己想要的，平时丢失的东西，寻回那个最初的自己。

（二）场景营造

1. 酒店外观

（1）外观设计：椭圆形打底与三角形相融合。灰褐色三角形，外部破碎凌乱且富质感；米白色椭圆，顶部颜色逐渐与三角形渐变相容。

（2）新材料选用：墙体主要运用微水泥，顶楼采用聚碳酸酯。整体外部配置LED洗墙灯实现楼体亮化，打造标志性建筑。

（3）象征：破碎的家园转到宇宙飞船上，启动逃离计划，进行太空生活之旅。酒店整体如一艘船，三角形则是帆。酒店正引领未来的时代潮流，贵客则是潮流的带动者与大众的领先者。

2. 酒店内部架构

分为接待区、购物区、创作区、休闲娱乐区、餐饮区与客房区，共 4 层。

客房作为私密空间，分布在三角形部分（三、四楼），其他功能区为主客共享。其中接待区（含人脸识别入住、太空舱走廊、大门等）、购物区和创作区位于一楼飞船主舱（见图 10-1），二楼为休闲娱乐区和餐饮区，客人乘小飞船（电梯）去往各个星球（每个楼层按星球特征元素主题设计），如图 10-2 所示。

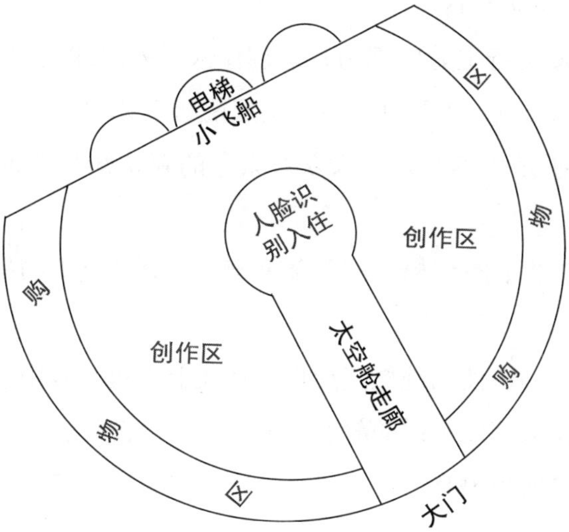

图 10-1　飞船一层主舱

（1）飞船主舱 / 接待区

大门材料与设计：铝材料、五金配件和玻璃组合打造宇宙飞船智能门。极富科技感并含环保、隔热、隔音等优势于一体。

太空舱走廊科技与设计：连接大门与一楼大堂，长 9 米（我国第一艘载人航天飞船“神舟五号”于 2003 年 10 月 5 日 9：00 发射成功）。呈褐色调、顶部和侧面装有声控灯、太空窗用裸眼 5D 技术屏设计模仿飞船太空飞行。随着时间推移，从而出现不同太空景象与角度，给人神秘、逼真之感。

电梯材料与设计：椭圆小飞船样式，内部一侧设计薄层主机，两侧六角形透明玻璃。客人进入小飞船，探索太空的奥妙。

（2）飞船主舱 / 人脸入住区 & 购物区

入住区：位于太空舱走廊尽头，采用智能人脸识别入住，安全快捷。

购物区：围绕酒店一楼大堂设计环状长廊购物区。首先，主打“太空文创产品”，除酒店自行设计产品之外，客人制作的文创产品，可放此售卖，价格、署名和寄语按意愿而定。从售卖之日起，两年之内未销售出去，按约定寄回或爱心捐赠。审美观因人而异，在人海中找寻心有灵犀之人。满足客人购物欲的同时，并创造欲望、刺激与期待。其次，提供轰趴馆、主题派对服装出租与销售，体现酒店内大循环优势互补。

（3）飞船主舱 / 购物区观赏廊

一楼大堂最外层，设计购物观赏廊。走廊外墙运用全息投影，模拟飞船太空飞行的景象；里墙则挂有太空主题画作，空间利用极富艺术感。

（4）飞船主舱 / 月球创作区

材料与设计：一楼飞行主舱中部为月球创作区，外层球面墙体区域运用聚碳酸酯，打造半透明月球培育舱外壳包裹的效果。全层配置软木地板。“创作”就像太空培育舱培养植物一般，这里是培养与打开大众对太空的新认知与新世界，孕育一个书香小世界。

书屋：木质系列书柜、桌、椅。配置藤蔓缠绕、繁花点缀的吊椅，桌上每日更换鲜花（花草、书香气）。

文创产品设计区：墙壁使用纯黑烧杉板，在此上涂鸦。运用艺术的手法，夸张、渲染、描绘出与月球的相关神话传说的故事情节等（天狗食月、水中捞月、嫦娥奔月等）。

（5）休闲娱乐区 /VR 游戏区

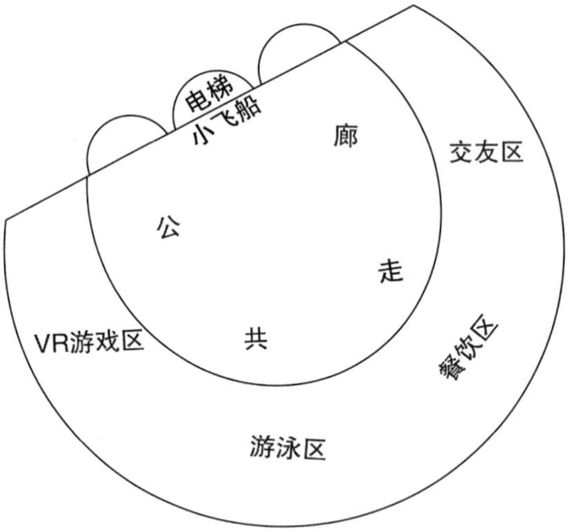

图 10-2　飞船二层休闲娱乐区和餐饮区

该区大门为红褐色三边对开的耐候钢智能门，极富神秘感与刺激。区域共分成人区、儿童区、家庭区三部分。

成人区以放松减压型为主，可以在虚拟世界中满足消费者的精神需求，发泄情绪、寻求刺激（VR 动作射击、拳击、体感舞蹈等）。

“玩”是小孩子的天性，儿童区身临其境且无安全隐患，体验梦寐以求游乐项目和相关益智游戏，让孩子开心，家长放心（VR 益智游戏、海盗船、过山车、滑雪等）。

家庭区以团队协作为主，由家庭成员、朋友组队完成。旨在培养团队合作精神以及家庭朋友之间的默契度，增进彼此之间的感情（VR 荒岛求生、火星救援、太空种植等）。

（6）休闲娱乐区 / 火星交友区

设计思路：体现在 cosplay 服装派对厅，客人穿太空元素服装（租借或自行设计或购买）参加派对，进行艺术思想的碰撞，结交更多有趣的人。

用裸眼 5D 技术展现出沙漠地表、红色天空、相应时间蓝色的日出与日落，实现时间与空间的转变。中央配以微水泥搭配颜色设计峡谷 T 台。以电子技术、软件技术和 5D 设备相互配合创造出模拟的环境，踩在地表时出现沙子的触感，通过光影颜色的差距出现凹陷感。

（7）休闲娱乐区 / 土星游泳区

设计思路：以软膜天花为顶，设有游泳区和太空舱电动多功能 SPA 水疗舱。

土星是太阳系中最上镜的星球，游泳区以土卫二为主体，像在南极上观测土星，并配有间接性喷发奇观。

软膜天花：室内装饰材料，防火、防水、防菌、节能、多种色彩、方便安装、可回收、隔音。表面有防霉处理和抗雾化处理，不会因为潮湿而发霉或有凝结水，大大优于传统天花，尤其适合游泳池、桑拿等水汽重的地方使用。

（8）木星餐饮区 / 主题失重餐厅

餐厅将 5D 技术和设备作为核心构建的餐厅，以电子技术、软件技术和 5D 设备相互配合创造出模拟的不亚于真实环境的体验。分为主题失重餐厅和小包厢，设计围绕木星系列元素设计。设计木星球体撞击了餐厅的一侧，客人可近距离观测木星，木星表面配置有小旋涡流动，模仿真实性。餐厅空中变幻莫测的云朵，随着天气的变化而变化。餐厅内的菜品通过双螺旋滑轨直接运送到餐桌上，因为这项技术利用了失重原理，所以起名为失重餐厅。餐厅的菜品“从天”而降，无偏差地滑落到餐桌上，加上外太空创意风格。这不是科幻电影的场景，这是失重餐厅的上菜方式，加之神奇变换的 5D 光影墙面，客人可以近距离观测木星的景象。

在失重餐厅大门的设计中，与现在的网红触摸科技门不同的是，我们注入了新的科技元素，将触摸感应改成生物特征识别技术，将高科技智能门与全息投影相结合，打造一道通往失重餐厅的星际之门，通过人脸识别无接触轻松进行开关门。

在餐厅内部打造一面再现太空动态情景的裸眼5D技术墙面，融合音乐、电影和浮雕的艺术形式，极具新潮性。墙面具有触摸感应，只要用手指触碰墙面上的投影，就会奇幻地出现动画影像。银河战歌声起、星球转动流星坠落……宇宙的奥秘值得探索。

多功能智能餐桌：客人选取菜品时，系统里的美食会通过3D投影立体地展示在客人面前。独特的语音介绍系统让客人对菜品的做法、食材、风味和搭配都有全面的了解。等餐之余，还可以在桌面玩游戏，体验彼此互动的乐趣。在特殊的节日，还可以更换特殊的视频（如庆生视频）给小伙伴带来惊喜。并且运用无孔电磁炉技术，无论火锅、烧烤都得心应手，让商家有更大的发展空间。

用餐体验交流角：上完菜后，失重餐厅的微信小程序便会邀请客人参与用餐体验交流，客人可以在微信小程序里或者直接打开桌面的社区交流功能发表自己的用餐评价，也可以分类浏览别人的感想。实时的评价将会通过网络以流星的形式弹出在每一面墙上。

（9）客房创新 / 智能太空床

基本设计：独特的太空船外形。床的上部设计了一个个LED灯具，接通电源时，浪漫且助眠。客人还可以根据自己的心情和需求，自由调整灯的颜色。床内置香薰和音响系统，客人可以边看星星边欣赏喜欢的音乐，在甜甜的芬芳中睡去。

仿太空漂浮：采用MPE智能床垫。可以减少床垫对人体在睡眠时产生的反作用力，仿若漂浮在太空的零压力状态，有助于提高睡眠质量。

母亲子宫环境模拟：研究报告表明，人在类似子宫内的环境更容易入睡。启动功能后，床体自动轻轻摇曳，音响系统自动模拟子宫内的律动和血液流动的声音。

智能睡眠监测：依据人的熟睡程度自动调控房内的温度和湿度，并且实时监测入眠者的睡眠状况。

浩瀚宇宙全息墙面：沉浸式情景体验，身临其境。

采用全息投影墙面，营造太空的场景，给客人带来仿佛就是置身于太空的神奇体验。

管家床头柜：客人不仅可以轻松通过语音来控制灯光、空调、窗帘等房间设备，还可以语音设置叫醒服务及叫醒音乐，有问题时可以直接连线前台。床头柜上有悬浮月球灯。月球灯还会散发丝丝寒气，让人如同感受到广寒宫的清冷。

“魔镜”实现智能化卫生间：卫生间的整体像一个太空舱，呈半椭圆形。卫生间内的墙面以白色调为主，蓝色灯光和白色灯光相互交融恍如太空梦境，风格简约，科技感十足。在星空智能墙面（挨着洗漱盆的墙设有智能显示屏，轻轻触碰一下或者有水滴溅落，上面的星星就会闪烁一下，就像星星会眨眼似的，宇宙星辰的浪漫尽在其中）上有一面立体的智能镜子，它的功能有两种：第一，可以检测体验者的皮肤状态，并且生成分析报告，让使用者可以及时地调节自己的皮肤状态；第二，控制卫生间的设施设备，客人只要说“我要洗澡”，浴缸便会自动放入温水，并且显示水的温度。除此之外，“魔镜”还有多媒体功能，使用者还可以体验切歌、播放广播电视等功能。

智能桌：桌子表面搭载了一块 12 寸的触摸屏，具有打车，叫外卖，提醒行程等功能。扫描触摸屏里的二维码就可以登录自己的账号，输入自己的身高和年龄后桌子可以自行调整到最合适的高度，并且触摸屏拥有超高的记忆功能，当发现用户长时间处于坐着的状态时，便会发出建议站立休息的提醒，智能性强。

触摸屏里加入了来自各平台博主发布的关于太空的短视频，一些太空游戏。在用户点击触摸屏时，系统会适当推送一些视频内容，引导用户浏览观看。短视频内容素材包括优秀的太空电影片段、太空知识讲解，主要选取点赞量在一万以上的视频，内容质量较高。太空游戏包括冒险型游戏《星际公民》、策略战棋游戏《群星》、射击游戏《第二银河》。极具趣味性，激发客人对太空的遐想增强客人的体验感。

（三）活动策划

为让客人体验另一种生活，体验活动策划分布在太空酒店各个功能区中，如图 10-3 的思维导图所示。

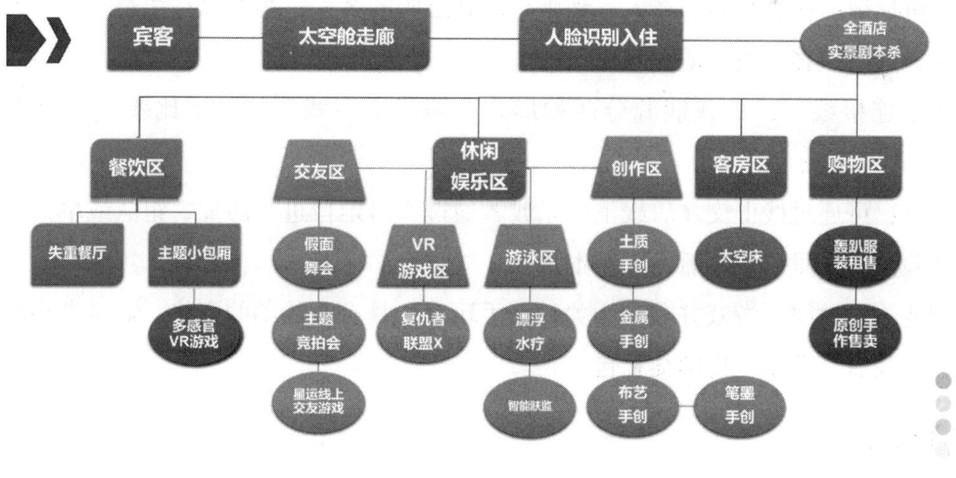

图 10–3　Outer & Our Space 轻休酒店体验活动思维导图

1.《星之后裔》实景系列剧本杀

共同背景：地球能源枯竭，被迫乘坐宇宙飞船寻找新家园。因仅剩能源快无法支撑飞船正常飞行，玩家化身“星之后裔”在酒店寻找新星能源并发生一系列奇幻之旅。

客人可根据酒店游戏软件“星运”玩转线下“星之后裔”实景剧本杀。游戏开始前，客人填写“年龄、性别、组队人数与关系、最喜欢的颜色”。在共同背景下，系统根据信息随机分配系列、角色与结局。

提供系列：科幻、爱情、家庭、青春、武侠等，每个系列包含多个剧本，每个剧本有着根据颜色的选择，有着不同的结局。

2.“星轨相遇”——假面交流舞会

每周举行两次太空主题假面交流舞会，顾客可在酒店挑选或自行设计服装和面具参加舞会。活动前期，自行带舞伴并对单人参与者编号，抓阄挑选舞伴；前中期任意时间点，主持人开启星轨相遇：关闭现场所有灯光与音响，主持人引导，三分钟内通过肢体触碰寻找最合适的星轨（通过言语来确认对方，如果未找到将接受惩罚）。灯亮后与相遇同伴共舞并完成系列破冰磨合游戏，则为相遇成功，获得舞会奖励。

3.“来自新星的你”—— 次元主题竞拍会

自从遇见你，我便很欣喜，因为我们来自同一个新星。世界不仅有三次元，还有二次元。不同的次元因不同的喜欢划分不同的“新星”——流派。每周一次次元主题竞拍会。顾客进入会场，根据服装寻找与自己相同新星的伙伴组成队友。通过抢答题的正确率和默契度竞拍富有星际元素的次元文创产品。

4.“星运”——酒店线上交友游戏

身份标识：在店与离店客人、到店与未到过店的客人，都可以在线查看所有人的相关身份，以便顾客寻找合适的好友。

线上连接线下：寻找能源分两种形式，即线上与线下（线下比线上完成率高达80%）。

线下：可通过线上交友后线下联系或者通过实时定位进行匹配、组队或单人进行交友，体验酒店实景“星之后裔”剧本杀。

师徒：玩过线下游戏并顺利闯关的老手玩家，具有收徒弟的资格。通过带小萌新顺利完成游戏后，获得一份师徒礼包。

☞ 拓展链接

实训设计篇

第十一章　地方元素导向的文旅创意与策划综合实训

第一节　实训内容与要求

一、实训内容

（一）实训目标

分组开展“永州文化元素”主题文旅创意设计。

（二）永州文化元素

表 11–1 列举了永州主要文化元素，请各组在解析永州各类文化元素的基础上，重点选择一种或者创意性融合多种元素设计策划文旅产品。

表 11–1　永州文化元素集

序号	文化元素	序号	文化元素
1	柳文化元素	8	濂溪文化元素
2	舜文化元素	9	瑶文化元素
3	女书文化元素	10	和文化元素
4	怀素文化元素	11	红色文化元素
5	浯溪碑林文化元素	12	古村落文化元素
6	异蛇文化元素	13	祁剧文化元素
7	稻作文化元素		

二、实训要求

（1）各组选择一种文化元素，并以此为主题，深入剖析元素内涵，截取元素意象，开展创意性设计与策划。可选择一种或多种表现形态，力求元素与载体巧妙融合，立意新颖，寓意内涵深远，契合目标群体心意。

（2）最终作业提交 2 个内容：一是设计策划文本，二是作品展示（图样）。

（3）设计策划文本按照行业环境、竞争环境、市场分析、企业分析（或资源分析、景区分析）、目标市场定位、主题定位、产品定位、创意设计与策划、可行性分析等部分来撰写。

（4）制作 PPT 汇报和展示本组作品。

（5）适当借鉴，推崇原创。

第二节　实训优秀作品范例

一、微电影《女书传奇》（节选）

（一）市场竞争分析

江永女书，作为一种举世罕见的女性专用文字体系和独具特色的语言文化，被列为首批国家级非物质文化遗产，入选第一批“中国档案文献遗产名录”，列入国际标准字符集，吉尼斯世界纪录将其列为“世界上最具性别特征的文字”，具有不可估量的文化价值。

永州打造女书 IP 形象将开始成为热潮，经过对永州同类文化、不同文化、其他类型微电影三种题材微电影分析对比，可以得出女书题材的微电影将为首创，将开创着新的市场。

1. 同类文化微电影产品竞争分析

永州目前存在少量的以女书为主题的电影类、史诗类、动漫类三种，还没有出现以女书为题材的微电影，因此女书微电影的发展存在较大的市场。如表 11-2 分析。

表 11-2　同类文化微电影竞品分析

名称	时间	创作人	内容
电影《女书传奇》	2022 年开机	由潇湘电影集团有限公司、湖南当燃影业有限公司、湖南宜佳宜影视文化有限公司、南光文化创意产业有限公司出品	瑶族双胞胎姐妹与邪恶势力作斗争，舍己护卫家园的英雄故事，该片艺术定位唯美自然、民族风情、民俗民歌、古老神奇、纯朴善良、忠贞爱情、正义战胜邪恶
交响音乐史诗《女书》	2013 年首播	著名作曲家谭盾创作	用 13 个乐章讲述了“女书传奇”，其中包括“母亲的歌”“女书村”“深巷”“女儿河”等。整部作品以“活在梦里”结尾，告诉观众这些创造了自己独特文字的女人一边流泪、一边幸福，她们在压抑的现实中为自己创造了独立美丽的精神王国
永州本土动漫《女书七姐妹》			“女书七姐妹”项目核心为动漫制作，主要针对以女孩子为主的青少年儿童，主要通过互联网视频网站播放“女书七姐妹”快速传播达到影响力，以及线下广告，中小学演讲、放映，阶段目标为 60 集，每集 7 分钟
红色微电影《舍身保守红军机密》			蓝山县委办公室创新方式，充分挖掘本土红色资源，专题制作了红色微电影

2. 永州本土文化产品竞争分析

目前永州本土文化微电影数量与类型较多，内容丰富，主要以宣传永州文化为主，大多由企业政府所主导创作，以瑶文化、莲文化等本土文化为主，且相关的微电影都在网络视频大赛等竞赛中获得较高奖项，影响力大，见表 11-3。

表 11-3　永州本土微电影竞品分析

名称	类型	荣誉	简介
《东山再起》	永州本土文化、疫后全景式生活场景，并从小角度反映“中国梦”的贺岁故事片	获得湖南省第五届网络原创视听节目大赛网络电影一等奖	永州本土知名影视公司“湖南翌日影视传媒”联袂永州古装摄影、造型第一品牌“古映画”文化机构倾情打造，永信传媒全程策划运营
《瑶山招郎女》	瑶族文化	从参评作品中脱颖而出，荣获微电影类十佳大奖，并获得优秀编剧奖，这是全省唯一获此殊荣的单位	由中央政法委、中央综治委主办的第三届平安中国微电影微视频微动漫比赛揭晓，江华瑶族自治县人民法院制作的微电影《瑶山招郎女》
《莲心》	莲廉文化	该部影片还是我省传统纸媒首次触电，标志我省传统纸媒进军文化产业迈出了坚实的一步	淋漓尽致地展现了莲乡广昌独特迷人的风土人情；艺术性的叙述表达，体现了主创人员较高的专业制作水准；故事剧情饱满，通过普通家庭的遭遇，以小见大，弘扬了“莲廉文化”的清风正气

（二）创意设计与策划

1. 主题独创性

据我们的调查问卷可得出旅游微电影分类中，影视情感类最受欢迎，《女书传奇》将丰富新颖的情感元素（爱情、友情、亲情、家国情怀等）融入电影制作中，我们以发生在永州江永县的战争故事为依据，以女书文化为特色，并将其贯穿于整个微电影的始终，利用电影制作的方式来展示永州女书文化和红色文化的独特旅游资源以及江永县的优美景色。

2. 故事人物特点

白素贞（阴柔，多愁善感）

小青（直爽，任性，傲娇）

白兰（坚韧，勇敢，爱国）

许仙今世钟离（信任白素贞，不怕牺牲，有坚定的信念）

王叔（六中队领导，沉重冷静，舍己为人）

方婶，李叔，老者，胡英

3. 故事情节的独创性

（1）故事简介

雷峰塔倒塌之后，白素贞和小青到了永州，白素贞因为想寻找许仙而与小青分离。多年之后，白素贞与转世的许仙（钟离）生下女儿白兰，本来幸福生活着的一家却碰上了日军入侵，日军把白素贞抓去做研究，白兰将如何去救回她的母亲，他们一行人将怎样对抗强大的日本军队呢？白素贞和小青最终是否相逢?

（2）情节创意设计点

现世许仙名字，钟离，预示终将离别。白兰的名字是跟母姓的，取这名是遭到了其他人的反对的，但是钟离还是坚持下来了；白兰寓意白素贞和钟离纯洁的爱。

1555 年雷峰塔被倭寇焚烧，与故事中山本海藏的家世有联系；历史上 1924 年雷峰塔倒了，和故事中的事件串联起来。

白素贞和小青用书信表达思念之情，书信上使用的文字是女书。日军里潜伏的地下党，用女书传递情报：被关押的地点以及实验室基地的地点。

4. 情节彰显永州居民的生活化、故事化特征

在白兰生日时，白素贞为女儿做了她喜欢吃的饭菜，并给她剥了柚子。这些是在过年的时候才吃的菜品，白素贞在女儿生日的时候为她准备，体现了母亲对女儿的爱。

在生日过后遇上了鬼子进村，村子一片狼藉，与前一幕温馨的场景形成巨大的反差，体现剧情中冲突情节。

5. 永州文化元素重点突出（永州标志性元素与微电影巧妙融合）

（1）景

景是微电影中应用最多的元素符号，《女书传奇》拍摄的主要地点在江永县。

选址 ①江永县上甘棠村

村内至今保存着 200 多幢明清时期的古民居建筑，基本上保持了古湘南建筑的特色，取景贴合剧情里主角的生活环境。

选址 ②江永红军树——见证革命传统的标志

（2）史

永州是一个独具魅力的国家历史文化名城，通过挖掘永州历史文化资源（女书文化和红色文化资源），在新的时代赋予它新的生命。

除了参考女书的渊源之外，我们结合了抗日战争的历史。例如：故事情节中的抗日部队原型是 1944 年的永州民众自卫队和共产党部队；见证革命传统的江永红军树历史来源：1934 年，当时红军极为重视革命思想宣传工作，要求“每个红色战士应该是苏维埃基本政策的宣传者和鼓动者”，以使群众知道红军是为人民大众利益而战斗的队伍，从而同情、支持红军，一红军战士因此在龙母庙旁的朴树、山合欢树的树干上用刺刀刻下了两幅标语，在朴树上刻的是“保家卫国当红军”，在山合欢树上刻的是“中国工农红军万岁”。故事情节中后人以此来纪念牺牲的战士。

（3）食

美食道具取自江永县的地理标志产品，包括江永香芋、江永香柚、香姜、江永香米等。

（4）言

永州的女书文字具有独特的魅力，我们将女书文字符号元素提取应用于微电影拍摄中，如剧情中用木簪通信、地下党传递情报等，使用的便是女书文字，这种文字使用者主要是当地汉族妇女，由妇女代代相传，以文字来表达内心真情实感。

二、微动漫《探秘女书·源》（节选）

（一）主题定位

①打造女书文化背后的女性命运再思主题动漫。

②打造沉浸式女书曲折传承主题动漫。

③女书文化悬疑风幻境主题动漫。

④打造反映人性善恶的主题动漫。

⑤悬疑剧情“女书踪影”主题动漫。

（二）产品定位

（1）产品人群分析：喜欢观看动漫的人群以年轻群体为主，主要以喜欢动漫中的萌萌人物、热血沸腾及激情打斗、古装剧情及复古片段、搞笑及鬼畜片段和中二主角及恐怖及悬疑故事剧情等。而本产品为恐怖及悬疑故事剧情类，对于动漫人群有一定吸引力。

（2）产品功能属性：产品主要满足消费者情感需求、沉浸体验与新奇体验。

（3）产品卖点定位：女书文化的幻境拯救动漫，沉浸式体验。

（4）产品定位方法：产品使用者定位法。综合以上分析，针对消费者心理特点、消费倾向来定位，打造能满足消费者需求的动漫。

（三）创意设计与策划

1. 设计思路

选取女书元素为此文创项目的主要元素，通过动漫的形式将剧本展现出来。剧本中的女主书灵通过梦境穿越回明末清初年间，展现了那个时代下瑶族女性所经受的苦难与折磨，侧面反映出女书产生的背景。女主书灵在现实世界中的执念化作不同的异兽，分别附在不同人物身上，以吸收人们怨气及贪念而不断变得强大，女主书灵只有将所有由执念化作的异兽清除后才能成功回到现实世界。在此期间，女主遇到了菲菲，通过菲菲的引导看到了瑶族女性受到的种种磨难，并借助部分善良异兽的帮忙打败了那些凶残的异兽，最终回到现实世界。这个梦境让女主书灵意识到传承女书的重要性，回到现实世界后，她通过自己的力量让越来越多人认识并喜爱女书，最终也遇到了在异世界帮助她完成任务的菲菲。

2. 项目亮点

（1）剧本中融入山海经的部分异兽，将异兽的性格特点与现实中人性的特点结合，借鉴传统文化元素。

（2）剧本设计以瑶族女性一生三个重要阶段为节点，以瑶族女性不同阶段所遭遇的苦难，揭示女书产生的背景。

（3）剧本中由女主执念转化的部分异兽以吸收人们的怨气和贪念而存活，并附身在怨气与贪念很重的人们身上，捕捉了人性的弱点与欲望。

（4）剧本中女主的梦境经历以女书产生背景为出发点，由女主不愿传承到最后女主积极传承并发扬女书的行为蜕变，突出女书及传统文化传承的重要性。

3. 故事简介

（1）故事背景

女主书灵穿越之后到达异世界，这个异世界就是平行时空的明朝末年间，正是女书问世之时，在永州江永一带，由于江永偏离主流的男权文化，女性没有话语权和社会地位，这是女书诞生的文化环境。江永县这样远离中央政权的偏僻之地，为女书的诞生提供了政治土壤。因此，在这种特殊的地理环境与文化环境下，就诞生了女书这种独特的文字。女主在一开始不愿意帮助家中传承女书，在穿越到异世界之后，通过完成一系列的任务，在这个过程之中，逐渐体会到了当时封建时期女性的困境，以及她们之间深厚的情谊。

（2）故事梗概

故事发生在21世纪。女主书灵本是传承女书世家，却因为并不懂得传承女书的意义，一心想去大城市打拼而忤逆家中长辈。不顾家中安排，在一次机缘巧合之下，穿越到了女书问世之时。随着她一起穿越而来的还有由她的执念而化作的异兽。异兽的出现打破了原有的世界秩序，它们依附人类的贪念而存活，还可以附生在身体上，因此，书灵只能留在异世界，扫清异兽才能够完成任务，才能看到回家的希望。

在一个夜黑风高的傍晚，仿佛有无边的浓墨重重地抹在天际，只有提灯的奴仆提着几盏灯笼，正是敲锣打鼓送亲的时候，在一次送亲途中新娘却实然失踪……这背后究竟藏着怎样的真相?

在一次上山采药之时，一个男人被人杀害，其妻子受其虐待已久，在妻子与闺蜜通往的女书书信中赫然密谋想杀害丈夫。但是真凶又另有其人，她是否能够沉冤得雪……

在一个偏远的小村庄，突然一夜之间河水干枯、寸草不生。愚昧的村民提出用活人来献祭的主意。亲生儿子要被献祭之时突然一口咬定自己的母亲才是妖魔，其背后又有着怎样的谜云？

三、文创品《永州八景文创设计》

（一）绿天蕉影——夏木阴阴团扇

1. 设计思路

外观设计：图案选择（中国传统的扇形制，绿天庵为主图案，门前的芭蕉为辅助图案），团扇的正面绘制《千字碑》字体。

色彩搭配：绿色和棕色的结合。

工艺：有规律地按纱孔行针刺绣，或垂直，或斜向，针线纹路规整匀齐，有强烈的织纹感，图案肌理细腻，观之清丽美观。

材质：以麻和布等料，按照事先设计好的图案裁剪和各式绫片，用针线缝钉上，在上面加以刺绣，呈现图样层次分明，体现立体感。

2. 内涵意义

灵感来源：怀素《千字文》所承载的文化，怀素作品风格前期骤雨旋风，而后期作品古雅平淡，因此团扇主要体现的是怀素后期作品风格的古雅平淡，通过绿色和棕色的色彩搭配，与绿天庵建筑的特点相匹配，体现古朴典雅的特点。千字文采用怀素草书的笔法加以刺绣，赋予团扇文化内涵。

色彩选择："芳菲歇去何须恨，夏木阴阴正可人"描绘了夏天绿肥红瘦，别有一番明快、浓烈的美感，满目清脆，清凉喜人。绿色给人以生机勃勃之感，象征着生命力，正好与绿天庵门前的芭蕉色彩相匹配，棕色给人以古朴典雅的感觉，与绿天庵建筑的特点相匹配。通过绿色和棕色相结合，体现优雅。

图形选择：绿天庵为主图案，门前的芭蕉为辅助图案二者相结合，描绘出怀素练字时的意境。有规律地按纱孔行针刺绣，或垂直，或斜向，针线纹路规整匀齐，有强烈的织纹感，图案肌理细腻，观之清丽美观。通过图案和工艺体现团扇的古朴典雅。

产品功能：纳凉、装饰。

（二）回龙夕照——一瓦一砖积木

1. 设计思路

外观设计：运用当下流行的积木元素，将回龙夕照中具有代表性的回龙塔以其原有结构为主，拆装成一块块小型积木，浓缩于桌面之上，做到宝塔结构一比一还原。

内置设计：说明书里注明此塔的文学背景，创意与新意迸发，使人们在玩乐的同时，也能了解回龙塔背后的故事，加深对回龙塔的印象。

2. 内涵意义

该产品以积木的形式来展现回龙夕照，做到积木与古建筑文明相结合，让人们自己动手拼装起回龙塔，也拼装起对回龙塔的印象，不仅提高回龙塔的知名度，说明书里与回龙塔有关的历史故事也帮助人们进一步了解回龙塔，实现古建筑文明的传承和可持续发展，人们也能在一步步搭建的过程中获得成就感，趣味性极强。

（三）朝阳旭日——山水相依音响夜灯

1. 设计思路

设计元素：通过创新性的转化，以朝阳岩文化背景为铺垫，从景中提取朝阳岩、旭日、船只、山水等元素。

外观设计：旭日以圆形灯展现，山水则由墨色和透明色体现相呼应，透明玻璃片为景底板和发光板，将这些元素以具体形象展示在景底板上，排布组合成一幅山水朝阳图，重新演绎“烟销日出不见人，欸乃一声山水绿”的山水美景。

2. 内涵意义

朝阳岩山水相依，古木青郁浓荫，风光旖旎，每当“朝暾初升，烟光石气，激射成彩”，故称“朝阳旭日”。而该产品将朝阳旭日浓缩成夜灯上的一幅小景，将朝阳旭日以创新的方式呈现出来，发光的圆形灯象征着冉冉升起的旭日，暖黄色灯光像是曙光初照，在旭日的照射下，山、水和船只上的小人儿也生动起来，传递出朝阳岩的景美和文化美，且具有浓厚的生活性和功能性。

3. 产品功能

音响与 LED 夜灯相结合，不仅可以播放音乐和古诗词，还可以起到照明的作用，并且该产品造型小巧容易携带，能很好促进人们对朝阳岩上文化历史的了解，让人体会欣赏朝阳旭日的幽奇景色。

（四）淡岩秋月——满眼月色

（1）设计思路。

设计灵感：诗人柳宗元在永州时，最喜欢邀友人一同赏月，由淡岩秋月的景观图所表现出的凄清、空冷的场景而激发出的灵感。

外观设计：由柳宗元身着白色的宇航员服饰，小小的身躯承载着大大的梦幻，扭动头部即可变换月景，共可欣赏到八种：新月、峨嵋月、上弦月、凸月、满月、残月、下弦月、下凸月。

（2）内涵意义。

此产品将岩洞中清雅的月光以投影灯的形式洒向每个人家中。现如今，城市的霓虹冲淡了夜色，月亮也失去了往日的光泽，我们只能悄悄躲在屋顶或高楼的夹缝中向下张望。偶尔抬头望见月亮，也是淡淡地显得苍白无力。所以我们将各个时期的“淡岩秋月”藏于小小宇航员中，就算城市冲淡了皎洁的月光，我们只要轻轻一按，便会仿佛化身为小小宇航员遨游在那弯秋月中，不仅能学习到天文知识，还可以与柳宗元一同赏月。

（3）产品功能：投影、装饰。

（五）香零烟雨——临雾登石

（1）设计思路。

外观设计：提取香零山经典图案，香零山的外观两层木式阶梯作为主图案，“河水江岸纹”作为辅助图案。

色彩搭配：颜色主要为深蓝色，图案颜色为淡蓝色做明线处理。

工艺：明线工艺通过撞色勾勒服装线条，明亮有趣，活力无限，使得深色的色调不显沉闷，简洁中凸显创意，使卫衣显得更为精致，符合年轻人的审美，兼具美观与时尚。

材质：纯棉材质，精致的面料满足多样化的需求，同时领口和袖口多线锁边结实耐穿，不易变形、舒适弹力自由。

版型：经典宽松版的潮流卫衣，款式潮流，作为年轻气质的时尚穿搭。

（2）内涵意义。

灵感来源：《登蒲州石矶望横江口潭洲岛深迴斜对香零山》是柳宗元创作的一首五言古诗，诗中描写了柳宗元愁夜不眠，凌雾登石，继而等待黎明，最后转入人事与心境的省察，点出欣然自得，不虚此行之意。此诗描绘了山水画，光线明暗，布局结构面面俱到。

色彩选择：蓝色象征睿智、希望、忧郁。柳宗元在政治上郁郁不得志，被贬永州，心情忧郁，通过游历山水排遣忧郁的心情。色彩选择和柳宗元的心境相吻合；同时蓝色也有“希望”的意思，象征着新时代香零山在党的带领下向着好的方向发展；也代表着青年群体有朝气，寄托着时代的希望。

图形选择：通过选取经典图案体现地方特色。香零山的外观形状和“河水江岸纹”搭配，并对此做明线处理，体现色彩的明暗，表达出诗中的意境，同时也是对“香零烟雨”朦胧之美的描绘，两者相结合结构搭配合理。

（3）产品功能：御寒、纪念。

（六）愚溪眺雪——银装素裹

（1）设计思路。

外观设计：“白雪纷纷何所似，撒盐空中差可拟。”以愚溪旁的角亭为灵感，外罩半椭圆玻璃罐，装入食盐或白糖，即可呈现愚溪眺雪的意境。

（2）内涵意义。

灵感来源：因一首柳宗元的《江雪》，愚溪的美仿佛被定格在了冬季。冬寒之日，白雪纷飞，水天一色，银装素裹唯古桥独峙，堪称妙景，故有“愚溪眺雪”之景。将此景与调料罐巧妙结合，让“愚溪眺雪”之美不只绽放在冬季。

（3）产品功能：旋转底部即可撒调料，旋转角度大小控制变量。

（七）恩院风荷——风荷香递

（1）设计思路。

设计思路：以恩院风荷的荷花为灵感，多个花边形状的盘子罗列在一起，组成为一个类似于盛开的荷花。

材质：罗叠荷花盘的材料采用陶瓷，釉下彩的装饰手法。

外观设计：盘子的总体长度为 23.4cm，高度为 7cm，颜色为清新的粉色。设计风格简洁大方，给人一种清新自然的感觉。

（2）内涵意义。

“荷花”寓意着纯洁、坚贞、吉祥，中国古代民间就有春天折梅赠远，秋天采莲怀人的传统，经常以荷花作为和平、和谐、合作、合力、团结、联合等的象征，表示家庭和睦，祥和吉利。

（3）产品功能：餐具用品。

（八）山寺晚钟——古刹丁零

1. 设计思路

外观设计：将法华寺上标志性的大钟作为风铃，被风吹起的卡片上有着法华寺的 Q 版标志，大方简单的外形既能体现出法华寺的特点又能让消费者深深刻入脑海。

2. 内涵意义

丁零作响的风铃声好似一声声清脆的敲钟声，夕阳西下，仿佛漫步于寺庙之中，在深山古刹的寂静中聆听深沉而悠远的钟声。

3. 产品功能

装饰品。

四、文创品《齐聚一堂 · 祁彩人生》（节选）

（一）祁剧资源分析

1. 声腔：接地气、讲唱法

祁剧声腔兼有高、昆、弹三种，舞台语言统一用祁阳官话，祁剧的唱腔高扬激昂、粗犷，带有浓郁的山野气息，传统的唱法除了旦、丑角用真声外，其他的行当均讲究用“雨夹雪”（真假声结合）的方式。高腔是祁剧演出中最古老和具有特色的声腔，至今仍然保留着帽形噪鼓等古老的伴奏乐器。弹腔可分为南北两路，其中南路相当于二黄，包括弋板、安春、阴皮等，在发展过程中曾经受到徽剧、宜黄腔等的影响。北路则相当于西皮，并有弋板（四平）、安春（吹腔）等调。南北路旋律相互糅合应用，被称为“南转北，北转南”。昆腔保留的曲牌较多，曲牌板式大体可以分为正板、青板、吊句子三种。

2. 套路：重表演、重做工

祁剧的各行当角色的指、眼、步和身段，都各自有一套技法：要求花脸过头、须生平眉、小生平肩。如花脸一般讲究眼珠的滚动和脸部肌肉的颤动；旦行讲究柔软放松的“棉花身段”等。在表演功夫上，重视腕子功，要求能耍出各种“腕子花”样式，《烤火下山》《刘高抢亲》这些戏道白、唱词很少，主要是靠表演动作来介绍剧情，展开故事，表现人物。

在眼功上，眼神表情多种多样，表现吃惊或者焦急时用“斗眼”，表现发怒或者威胁时用“瞪眼”，表现沉思时用“梭眼”，表现气愤时用“睁眼”，表现左右看人用“分眼”，表现人之将死用“阴眼”，表现人之喜爱多情用“俊眼”等。

3. 剧本：类别多、涉猎广

祁剧现有传统剧目总数上千，有一两百剧目已失传。据 1982 年统计有 941 个，其中整本 272 个，散折 669 个。根据声腔的不同，祁剧的剧目大体可以分为三类，高腔剧目、昆腔剧目、弹腔剧目。祁剧高腔最早的剧目是《目连传》，现存的传统演出本《目连正传》有 124 折。腔剧目主要有《天官赐福》《八仙庆寿》《卸甲封王》《六国封相》等，弹腔分南、北路，剧目题材大都来自历史小说，主要是春秋列国、秦汉三国、薛家将、杨家将、岳家将、水浒故事及包公戏，表现坚贞爱情和美丽神话的剧目也有不少，如《拾玉镯》《白蛇传》等。

4. 表演：凝众智、展技艺

祁剧的表演艺术多从现实生活出发，加以舞蹈化的发展。除此之外，祁剧尚有许多独特的表演技巧，如跑马的舞蹈，习惯上称作“马路”，就有几十种不同的舞蹈动作，不但表演逼真，而且十分优美。同时又融合和吸收了拳击、舞剑等民间武术，因而更具有乡土特色。脸谱一般只用红、黑、白三色，多注重眼、鼻、口的勾画，线条刚劲有力。

5. 人才：科班多、声誉响

祁剧科班众多，名伶辈出。清咸丰、同治以后，祁剧科班到处涌现。祁剧著名班社在清嘉庆年间有吉祥班、老四喜；光绪年间有荣庆、老永和；辛亥革命以后有大舞台、发舞台、品舞台、紫云台、大吉祥、太和园、国华等班。祁剧艺人历来重视培养新人，据现有资料，自咸、同到抗日战争前，祁阳办有鸿、元、如、永、祥、方、香、梅、玉、翠、文、三、喜、荣、国、丽、巧、春、超等四十二个科班。其中玉字科的李玉亮，翠字科的何翠福，三字科的唐三雄，喜字科的刘喜艮，称祁剧三个半聪明子弟，他们都是名重一时的艺术家。培植人才最多的，当推“荣”字科班，如名丑李荣富（艺名李泥巴），名生李荣祯，名旦苏荣兰，他们都是驰名湘桂的老师傅，在祁剧中享有很高的声誉。

（二）主题定位

主题：齐聚一堂，祁彩人生。

内涵：第一层含义是指欢迎来永州的游客和我们齐聚一堂，来体验祁剧的丰富多彩。第二层含义，又为祁剧一堂，七彩人生。我们根据祁剧的脸谱、行当、腔调、服饰、绝活、代表作品和头饰等七个方面进行文创产品设计，共七个系列，分别为祁之容·美丽人生——彩妆系列、祁之角·百态人生——表情包、祁之腔·热闹人生——惊喜扭一扭、祁之衣·戏装人生——帆布包、祁之饰·镜像人生——净与镜、祁之剧·梦幻人生——光影画、祁之活·快意人生——象棋，让游客在全方面了解祁剧，体验七彩人生。祁剧作为一种戏剧，我们同样也传达了一种人生如戏，戏如人生的理念，我们在祁剧里体会多彩人生，每个人都是戏中的主角。生活欠你的，戏剧还给你。

（三）创意设计与策划

1. 祁之容·美丽人生——彩妆系列

祁剧脸谱是中国戏曲文化中独具特色的艺术形式，具有重要的艺术地位和文化传播价值。它不仅是祁剧表演中的重要元素，也是中国传统文化中的重要符号之一，代表着不同的角色和性格特点。脸谱在祁剧艺术中，有着特殊的审美价值。通常以红、黑、白三色为基色，调色开脸，从鲜明的色调、纵情的线条、精巧的图案和生动的写意中，把不同的人物形象勾画得栩栩如生。脸谱以其独特的色彩、图案和形式，生动地表现了人物的性格特征和情感状态，丰富了祁剧表演的艺术魅力和观赏体验。

（1）腮红高光一体盘

灵感来源于祁剧丑角的妆容特点。丑角会在化妆时在鼻子、眉和眼等部位使用白粉勾画出圆形、方形、菱形的白块，白块周围则为红色。祁剧七角中只有丑角在脸上会有白块，根据这一特点，设计了一款腮红高光一体盘。整体形状为椭圆形，分为三块区域，每个区域都会隔开，高光为哑光高光，腮红的颜色选取丑角脸部中的色调。外壳设计选用了丑角的卡通形象。有句话说“无丑不成戏”，而腮红和高光在彩妆中也占据着重要位置。

（2）祁剧的脸谱起源于生活

在生活中经常提到的人的脸色，晒得漆黑、吓得苍白、臊得通红、病得焦黄等，这些都是对剧中人物心理活动、精神状态的揭示以及他们的生理特点的一种体现，也是确定脸谱色彩、线条、纹样与图案的依据。祁剧脸谱千姿百态，会基于用以表现人物出身、人物性格、人物的重要经历和人物的特殊能耐这些情况而绘制，我们选取的是用以表示人物性格的脸谱，基于人物性格的祁剧脸谱有红忠、黑直、粉奸的说法，我们提取脸谱中的这些元素设计妆容。以下妆容可以在现场体验，会有专门的化妆师，选取自己喜欢的角色，由化妆师现场为大家根据不同人物的特点设计妆容。如关羽重义气，忠于其主刘备则画红脸。包公秉性刚正，铁面无私，则画黑脸。

（3）丑角妆容

祁剧的角色行当可分为生角、小生、花脸、丑角、正旦、小旦、老旦七行，根据祁剧不同角色的面部妆容特点设计妆容，如丑角的面部妆容特点设计的一个妆容。

（4）在家也可以做角儿

满足消费者“在家也可以做角儿”的消费需求，打造一款根据祁剧不同角色的面部妆容和发饰特点设计的“祁之容·美丽人生”面膜。

2. 祁之角·百态人生——表情包

本产品是基于线上开发的一系列表情包，与祁剧文化融合在一起，祁剧现行的角色行当可以分为生角、小生、花脸、丑角、正旦、小旦、老旦七行。根据这七个行当的特点打造出不同风格的表情包，有纯图片类型的，更有主打动态的表情包，动图更适合表达祁剧人物的情绪状态，更容易让使用者感同身受，产生共鸣并且在日常社交软件中使用。

本产品设计理念有以下几点。

（1）突出角色形象：祁剧中七个行当的各种角色形象都具有鲜明的特点，通过描绘角色的服装、妆容和表情等特征来创作表情包，让用户感受到祁剧独特的艺术魅力。

（2）传递情感：祁剧在表现情感方面非常出色，根据不同的情感场景来设计表情包，比如笑脸、哭泣、愤怒等，让用户能够在聊天中更加贴近情感表达。

（3）借用经典剧情：祁剧作品中有许多经典剧情，将其中的一些画面或台词制成表情包，展现出祁剧的经典之处，同时也能让用户更加了解祁剧文化。

（4）个性化表达：结合祁剧元素和用户的个性特点来制作表情包，让用户感受到表情包的个性化、专属化。比如，也能用祁剧元素来制作生日快乐表情包或者结婚祝福表情包等。

3. 祁之腔·热闹人生——惊喜扭一扭

作为一个拥有五百年发展历史的古老剧种，祁剧有着严谨的舞台表现形式及浓郁的地方特色，其风格高亢粗犷、声腔丰富激越。祁剧吸纳了弋阳腔、昆曲、秦腔的唱法，是我国为数不多的兼具高、昆、弹三大声腔体系的剧种之一，具有较高的学术研究性和艺术欣赏性。听祁剧之声腔，融故事之情节。声腔在烘托气氛、辅助节奏、表现情绪、美化听觉感受等方面发挥着不可替代的作用。因此该产品选取祁剧声腔、脸谱等元素，打造一款具有百变脸、百变音的扭蛋机。

该扭蛋机具备以下功能。

（1）旋转按钮：通过按旋转按钮变换不同的脸谱。

（2）语音功能：变换脸谱时，将同步唱出该脸谱的经典唱腔台词。

（3）盲盒扭蛋：以祁剧戏曲角色为原型，打造 IP 人物形象，通过旋转按钮后随机弹出扭蛋盲盒。

创意设计：以 3D 立体的扭蛋机变换祁剧百态脸谱、唱出人物经典台词，展现潮玩盲盒产品，实现多界面交互。以台词为灵魂，以声腔为表现形式，一方面通过脸谱呈现对应经典台词，能充分彰显祁剧人物的鲜明形象特征，增加用户的情景代入感；另一方面，结合时下年轻人热爱的潮玩盲盒，打造祁剧人物 IP 形象，更能吸引用户眼球，让更多年轻人了解祁剧艺术的魅力。

4. 祁之衣 · 戏装人生——帆布包

郭沫若曾说过：“衣裳是文化的象征，衣裳是思想的形象。”中国戏剧戏装的形成，年代久远，最早在《周礼 · 方相氏》中就有记载：“掌蒙熊皮、黄金四目、玄衣朱裳”，在先民的傩戏仪式中，戏装就有了原始的形态。历经千百年不断变化、发展，艺人们的变革和丰富，到明代时，中国戏剧戏装，形成了一套艺术价值很高的完整体系，其美学严谨，章法清晰，想象丰富，来源生活而别于生活。祁剧戏装，就是明代戏装的一种表现。

创意设计：戏装人生系列共有 2 款产品，一款是根据生角的蟒袍元素来设计的龙纹帆布包，一款是根据旦角的花边纹饰设计的云纹帆布包。

生角的蟒服涵盖红、绿、黄、白、青五种颜色；其图案又有团龙、独龙之别，皇帝穿黄色团龙蟒，尽显其端庄、权贵、高雅；包拯、张飞、薛刚穿黑色的、张牙舞爪的独龙蟒，彰显其矫健、刚毅、正直不阿的性格特征。《宫门挂带》中的许遂良身穿大蟒，在皇帝面前不断地高甩宽袖，慷慨陈词，蟒袖功帮助人物抒发了内心的浩气凛然。简化后的蟒服图案与原来不同，更添一分卡通形象的趣味性，将其运用于帆布袋上，创新性地传递了祁剧中许遂良等正义角色的浩然正气。

旦角的服饰中大多运用各式各样的花边纹路，本次产品中运用的元素是祁剧《贵妃醉酒》中的杨贵妃服饰中的卷勾边云纹，将其运用于设计帆布包上，更为其增加了一分简单柔美。

5. 祁之饰·镜像人生——净与镜

净与镜：祁剧中各行当的头饰也各有特色，我们根据旦角的水钻头面和点翠头面设计了净与镜、旦与梳。将头饰与现代梳妆镜结合起来，重新组合出更具现代感和个性化镜子。将祁剧融合到日常使用的镜子中，也可以使其得到更加广泛的传承与传播。

以祁剧角色为创意点，可以借鉴祁剧中不同角色的头饰元素，如花旦的鲜艳花朵、青衣的颊花、净角的双喜云髻等，将其融入净与镜的设计中，增添戏剧性和生动性。融合祁剧色彩，祁剧色彩鲜艳、富有对比度，可以在头饰设计中巧妙运用。比如，利用红、黄、蓝、绿等媚俗而鲜艳的颜色，让头饰更加鲜艳动人。

旦与梳：将旦角头饰和梳子制作材质重新设计，例如使用可降解的材料，如竹子或玉米淀粉，并将其印花、染色或喷涂以达到不同的视觉效果。将梳子的功能与旦角头饰的设计相结合，例如在旦角头饰的前方设计一个体积较小的梳子，既方便出门梳理头发，也不会破坏整个头饰的整体设计。

6. 祁之剧·梦幻人生——光影画

祁剧剧目繁多，曲牌丰富。经过多年的沿袭和发展，代表剧目有《昭君出塞》《目连救母》《岳飞》《向阳书记》《送粮》《访贤记》《闹严府》《金龙探监》《醉打山门》《梦神记》《孟丽君》《梦蝶》……

根据祁剧代表作品，我们设计了祁之剧·梦幻人生——光影画文创产品，下面这幅灯影画中的人物是祁剧《梦蝶》中的形象，但她又不是祁剧中的梦蝶，她一反《庄周梦蝶》中田氏的形象，不再是一个以“死”证贞洁的封建社会妇女形象，而是一个保持本心，敢于突破传统追求爱情的新时代女性形象，正是这幅《梦幻人生》的现实意义所在。光影画可以作为一个让消费者 DIY 制作的文创品，让他们了解祁剧作品，深入体会人物的生平，同时感受到动手的快乐。

7. 祁之活·无悔人生——象棋

人生如棋，落子无悔。祁剧表演艺术，经过历代艺人在实践中不断丰富发展，逐步形成本剧种一套别具风格的传统表演程式。表演艺术上，祁剧具有粗犷、夸张、朴实的特点，动作讲究眼、鼻、胸、手指、脚尖的配合一致和匀称协调。祁剧还有不少特技与绝活，如变脸、打叉、罗口袖功、罗帽功、紫金冠功等，令广大观众瞠目结舌，惊叹不已。其中最具特色的是祁剧腕子功，演员特别重视练腕子功，务要练到能“倒掌”，转动灵活自如的境地。

如“亮相”俗称“开衫子”，分全衫子与半边衫子两种，动作繁难，规格严谨，按照动作形成规范出一系列的名目。如“海底捞月”“苏秦背剑”“开门望月”“盘膝坐莲”等几十种。“出手”“出脚”各行当有严格的区分，出手规定：花脸过头，老生平眉，小生平肩，旦角平乳。“出脚”亦各不相同：花脸盘腿，踢出时稍弯，要见靴底用大踏步；须生偏腿直踢，脚尖落地，脚跟提起；小生出脚与须生相同，文小生多用踏踏步，旦角出脚，脚尖不能高过五寸，多走八字步，又叫剪刀步。

在古老的中国文字形成初期，智慧的古人用象形的方法创造了汉字的雏形，之后诸多中国汉字的演变便是在象形的基础上进行的发展。我们把祁剧的绝活融入象棋。

帝王在棋盘里，看到天下山河；军事家在棋盘里，看到金戈铁马；樵夫在棋盘里，看到草木山石；你在我们的祁剧棋盘里，能看到祁剧表演。

8. 祁之系列 ·“筷”来看剧

祁之系列 ·“筷”来看剧融合永州祁剧中的脸谱和服饰元素，设计了两种不同风格的竹筷系列，既有趣味性，也有实用性，让游客把“祁剧”带回家。一种是根据祁剧脸谱元素设计的竹筷，分为花脸、生角、小生、丑角、旦角五种，每一套筷子都有其特色之处。另一种是根据祁剧服饰元素设计的竹筷，分为流云纹、波浪纹、如意纹、茶花纹、梅花纹五种。每一套筷子有十双，取十全十美之意。下面展示的是两套竹筷分别的主打产品。

前者是根据祁剧脸谱元素——花脸设计的竹筷，祁剧脸谱通常以红、黑、白三色为基色，调色开脸，运用鲜明的色调、纵情的线条、精巧的图案、生动的写意表现出性格鲜明的人物形象。

后者是根据祁剧服饰元素——旦角的服饰设计的竹筷，旦角的服饰中大多运用各式各样的花边纹路，本次产品中运用的是旦角服饰中的流云纹，运用在筷子的设计上，闲情雅致，皆在其中，让游客感受到属于祁剧的特殊魅力。

☞ 拓展链接

参考文献

［1］宋子千．旅游业究竟对国民经济有多大贡献？［J］．旅游导刊，2017，1（02）：32-43+122.

［2］西木，朱博文．我国文化产业发展的基本框架及前沿热点［EB/OL］．搜狐网，2023-06-28.

［3］李梦子，隋鑫．文化产业与旅游产业融合发展研究综述［J］．旅游纵览（下半月），2019（22）：46-47.

［4］马波，张越．文旅融合四象限模型及其应用［J］．旅游学刊，2020，35（05）：15-21.

［5］傅才武．论文化和旅游融合的内在逻辑［J］．武汉大学学报（哲学社会科学版），2020，73（02）：89-100.

［6］庄猛．从“产业融合”看文化产业与旅游产业的互动发展［J］．躬耕，2011（01）：58-59.

［7］周振华．信息化进程中的产业融合研究［J］．经济学动态，2002（06）：58-62.

［8］马克思恩格斯全集［M］．第23卷，北京：人民出版社，1972.

［9］陆有斌．毕节试验区民族文化旅游产业开发研究［J］．乌蒙论坛，2011（02）：53-58.

［10］国统字〔2004〕24号，文化及相关产业分类［S］．国家统计局.2004.

［11］Koestler，A. The act of creation. MacMillan Company，New York，1964.

［12］陈昱．浅析文创产品的设计与创新［J］．科技视界，2018（35）：14-15.

［13］郑伯铭，明庆忠，刘宏芳．中国旅游策划研究：回顾与展望（1993—2019）［J］．四川旅游学院学报，2020（02）：70-76.

［14］兰苑，陈艳珍．文化产业与旅游产业融合的机制与路径——以山西省文化旅游业发展为例［J］．经济问题，2014（09）：126-129.

［15］戴艳平．对旅游节庆活动策划的几点思考——以百色市布洛陀民族文化旅游节为

例［J］. 市场论坛，2007（02）：53-55.

［16］李方正. 消费升级视野的需求结构再平衡［J］. 重庆社会科学，2015（09）：47-57.

［17］张文建. 当代旅游业态理论及创新问题探析［J］. 商业经济与管理，2010（04）：91-96.

［18］吕宁，江胜男，胡蝶. 北京市休闲旅游产业发展研究［A］. 见：邹统钎，吴丽云. 北京休闲发展报告（2020）［M］. 北京：社会科学文献出版社，2020.

［19］田里. 旅游经济学［M］. 北京：高等教育出版社，2019.

［20］高宣扬. 流行文化社会学［M］. 北京：中国人民大学出版社，2015.

［21］水藏玺，吴平新. 年度经营计划制定与管理［M］. 北京：中国经济出版社，2018.

［22］田雨. 市场营销学［M］. 杭州：浙江大学出版社，2017.

［23］教育部等 11 部门. 教育部等 11 部门关于推进中小学生研学旅行的意见.（教基一〔2016〕8 号）［EB/OL］.http：//www.moe.gov.cn/srcsite/A06/s3325/201612/t20161219_292354.html/2016-11-30/2016-12-02.

［24］李云. 浅议云旅游［J］. 商场现代化，2012（04）：56.

［25］魏宇. 慢旅游与云旅游的对接——新型自由行与半自由行旅游模式的构建［J］. 中国外资，2011（16）：117.

［26］伍静，孙可晴，陈玮宁. 后疫情时代“云旅游”高质量发展模式与路径探究［J］. 现代商业，2021（20）：44-48.

［27］夏征农，陈至立. 大辞海［M］. 上海：上海辞书出版社，2003.

［28］黄英. 隐性旅游资源显性化机理及其现象学的解读［D］. 湖南师范大学，2005.

［29］贺能坤. 民族村寨开发的基本要素研究［J］. 贵州民族研究，2010，30（01）127-132.

［30］中投顾问. 显、隐性文化旅游开发模式探讨［EB/OL］.http：//c.ocn.com.cn/us/company/201402/wenhualvyou271650.shtml，2014-02-27.

［31］吴方琴，李薇薇. 移植性民俗文化旅游产业发展刍议——基于 SWOT 分析模型［J］. 当代经济，2012（06）：92-93.

［32］中研网 .2022 数字文旅发展现状前景分析［EB/OL］. https：//www.chinairn.com/news/20211209/113013510.shtml，2021-12-09.

［33］刘成军. 价值重构：读懂工业互联网发展逻辑［M］. 北京：人民邮电出版社，2022.

[34] 石培华，赵云 . "十四五" 旅游业发展的潜力与增长点 [EB/OL] . 中国旅游报，2021-11-10.
[35] 李家洋 . 旅游创意导图 [M] . 西安：陕西师范大学出版总社有限公司，2013：12.
[36]【中国旅游】沉浸式文旅丨文旅融合迈向 "场景消费时代"，"内容 + 体验" 营造消费新动能、贯通新质生产力 [EB/OL] . 重庆市导游协会公众号，2024-06-10.
[37] 孙健梅 . 互动仪式链视角下迪士尼 IP 形象与青年群体的互动研究 [D] . 黑龙江大学，2023.
[38] 赖声川 . 赖声川的创意学 [M] . 桂林：广西师范大学出版社，2011.
[39] 杨先艺 . 设计创意学 [M] . 武汉：武汉理工大学出版社，2015.
[40] 黄健 . 休闲、审美与创意思维 [J] . 湖南社会科学，2017（06）：155-161.
[41] 赵明华 . 创意学教程 . [M] . 西安：西北工业大学出版社，2004.
[42] 李砚祖 . 艺术设计概论 [M] . 武汉：湖北美术出版社，2000.
[43] 胡敏中 . 论创意思维 [J] . 江汉论坛，2008（03）：71-74.
[44] 潘立勇，武晓玮 . 休闲教育与创意思维 [J] . 浙江大学学报（人文社会科学版），2019，49（02）：168-176.
[45] 管宁 . 创意思维与文化产业原动力 [J]. 福建论坛（人文社会科学版），2018（12）：57-65.
[46] 薛可，余明阳 . 文化创意学概论 [M] . 上海：复旦大学出版社，2021.
[47] 爱德华・波诺 . 横向思维——一步一步创造 [M] . 金佩琳，袁立春，李桂山，等译，北京：东方出版社，1991.
[48] 刘奎林 . 灵感思维与科学发现 [J] . 求是学刊，1983（04）：1-12.
[49] 杨春鼎 . 潜意识的能动性与创造性思维 [J] . 求是学刊，1985（04）：1-8.
[50] 潘立勇 . 休闲与审美：自在生命的自由体验 [J] . 浙江大学学报（人文社会科学版），2005（06）：5-11.
[51] 姚湘，胡鸿雁 . 文化创意产品设计 [M] . 北京：北京大学出版社，2020.
[52] 创业创意咨询 . 用头脑风暴法产生企业想法的三个案例 [EB/OL] .https：//zhuanlan.zhihu.com/p/456894215.
[53] 告白天 . 如何用思维导图速出 5 种 LOGO 方案？ [EB/OL] .https：//www.sohu.com/a/726646055_121119368.
[54] 从 "卖萌" 到卖 "萌"："萌文化" 如何衍生 "萌经济"？ [EB/OL] .https：//www.sohu.com/a/148459296_182272

[55] 王采莲，李婷，周丽娜.基于“萌”文化现象的创意文具设计[J].包装工程，2014，35(10)：50-54.
[56] 风景文创|揭开文创产品的神秘面纱——设计方法盘点[EB/OL]. http：//www.360doc.com/content/21/0908/15/76907606_994653855.shtml
[57] 聂峥嵘，梁福兴.文化诗性视角下旅游演艺项目创意与展演研究——以《印象·刘三姐》为例[J].河池学院学报，2017，37(04)：62-66.
[58] 劲旅网.吉林省首个大型室内沉浸式旅游演艺《粉雪传奇》在长白山精彩首秀[EB/OL].http：//btiii.com/html/2024-06-16/14367238.html.
[59] 王景盼.旅游演艺剧目设计研究[J].环球市场，2020(16)：265.
[60] 赵婉彤.城市文化空间理性内涵与优化路径[D].西安电子科技大学，2021.
[61] 傅才武，李俊辰.乡村文化空间营造：中国乡村文化治理的空间转向[J].深圳大学学报(人文社会科学版)，2022，39(05)：5-15.
[62] Hashemi Nima，Emami Farnaz，Abdshahzadeh Parinaz，Niaei Ali Asghar.The impact of physical components of the environment on the sociability of cultural-recreational spaces case study：Rasht cultural complex[J].HBRC Journal，2022，18(1).
[63] 刘树鹏，张君宇，许熙巍，等.京津冀地区历史文化空间格局及熵变分析[J].干旱区资源与环境，2023，37(07)：84-93.
[64] 梁敏华.民族地区旅游演艺文化空间生产优化路径研究[D].桂林理工大学，2020.
[65] Poulopoulos Vassilis，Wallace Manolis.Social Media Analytics as a Tool for Cultural Spaces—The Case of Twitter Trending Topics[J].Big Data and Cognitive Computing，2022，6(2).
[66] 尚梦凡.开放、包容、共享：独立书店构建城市文化空间的实践[D].兰州大学，2021.
[67] 钟准健.城市亚文化空间的建构、生产与互构——以Live House为例[J].社会科学动态，2022(11)：24-33.
[68] 苟雨君，何孝凡，苏振宇.国土空间规划视角下区域旅游空间结构识别与规划路径[J].经济地理，2023，43(04)：184-193.
[69] 王堞凡.文化地理视角下传统村落景观旅游空间营造——以贵州省赤水市丙安村为例[J].社会科学家，2023(03)：51-56.
[70] 邵明华，杨甜甜，李大伟.黄河流域文化旅游空间生产的动力机制与实践逻辑

［J］. 行政管理改革，2022（12）：20-29.

［71］张圆刚，郝亚梦，郭英之，等. 共同富裕视域下乡村旅游空间正义：内涵属性与研究框架［J］. 经济地理，2022，42（11）：195-203.

［72］吕丽，胡静，田小波，等. 武汉市乡村旅游空间集聚演化格局及影响因素［J］. 长江流域资源与环境，2022，31（06）：1234-1248.

［73］王珺颖，谢德体，王三，等. 基于 POI 提取的山地丘陵区乡村旅游空间分布研究——以重庆市农家乐为例［J］. 中国农业资源与区划，2020，41（05）：257-267.

［74］罗大蒙，吴理财. 文化为魂：乡村文旅融合中的空间重构［J］. 南京社会科学，2023（03）：143-150+ 160.

［75］于秋阳. 在线文旅新空间的消费特征与建构机制［J］. 旅游学刊，2021，36（07）：10-12.

［76］张琳，张佳琪. 传统村落景观情境感知与游客体验质量的关系研究——以宏村、篁岭村、诸葛八卦村为例［J］. 建筑与文化，2017（07）：186-188.

［77］黄丽娟. 基于文化空间视域的非物质文化遗产旅游空间的建构——以武夷山大红袍传统工艺为例［J］. 湖北文理学院学报，2018，39（11）：55-60.

［78］史晨旭. 权力视角下元阳箐口村文化旅游空间生产研究［D］. 云南财经大学，2022.

［79］王维康. 基于世界自然遗产影响力下的衢州江郎山乡村文旅空间营造研究［D］. 浙江工业大学，2020.

后　记

本书是“新时代文化和旅游融合发展研究丛书·应用型本科院校文化旅游专业丛书”中的一本，得到国家社科基金一般项目“民族地区文旅融合发展促进脱贫巩固和乡村振兴研究”（21BKS026）、湖南省社科基金重大项目（“学术湖南”精品培育项目）、“湖南民族地区文旅产业促进乡村振兴和共同富裕研究”（23ZDAJ019）、湖南省教育厅科学研究重点项目“可持续生计框架下南岭走廊文旅产业与乡村振兴耦合发展机制和路径研究”（22A0578）、湖南省哲学社会科学重点项目“湖湘文化走出去与传统文化对外传播研究”（20ZDB013）、湖南省社会科学成果评审委员会重大项目“湖湘文化走出去与中国特色哲学社会科学对外话语体系建构研究”（XSP2023ZDA006）、湖南省社会科学成果评审委员会重点项目“构建以对接‘一带一路’和粤港澳大湾区为重点的湘南内陆开放合作示范区对策研究”（XSP2023ZDI020）、湖南省社科基金重大委托项目“发挥结合部优势打造大湾区后花园”、湖南省社科评审委员会项目“多主体行为视角的创意文旅空间营造：一条文旅融合新路径”（XSP24YBZ094）、湖南省普通本科高校教学改革研究项目“新文科背景下地方本科院校旅游类新型交叉课程创建研究与实践——以《文旅创意与策划》为例”（202401001373）等项目资助。

感谢湖南科技学院旅游与文化产业学院旅游管理专业2020级、2021级的曾黎香、杨丽蓉、蒋少平、黄晶、周佳蓉、符叶雯、周思珈等同学在成书过程中所付出的努力。本书选用了该专业2018级、2019级、2020级、2021级部分学生参加湖南省大学生学科竞赛作品和《文旅创意与策划》课程实训作品，在此一并感谢。本书还参考了很多学界同仁和产业同行的很多资料、观点，有些未一一注明出处，在此一并致谢并致歉。

由于水平有限和编校时间较仓促，不当和疏误之处在所难免，敬请朋友们和读者们谅解和批评指正。

作者

2024年6月